LES GRANDS CONSTRUCTEURS
DES U.S.A.

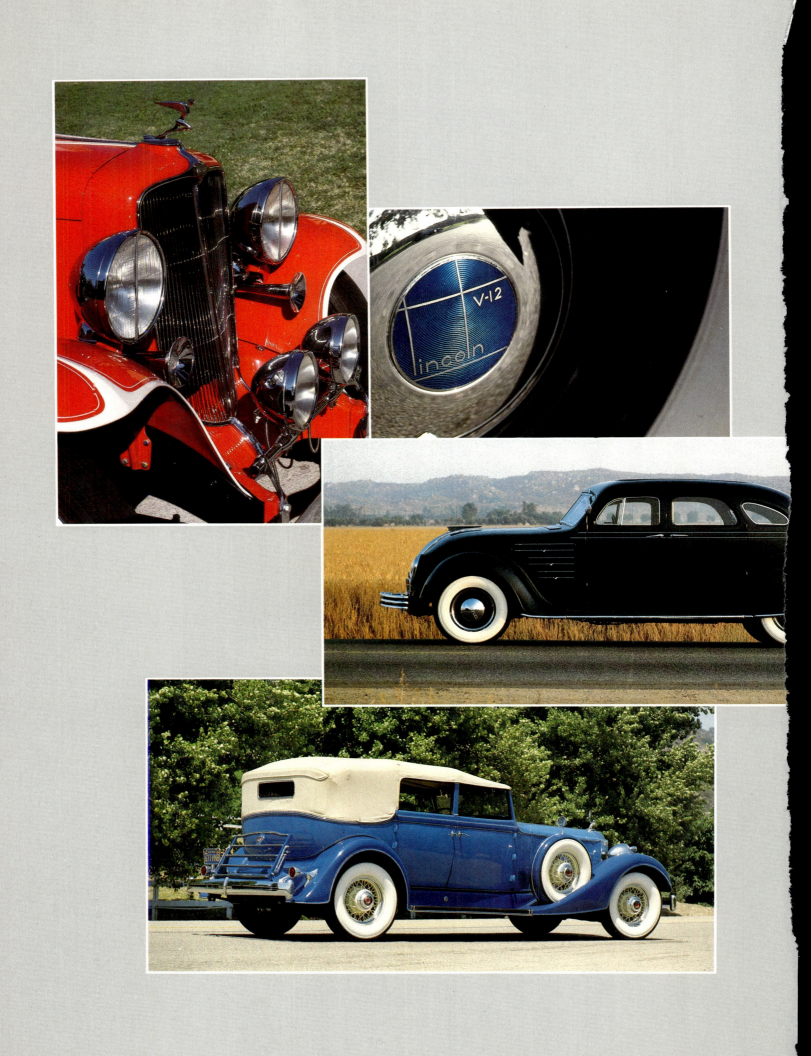

LES GRANDS CONSTRUCTEURS
DES U.S.A.
UNE HISTOIRE ILLUSTRÉE DE L'AUTOMOBILE

GRÜND

GARANTIE DE L'ÉDITEUR

Pour vous parvenir à son plus juste prix, cet ouvrage a fait l'objet d'un gros tirage. Malgré tous les soins apportés à sa fabrication, il est malheureusement possible qu'il comporte un défaut d'impression ou de façonnage. Dans ce cas, ce livre vous sera échangé sans frais. Veuillez à cet effet le rapporter au libraire qui vous l'a vendu ou nous écrire à l'adresse ci-dessous en nous précisant la nature du défaut constaté.
Dans l'un ou l'autre cas, il sera immédiatement fait droit à votre réclamation.
Librairie Gründ — 60, rue Mazarine — 75006 Paris

DE HAUT EN BAS, DE GAUCHE A DROITE
PAGE 1 Cadillac Eldorado Brougham, 1957.
PAGES 2-3 Auburn Speedster, 1933 ; Lincoln modèle K. 1938 ; Chrysler Airflow, 1939 ; Ford Thunderbird, 1957 ; Packard Light Eight, 1932 ; Packard Super Eight, 1937 ; Cord 812, 1937.
CI-DESSUS Cadillac Eldorado, 1953 ; Pontiac GTO, 1964 ; Chevrolet Camaro, 1969 ; Chevrolet Corvette Stingray, 1967 ; Oldsmobile Toronado, 1966 ; Studebaker Avanti, 1963 ; Buick Skylark, 1953.

Adaptation française de Paul Badré
Texte original de Jonathan Wood

Première édition française 1987 par Librairie Gründ, Paris
© 1987 Librairie Gründ pour l'adaptation française
ISBN : 2-7000-5832-1
Dépôt légal : septembre 1987
Photocomposition : APS Tours
Imprimé par Mandarin à Hong-Kong
Édition originale 1987 par Octopus Books Ltd, Londres
© 1987 Octopus Books Ltd

TABLE

Introduction
9

Auburn Cord Duesenberg
15

Buick
31

Cadillac
41

Chevrolet
65

Chrysler
89

Ford
113

Lincoln
137

Oldsmobile
153

Packard
169

Pierce-Arrow
185

Pontiac
193

Studebaker
203

Stutz
213

Index
222

INTRODUCTION

En 1886 l'automobile fit ses premiers tours de roue en Allemagne, mais il fallut sept ans pour que l'idée traverse l'Atlantique. C'est seulement en 1893 que les frères Duryea firent rouler dans les rues de Springfield la première automobile américaine viable. Cette industrie se mit dès lors à croître avec un tel dynamisme que quinze ans plus tard elle était devenue la première du monde. Elle allait conserver cette place jusqu'en 1979. La crise du pétrole força alors les États-Unis à s'effacer devant le Japon. En 1984 cependant, l'Amérique reprit la tête ; elle la conserve encore aujourd'hui.

Il ne faut pas oublier qu'en 1900 les États-Unis ne comptaient que 300 km de routes avec revêtement, en dehors des villes. Ce fait peut expliquer pourquoi l'automobile a démarré si tard sur le continent américain. Le moteur à essence dut concurrencer aussi à ses débuts la vapeur et l'électricité. Vers 1901, la voiture la plus répandue aux États-Unis était la Locomobile, voiture à vapeur. Le constructeur qui établit définitivement la supériorité du moteur à essence fut Ransom Olds, le créateur de l'Oldsmobile, qui fit ses débuts en 1901. Elle avait un moteur monocylindrique et une transmission par chaîne. Son importante garde au sol lui permettait d'affronter les détestables routes de l'époque. Baptisé *curved dash* à cause de son tablier recourbé, ce modèle resta en fabrication jusqu'en 1905, à Lansing, dans le Michigan, où se trouve encore aujourd'hui l'usine Oldsmobile.

Ransom Olds avait prouvé l'existence d'un marché très important pour une voiture économique construite en grande série. La leçon ne fut pas perdue pour Henry Ford, fils d'un fermier de Dearborn, dans le Michigan. Ford avait construit sa première automobile en 1896. Après les tentatives infructueuses de la Detroit Automobile Company, fondée en 1899, puis de la Henry Ford Company qui lui succéda, Henry Ford fonda en 1903 la Ford Motor Company, avec laquelle il put partir du bon pied. La première production fut le modèle A, à moteur deux-cylindres. En 1904 arriva le modèle B, avec le premier quatre-cylindres de la marque. En 1906 Ford détrônait Oldsmobile et devenait le premier constructeur des États-

Une scène de rue en 1905, montrant que la panne était toujours à redouter.

INTRODUCTION

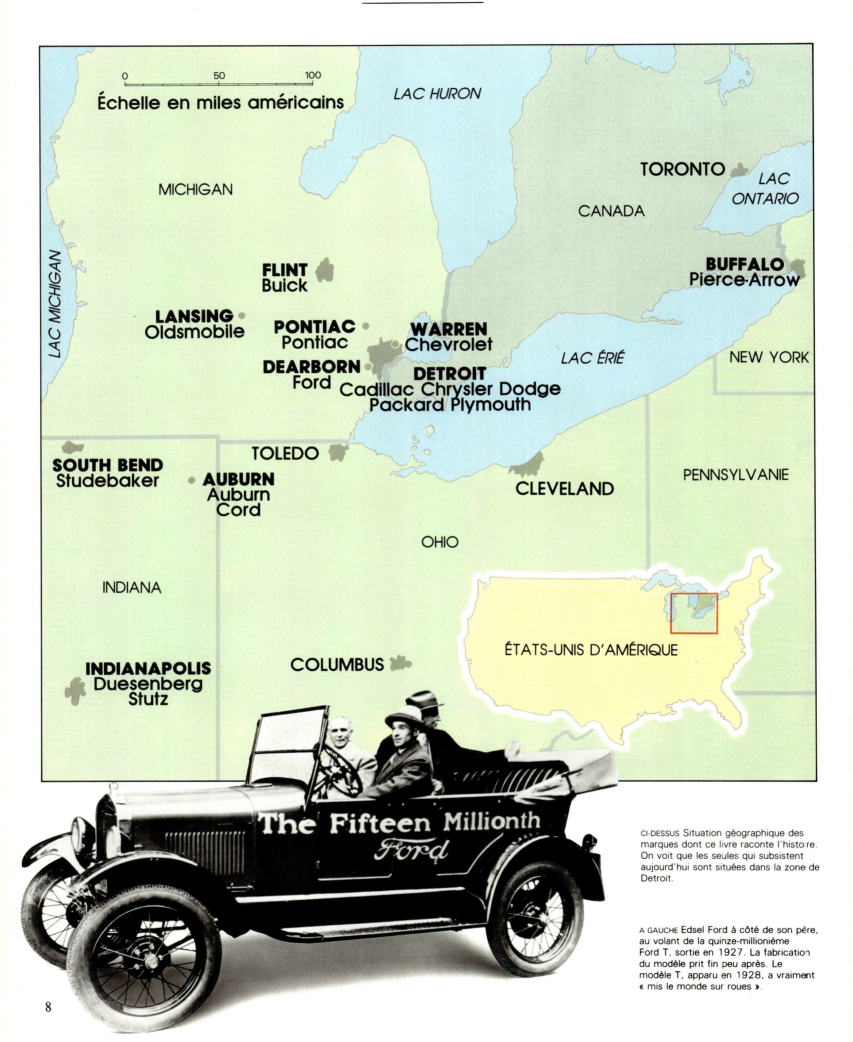

CI-DESSUS Situation géographique des marques dont ce livre raconte l'histoire. On voit que les seules qui subsistent aujourd'hui sont situées dans la zone de Detroit.

A GAUCHE Edsel Ford à côté de son père, au volant de la quinze-millionième Ford T, sortie en 1927. La fabrication du modèle prit fin peu après. Le modèle T, apparu en 1928, a vraiment « mis le monde sur roues ».

INTRODUCTION

CI-DESSUS Charles Franklin Kettering, génial inventeur à qui l'on doit le démarreur électrique et l'allumage par bobine.

A GAUCHE Henry Leland, fondateur de Cadillac, photographié en 1930, à l'âge de 87 ans, à côté d'une Cadillac de 1905 à moteur monocylindre.

Unis. En 1908 enfin ce fut le célèbre modèle T, « la voiture qui mit le monde sur roues », car elle se vendit dans à peu près tous les pays du monde. À $ 850 elle n'était pas spécialement bon marché à ses débuts, mais elle répondait exactement aux besoins de l'époque. Ford voulait qu'elle touche une clientèle toujours plus étendue. Il fallait donc réduire son prix, mais Ford était résolu à ne pas transiger sur la qualité.

À cette époque, on construisait une automobile autour d'un châssis immobile, en y apportant toutes les pièces nécessaires. Avec ce système il fallait 12 heures 28 minutes pour fabriquer un modèle T. En 1913, Ford tenta une expérience pour la fabrication des volants magnétiques de la T, en les disposant sur un convoyeur défilant devant des ouvriers qui les complétaient au fur et à mesure. Il décida ensuite d'appliquer cette idée au montage des châssis dans leur entier, en les faisant avancer les uns derrière les autres pour former une « chaîne », le long de laquelle ils recevaient successivement les essieux, l'ensemble moteur-boîte et enfin la carrosserie. Cette technique réduisait le temps de fabrication à 1 h 33 mn.

LA FABRICATION EN CHAÎNE

Le prix de la T baissait au fur et à mesure que sa fabrication s'accélérait. En 1914 Ford en construisit 248 307, vendues au prix de $ 490. Ford avait pris son essor. Les cadences s'élevèrent encore, au point qu'en 1920 on pouvait dire qu'une voiture sur deux, *dans le monde,* était une Ford T. Sa fabrication culmina en 1923 avec plus de deux millions d'exemplaires construits. On assista ensuite à un recul graduel, bien que le prix eût continué à descendre jusqu'à atteindre son minimum absolu en 1925 : $ 290. Mais à ce moment, la voiture complète ne rapportait plus rien à la firme, qui continuait cependant à faire des bénéfices confortables grâce à la vente des pièces détachées et des accessoires. La Ford T arriva pourtant à son terme en 1927, après avoir dépassé les 16,5 millions d'exemplaires construits. Ce record tiendra jusque dans les années 70, quand il sera battu par la Volkswagen Coccinelle. La disparition de la T laissait Ford à la merci de Chevrolet, qui faisait partie de la GM.

La General Motors était une création de Billy Durant, fondateur de la Durant-Dort Carriage Company de Flint, dans le Michigan. Son premier contact avec l'automobile avait eu lieu en 1903, lors de sa reprise de la firme Buick qui se trouvait en difficulté. Son action fut si efficace qu'en 1907 Buick était devenu le deuxième constructeur des États-Unis, derrière Ford. Mais Durant n'était pas homme à se reposer sur ses lauriers. Son but était la réunion de plusieurs marques, de la plus populaire à la plus prestigieuse. Prenant Buick comme point de départ, il fonda en septembre 1908 la General Motors Company, un mois avant que Ford présente son modèle T. Après Buick, ce fut Oldsmobile, puis, en 1909, Oakland et Cadillac. Malheureusement, il y joignit aussi de nombreuses firmes de réputation plus douteuse et la GM se trouva à court de capitaux fin 1910. La firme fut reprise par un groupe de banquiers, et Durant dut se contenter d'une place au conseil d'administration. Il ne perdit pas pour autant son dynamisme et, avec la collaboration de Louis Chevrolet, Français né en Suisse, il créa la marque Chevrolet pour rivaliser avec Ford, et s'en fit un marche-pied pour reprendre en 1916 le contrôle de la GM.

Entre-temps, Cadillac avait présenté le célèbre modèle 51 à moteur V8 de 1914. L'année suivante, Packard présenta sa fameuse *Twin Six* à moteur V12. Ce modèle, et ses successeurs à moteur huit ou six-cylindres, permettront à Packard de rivaliser glorieusement avec Cadillac pendant l'entre-deux-guerres. De leur côté Henry Leland et son fils Wilfred, les fondateurs de Cadillac, avaient créé en 1920 la marque Lincoln qui, dès 1922, tomba entre les mains de Ford. Les Leland donnèrent peu après leur démission.

La fabrication des automobiles chuta en 1918, l'industrie devant participer à l'effort de guerre. Le retour de la paix, en novembre, déboucha sur une brève période de prospérité qui tourna court dès 1920. Cette première crise économique pro-

INTRODUCTION

duisit une nouvelle « révolution de palais » à la GM, visant la personne de Billy Durant qui perdit pour la seconde et dernière fois son poste à la tête du groupe. Il fut remplacé par Pierre Du Pont de Nemours, dont la société de produits chimiques était devenue un des principaux actionnaires de la GM. La General Motors fut malgré tout déficitaire en 1921, mais ce sera la dernière fois avant 1980 : aux pires moments de la crise des années 30, la GM restera bénéficiaire.

SLOAN PREND LES COMMANDES

Pierre Du Pont céda sa place à la tête de la GM en 1923 à Alfred P. Sloan. Diplômé du Massachusetts Institute of Technology, Sloan était entré à la GM en 1918, et il allait en rester président jusqu'à sa retraite en 1956. Il joignait une solide formation technique à un esprit profondément analytique, qui lui permit de rivaliser avec succès avec l'approche toute intuitive et artisanale de Henry Ford, qui resta toute sa vie un bicoleur de génie. Sloan instaura aussi à la GM une politique directoriale qui allait faire école dans le monde entier. Son principe était qu'une organisation aussi gigantesque ne pouvait être dirigée par un seul homme, et qu'il fallait la fragmenter en divisions autonomes, formant ensemble une structure organisée.

Sloan choisit Chevrolet pour l'opposer à Ford. À partir de 1923, Chevrolet fut placé sous la direction de William « Big Bill » Knudsen. Celui-ci avait fait de brillants débuts chez Ford, mais il s'était vite heurté au tyrannique maître de Dearborn et avait quitté la firme. Les Chevrolet étaient plus chères que les Ford, mais mieux équipées. En 1927, Ford ferma ses usines pour préparer la fabrication du modèle A, et Chevrolet prit alors la tête. La marque récidiva en 1928. En 1929, Ford reprit l'avantage et le conserva encore en 1930. Cependant Henry Ford restait fidèle au quatre-cylindres, alors que Chevrolet était passé au six-cylindres qui avait la faveur du public. En 1931, Chevrolet reprit la tête et ne la lâcha plus, à quelques exceptions près. En 1932, Ford frappa pour la dernière fois un grand coup en présentant son V8 de grande diffusion. La marque de Dearborn entra alors dans un lent déclin jusqu'à l'arrivée de Henry Ford II, après la guerre.

Sloan ajouta une corde à l'arc de la GM en s'efforçant d'améliorer l'attrait proprement visuel des modèles. Jusque-là les ventes de Cadillac étaient médiocres, en comparaison de

A GAUCHE Alfred Pritchard Sloan Jr., qui réorganisa la General Motors selon la structure qui est encore la sienne aujourd'hui. Devenu président en 1923, il prit sa retraite en 1956.

celles des élégantes Packard. Un styliste californien fut alors spécialement recruté pour dessiner la carrosserie de la nouvelle marque de Cadillac, La Salle. Il s'appelait Harley Earl. Son travail impressionna tellement Sloan, que celui-ci décida alors la création d'un bureau *Art & Colour,* avec Earl à sa tête. Ce département ne cessera de prendre de l'importance sous sa direction. En 1926 la GM lança encore une nouvelle marque, Pontiac, destinée à jouer auprès d'Oakland, qui périclitait, le rôle de La Salle auprès de Cadillac. Les choses se passèrent autrement puisque Oakland disparut en 1931, alors que Pontiac existe encore aujourd'hui.

L'ARRIVÉE DE CHRYSLER

L'année 1928 marque un virage dans l'histoire de l'automobile américaine. Elle vit en effet non seulement les débuts de la nouvelle Ford A, mais aussi ceux de la Plymouth, nouvelle voiture populaire destinée à chasser sur les terres de Ford et Chevrolet. C'était une création de Walter Chrysler, qui avait formé en 1925 la Chrysler Corporation pour commercialiser la marque portant son nom. Walter Chrysler avait débuté dans les chemins de fer, puis était devenu directeur de Buick. En 1919 il était entré en conflit avec Durant et avait alors donné sa démission. La Chrysler six-cylindres s'empara d'une part respectable du marché. La présentation de la Plymouth permit à Chrysler de toucher une nouvelle clientèle. La

INTRODUCTION

A DROITE Chevrolet a toujours été la marque de grande diffusion de la GM. Ce modèle 1929 avait un moteur six-cylindres, alors que Ford restait fidèle au quatre-cylindres.

EN BAS, A GAUCHE En 1930, comme aujourd'hui, Cadillac était la marque de prestige de la GM. La ressemblance des modèles avec l'Hispano-Suiza n'était pas le fruit du hasard. C'est aussi l'année qui vit les débuts des modèles à moteur V12 et V16.

CI-DESSOUS Cet élégant coupé Cadillac V16 fut présenté en 1933 à l'Exposition universelle de Chicago. C'était le premier modèle de la GM avec un coffre intégré à la carrosserie.

Chrysler Corp. se structurait aussi à la manière de la GM. En 1928 elle racheta la firme Dodge, établie depuis 1914, et créa en même temps une nouvelle marque intermédiaire : De Soto. En 1933, toutes les Plymouth avaient le moteur six-cylindres. En 1936, Walter Chrysler, avec ses quatre marques, surpassa Ford pour devenir le second constructeur des États-Unis. Il faudra attendre 1952 pour que Ford reprenne l'avantage.

Avec l'arrivée de Chrysler, les deux Grands se retrouvèrent trois. Loin derrière, se tenait le groupe Studebaker/Pierce-Arrow, formé en 1928. Ces deux firmes venaient de l'extérieur de Detroit « la capitale de l'automobile américaine ». Studebaker, installée à South Bend, dans l'Indiana, avait commencé par fabriquer des chariots de pionniers, puis s'était développée dans les années 20 sous la direction d'Albert Erskine. Pierce-Arrow construisait des automobiles depuis 1901 à Buffalo, dans l'État de New York. Avant 1914, Pierce-Arrow était la marque par excellence du connaisseur qui ne regarde pas au prix. Après la guerre, la marque ne réussit pas à maintenir sa suprématie devant la concurrence de Cadillac, Packard ou Lincoln. Son alliance avec Studebaker fut ruinée par la crise économique. Pierce-Arrow reprit sa liberté en 1933 avant de disparaître en 1938, mais Studebaker eut un meilleur sort.

C'est encore en 1928 que fut formée la Cord Corporation. Son créateur, Errett Lobban Cord, avait en 1924 pris le contrôle de la firme Auburn, dans la ville du même nom, dans l'Indiana. L'affaire avait été couronnée d'un succès suffisant pour inciter Cord à racheter en 1926 la prestigieuse firme Duesenberg, d'Indianapolis. Celle-ci avait créé certaines des plus célèbres voitures de course américaines, mais sa tentative dans le secteur de l'automobile de luxe, en 1920, avait été un échec commercial. Errett Cord fut alors l'instigateur de la superbe et coûteuse Duesenberg J en 1927. La présentation de ce modèle en 1929 coïncida malheureusement avec l'irruption de la crise économique, qui entrava gravement sa carrière. La marque survécut jusqu'en 1937, année de la dissolution de l'empire Cord. En 1929 Cord avait lancé une marque portant son nom et produisant la première traction-avant américaine de série : la L-29. La marque Cord disparut dès 1932 pour renaître en 1936 avec la sensationnelle 810 dont l'admirable carrosserie avait été dessinée par Gordon Buehrig. Hélas, elle ne survécut que jusqu'en 1937.

La dépression économique toucha sérieusement l'industrie automobile américaine. Les records de production établis en 1929 – 4,4 millions de voitures construites – ne seront pas dépassés avant 1949. En 1932 la production était tombée à 1,1 million seulement, le chiffre le plus bas (sans compter les années de guerre) depuis 1915. Le climat semblait peu propice aux voitures de luxe, et pourtant en 1930 Cadillac présenta son incroyable V16, première voiture du monde construite en série avec un moteur de ce type. Et ce n'était pas tout : le V16 fut suivi d'un dérivé en V12. Évidemment ces modèles avaient été étudiés dans l'euphorie des années 20, mais les rivales de Cadillac, comme Lincoln, Pierce-Arrow, Auburn ou Packard, ripostèrent en présentant elles aussi des V12, qui n'eurent pas plus de succès.

La crise économique fut fatale, entre autres, à la firme Stutz d'Indianapolis qui construisait des automobiles depuis

INTRODUCTION

1911. En 1914, Stutz avait présenté son célèbre *Bearcat,* deux-places de sport simple et robuste. Dans les années 20, la firme s'était lancée dans le marché de l'automobile de luxe. Ses voitures firent des démonstrations convaincantes aux 24 Heures du Mans, mais elles succombèrent dans le marasme économique du début des années 30. La dernière Stutz sortit en 1936.

LE RENOUVEAU

Pour les constructeurs plus solidement établis l'année 1937 marqua le début du renouveau. La production totale atteignit les 3,9 millions d'unités, le chiffre le plus élevé depuis 1929. On assista à une légère rechute l'année suivante, mais en 1941 sortirent 3,7 millions de voitures, bien que la production eût été interrompue prématurément par l'entrée en guerre des États-Unis. Au cours des quatre années qui suivirent, l'industrie automobile américaine joua un rôle de premier plan dans l'effort de guerre du pays. Ce rôle n'eut pas de meilleur symbole que la fameuse Jeep, dont la fabrication débuta dès 1941.

La paix revenue, pratiquement tous les constructeurs reprirent leurs fabrications avec leurs modèles 1942. En 1947 les trois grands se retrouvèrent quatre avec l'arrivée de Kaiser-Frazer. Il sembla un moment que la nouvelle firme allait prendre une place de premier plan, en obtenant 5 % du marché. Ce ne fut pourtant qu'un feu de paille et le déclin commença aussitôt après. La firme disparut en 1955.

Le succès initial, puis la chute rapide de Kaiser-Frazer, s'expliquait du fait que les grands constructeurs avaient attendu 1948 pour présenter leurs modèles d'après-guerre. Parmi ceux-ci on remarquait surtout les nouvelles Cadillac Série 62 avec leurs « ailerons » inspirés du chasseur bi-poutre Lockheed P-38 Lightning. Elles allaient être imitées jusqu'à la nausée, tout au long des années 50, par les autres constructeurs. Côté mécanique la grande innovation était l'arrivée des nouveaux V8 de la GM, à soupapes en tête et haute compression. Chrysler riposta en présentant son fameux V8 « Hemi » en 1951. Ford, qui avait déjà son V8 à soupapes latérales, se contenta d'abord de donner à la Lincoln un V8 à soupapes en tête en 1952. Ce n'est qu'en 1954 qu'un V8 comparable à ceux de la GM apparut sous le capot des Ford. C'était alors une lutte ouverte où les hésitants étaient perdus. Kaiser-Frazer, qui s'était cramponné à son six-cylindres, disparut en 1955. Packard attendit 1956 pour présenter son V8 et cessa d'exister deux ans plus tard. Studebaker, après un bref sursis au début des années 60 grâce à l'arrivée de la Lark, ferma en 1964 son usine de South Bend. La marque survécut encore deux ans dans sa succursale canadienne, puis s'effaça définitivement.

Difficiles pour les constructeurs indépendants, les années 50 furent une période faste pour les Trois Grands. Ford, sous l'impulsion du petit-fils d'Henry Ford, également prénommé Henry, s'engagea dans une furieuse rivalité avec Chevrolet. Ford cependant ne prit l'avantage qu'en 1954 et 1957, et perdit la bataille sur deux autres fronts : celui de la voiture de luxe avec la Continental de 1956, et celui de la voiture de moyenne catégorie avec l'Edsel de 1958.

La guerre de Corée marqua un ralentissement des fabrications entre 1951 et 1953. Mais dans l'ensemble les années 50 furent la grande époque de l'automobile américaine, une période d'optimisme et de prospérité sans égale. Tous les constructeurs avaient alors emboîté le pas à la General Motors c'est-à-dire à son styliste en chef, l'inimitable Harley Earl qui résumait ainsi sa carrière : « Mon premier but, tout au long de ces vingt-huit années, a toujours été de faire des automobiles plus longues et plus basses... car mon sens des proportions me dit que les rectangles sont plus élégants que les carrés. » Les ailerons se déployèrent sans complexe, les chromes s'étalèrent sans retenue. Ces excès s'apaisèrent dans les années 60 et les lignes retrouvèrent une certaine sobriété.

DE L'EUPHORIE À L'AUSTÉRITÉ

Le début des années 60 vit la vogue des « compactes » créées pour lutter contre les modèles européens importés, comme la Volkswagen. En 1964 Ford présenta la Mustang, un modèle de caractère sportif, conçu pour attirer la clientèle des jeunes nés après la guerre. Chevrolet réagit plus tardivement. En 1967 seulement, apparut la Camaro, qui devait cependant faire une longue carrière. Dès 1964 pourtant, Pontiac avait créé la GTO, première de ces *muscle cars,* ou voitures « musclées », qui allaient connaître une vogue durable. Chrysler de son côté ne se mêlait pas à la lutte, se contentant de construire de grosses voitures pour une clientèle d'un certain âge.

Les années 70, sous l'impact de la crise du pétrole et du progrès des importations japonaises, virent l'apparition des modèles « sub-compacts », aux dimensions européennes. Là

INTRODUCTION

encore Chrysler fut lent à suivre, et ne présenta la Dodge Omni et la Plymouth Horizon qu'en 1977. Après le sommet atteint en 1973 (9,6 millions de voitures), la production commença à décroître. Une remontée parut s'amorcer en 1978 (9,1 millions de voitures), mais une aggravation de la crise du pétrole provoqua une ruée vers les petites cylindrées. La GM avait la chance d'avoir la réponse toute prête avec ses *X cars,* à moteur transversal et traction avant. Il lui fallut pourtant enregistrer un déficit ($ 760 millions) en 1980, le premier depuis 1921.

Des Trois Grands c'était Chrysler le moins préparé à la crise, mais la firme eut la chance de se voir dotée d'un nouveau président, Lee Iacocca. Le « père de la Mustang » avait été sommairement renvoyé par Ford en 1978. Sous son énergique direction, Chrysler put entamer une lente remontée.

La crise coûta aux États-Unis leur place de premier producteur du monde. En 1980 en effet, ils furent détrônés par le Japon qui totalisait 7 millions de voitures construites contre 6,9 millions pour les Américains. Le Japon conserva sa position pendant les trois années qui suivirent. En 1984 enfin, l'Amérique reprit la première place et les Trois Grands se trouvèrent de nouveau bénéficiaires. Ils avaient su s'adapter aux temps nouveaux. Comme du temps de la Ford T, l'automobile américaine retrouvait sa vocation mondiale.

EN BAS Cette Buick Century Riviera de 1956 est typique de l'opulence sans complexe des voitures américaines de l'époque (à moteur V8 de 5 276 cm³).

CI-DESSOUS Les ailerons des Cadillac commencèrent à pousser en 1948 et atteignirent leur plein développement sur les modèles 1959 dont on voit un exemple ici.

Auburn, Cord, Duesenberg

L'Amérique a produit un certain nombre de voitures remarquables pendant l'entre-deux-guerres. Pourtant, même durant cette période très riche, les automobiles nées sous l'égide de la Cord Corporation se distinguent par leurs qualités esthétiques et techniques. Les spectaculaires Auburn, les originales Cord à traction avant et les splendides Duesenberg rendent hommage, encore aujourd'hui, à l'homme d'affaires de génie que fut Errett Lobban Cord.

Quand Frank et Morris Eckhart fondèrent en 1903 l'Auburn Automobile Company à Auburn, dans l'Indiana, ils étaient bien loin de songer que grâce à eux, Errett Lobban Cord deviendrait un jour constructeur d'automobiles. De fait, la marque Auburn fit très peu parler d'elle avant que Cord ne prît la direction de la firme, en 1924. Comme Studebaker ou Oakland, Auburn trouve son origine dans le charronnage. Le père des frères Eckhart avait fondé en 1874 la Eckhart Carriage Company. En 1900, les deux frères se lancèrent dans la fabrication des *runabouts* à moteur monocylindre, réservés surtout à la clientèle locale. En 1903, Auburn exposa au Salon de Chicago. En 1904, la production annuelle atteignit les 50 exemplaires. En 1905 apparut un modèle bi-cylindre et en 1909 la première quatre-cylindres avec un moteur Rutenber derrière un radiateur de style Mercedes. En 1912 apparut une Auburn à moteur six-cylindres du même fournisseur. D'autres modèles six-cylindres virent le jour en 1916.

En 1919 les frères Eckhart cédèrent leur entreprise à un groupe de Chicago placé sous la direction de Ralph Bard. Morris Eckhart resta cependant le président d'Auburn. La même année la firme présenta un modèle à moteur Continental baptisé *Beauty-Six,* qui n'avait malheureusement rien de remarquable en dehors de son nom. Il en fut tiré cependant un modèle de sport, la 6-51. En 1923 sortit la *Supreme* à

La première Cord, la L29 à traction avant de 1929.

moteur Weidley six-cylindres à soupapes en tête, améliorant un peu ses performances.

Les années 20, généralement une période faste pour l'industrie automobile américaine, ne furent pas favorables à Auburn. En 1924 la production était tombée au chiffre désastreux de six voitures par jour, avec un stock de 700 invendus. C'est à ce moment qu'Errett Cord entra en scène. Né en 1886, il n'avait pas encore vingt ans quand il débuta dans le commerce des automobiles. Il achetait des occasions à bas prix, leur redonnait un air de jeunesse et les revendait avec un bénéfice substantiel. Trois fois de suite il devint riche, puis reperdit sa fortune. En 1919, une fois de plus, il n'avait que $ 20 en poche. Il entra alors comme vendeur chez le concessionnaire des voitures Moon à Chicago. Il se fit bientôt avec ses commissions un revenu de $ 30 000 par an.

Il recontra en 1924 Ralph Bard, le propriétaire d'Auburn. Après avoir visité l'usine il proposa à Bard de prendre la direction de la firme, sans parler d'argent pour le moment. Bard accepta, et en juin 1924 Cord devint directeur général d'Auburn. Peu de temps après il racheta la firme et en devint vice-président. Enfin, en 1926, à l'âge de 32 ans il prit le poste de président.

Cord engagea aussitôt James Crawford comme ingénieur en chef, et le chargea d'étudier sans retard un modèle huit-cylindres. C'est ainsi qu'en 1925 Auburn qui, jusque-là, offrait un médiocre modèle unique, put proposer une véritable gamme de modèles à quatre, six ou huit cylindres portant les désignations 4-44, 6-66, et 8-88. Peut-être encore plus significatif fut le remplacement du banal radiateur Auburn par une élégante calandre nickelée. Les moulures latérales de la caisse convergeaient aussi sur le capot, délimitant ainsi deux zones de couleurs contrastées qui faisaient immédiatement reconnaître les Auburn.

La plus intéressante était certainement la huit-cylindres, dont le moteur 4,5 litres à soupapes latérales était fabriqué

CI-DESSUS Jusqu'à l'arrivée d'Errett Cord, les Auburn restèrent des voitures très classiques, que rien ne distinguait de la production courante de l'époque. Cette quatre-cylindres date de 1909.

A GAUCHE Errett Lobban Cord, remarquable homme d'affaires qui racheta Auburn et Duesenberg, puis créa la marque Cord. Il fut ainsi à l'origine de quelques-unes des plus belles voitures américaines de l'entre-deux-guerres.

chez Lycoming, à Williamsport. En janvier 1926 sa cylindrée fut portée à 4,9 litres. La production fit de nets progrès cette année-là chez Auburn. Des 5 600 voitures construites en 1925, la firme passa à 22 000 en 1929, avec un bénéfice de $ 3 600 000. Dans cette ambiance de progression continuelle Cord annonça en octobre 1926 qu'il avait racheté avec ses associés la Duesenberg Motor Corporation, un des plus prestigieux constructeurs de voitures de course des États-Unis, qui avait aussi fait une tentative décevante dans le marché de l'automobile de luxe.

LES DÉBUTS DE DUESENBERG

Fred Duesenberg naquit en 1876 dans la province de Lippe en Allemagne. Vers 1880, toutes la famille (il y avait six enfants en tout) émigra en Amérique et s'installa dans une ferme des environs de Rockford, dans l'Iowa. Fred Duesenberg montra

AUBURN CORD DUESENBERG

À GAUCHE Les frères Duesenberg, August (à gauche) et Fred, construisirent les meilleures voitures de course américaines des années vingt. Cette photographie fut prise après la victoire de la Duesenberg de Peter de Paolo, aux 500 Miles d'Indianapolis de 1925. C'était la seconde victoire consécutive d'une voiture de la marque.

très tôt son goût de la mécanique. En 1894 il prit un emploi chez un marchand de matériel agricole, où il se fit remarquer par son habileté à réparer les machines et à construire les éoliennes. En 1897 il s'établit comme fabricant de bicyclettes et se livra aussi à sa passion grandissante pour la vitesse, en disputant des courses de vélo. Il fut rejoint à ce moment par son frère cadet August. Fred passa alors à la fabrication de motocyclettes : il était mordu par le virus automobile.

Il rencontra alors Thomas B. Jeffery, fabricant des automobiles Rambler, à Kenosha, dans le Wisconsin. Fred y prit un emploi en 1902, mais il n'y resta pas longtemps et retourna dans l'Iowa pour y travailler dans un atelier de mécanique. Il créa ensuite dans la ville de Des Moines la Iowa Automobile Supply Company. C'est là qu'il fit la connaissance des frères Mason qui le présentèrent à leur père, Edward, *attorney* à Des Moines. Celui-ci invita Fred Duesenberg à déjeuner. Le résultat de cette rencontre fut la création des automobiles Mason, dont le premier exemplaire sortit dans les rues de Des Moines le 19 février 1906.

La fabrication en série commença le 16 août de la même année, juste six mois après la première apparition du prototype. Le moteur était un bicylindres à soupapes en tête de 24 HP. La Mason fut lancée sous le slogan « la plus rapide et la plus solide des bicylindres américaines ». Le modèle fut amélioré en 1909, mais il se trouva vite démodé. Un quatre-cylindres fut étudié, mais Mason manquait des capitaux nécessaires pour agrandir les ateliers. L'argent fut fourni par le fabricant de matériel agricole F.L. Maytag, et en novembre 1909 la firme devint la Maytag-Mason Motor Company. L'année suivante, la fabrication fut transférée à Waterloo (ville voisine), et la marque fut rebaptisée Maytag. Peu après Maytag (qui allait plus tard faire fortune comme fabricant de machines à laver) se désintéressa de l'affaire, et la marque reprit le nom de Mason au début de 1912. Elle allait survivre jusqu'en 1915.

Les frères Duesenberg avaient rompu leurs liens avec les automobiles Mason en 1910. Ils étaient en effet de plus en plus attirés par la compétition. Dès 1906, Fred avait piloté des Mason dans des courses de côte. En 1913 les frères fondèrent la Duesenberg Motor Company dont l'ambition n'était pas de fabriquer des voitures complètes, mais seulement des moteurs. Celui que Fred Duesenberg avait dessiné était un quatre-cylindres à soupapes disposées horizontalement, avec un arbre à cames latéral qui les commandait par l'intermédiaire de très longs culbuteurs verticaux. Cette disposition valut au moteur le surnom de *walking beam* (moteur à bascules). Ces moteurs eurent d'abord deux soupapes par cylindre. En 1916 apparut une version plus puissante à quatre soupapes par cylindre. En 1913 un Mason à moteur Duesenberg fit ses débuts sur le circuit d'Indianapolis. Dès l'année suivante, les voitures préparées par les deux frères courront sous le nom de Duesenberg. Mais les cadences de fabrication restaient modestes : on ne compte que 50 moteurs en tout fabriqués jusqu'à la fin de la guerre en 1918.

En 1914, Duesenberg avait fabriqué un étonnant douze-cylindres en ligne avec trois quatre-cylindres bout à bout, pour un canot de course. Il attira l'attention de J.R. Harbeck, président d'une firme de Chicago, la Loew Victor Manufacturing Company, spécialisée dans la fabrication de moteurs de bateaux et de machines-outils. En 1915 il conclut un accord avec Duesenberg pour la fabrication dans son usine de « moteurs à bascules » en version six et huit-cylindres, pour les bateaux. Ceux-ci eurent un certain succès, en particulier auprès de la marine américaine, et furent exportés jusqu'en Italie et même en Russie.

Harbeck fit venir les frères Duesenberg à Chicago (ils étaient installés depuis 1913 à Saint-Paul, dans le Minnesota). C'est là qu'ils entamèrent l'étude d'une automobile

complète. En même temps ils installèrent leur département d'essais dans l'usine de l'American Can Company sur l'Hudson, à Edgewater dans le New Jersey, en face de New York. La Duesenberg Motors Corporation fut créée en mars 1917 sous l'égide de Harbeck. L'entrée en guerre des États-Unis bouleversa tous les plans et la firme annonça alors qu'elle allait construire une nouvelle usine à Elizabeth, dans le New Jersey, pour fabriquer des moteurs d'avion. Les indispensables machines-outils furent achetées aux établissements Fiat de Poughkeepsie dans l'état de New York qui fournit également des installations supplémentaires.

La firme avait l'intention au départ de fabriquer les moteurs Liberty V12, de conception américaine, mais en fin de compte, Duesenberg fut chargé de la fabrication du moteur Bugatti seize-cylindres. Ce moteur eut besoin d'un certain nombre de modifications avant de devenir utilisable. Celles-ci furent menées à bien par l'ingénieur Charles B. King, mais, en conséquence, la fabrication en série ne put démarrer qu'en octobre 1918, un mois avant l'armistice. La fin des hostilités laissait à Duesenberg une grande usine innocupée. La firme et ses installations furent donc vendues à la John Willys' Corporation qui avait besoin de moyens de production supplémentaires.

Les plans du quatre-cylindres à bascules furent vendus à la firme Rochester Motors. On le retrouve par la suite dans des voitures comme les Roamer, Revere ou Biddle jusqu'au milieu des années 20. Entre-temps Duesenberg avait quitté la côte Est et était venu s'installer à Newark, à 3 kilomètres de l'autodrome d'Indianapolis qui allait être son champ de bataille attitré. Les deux frères n'eurent rien de plus pressé que de reprendre la fabrication des moteurs pour voitures de course. Ils créèrent d'abord un nouveau huit-cylindres en ligne. Ils en montèrent deux exemplaires, de 4,9 litres de cylindrée, côte à côte (à la manière du moteur d'avion Bugatti), dans une voiture spéciale avec laquelle Tommy Milton couvrit le mile lancé à plus de 250 km/h. C'était 20 km/h de plus que le record du monde officiel, vitesse insurpassée jusqu'en 1926.

Tout en poursuivant leur effort en compétition, les frères Duesenberg entamèrent l'étude de leur première voiture de tourisme. En 1920 fut créée la Duesenberg *Automobile & Motors Company*.

DUESENBERG DESCEND DANS LA RUE

La première Duesenberg de tourisme, le modèle A, fit son apparition en novembre 1920, au Salon de l'Automobile qui se tenait à l'Hôtel Commodore de New York. Curieusement, ce prototype avait encore un moteur « à bascules » et un bloc borgne. Les modèles de série avaient cependant une culasse détachable et un arbre à cames en tête comme les modèles de course, mais avec deux soupapes par cylindre seulement, au lieu de trois. C'était la première huit-cylindres de série américaine et une des premières du monde. C'était aussi la première voiture américaine avec des freins sur les quatres roues.

Les trois prototypes de la Duesenberg A furent construits dans les ateliers de Newark. Pour la fabrication en série, la firme s'installa dans des locaux beaucoup plus vastes, West Washington Street à Indianapolis. La voiture apparut sur le marché en 1921. Avec son moteur de 4,3 litres, son prix était très élevé : $ 6 500. Duesenberg espérait en vendre 2 400 exemplaires par an. Mais la production pour 1922 ne totalisa que 350 voitures. Bien qu'elle fût maintenue, les frais engagés ne furent pas remboursés. Et pourtant, en 1921, la Duesenberg de Jimmy Murphy avait remporté le Grand Prix de l'ACF, première victoire d'une voiture américaine dans une épreuve européenne : un événement qui faisait date.

DUESENBERG SAUVÉ PAR CORD

En 1924, Duesenberg dut déposer son bilan, mais une nouvelle firme fut formée sur les ruines de la première, en 1925, avec comme président Fred Duesenberg. Elle pouvait cependant difficilement subsister avec des ventes ne dépassant pas deux voitures par semaine. C'est ainsi que le 6 octobre 1926 *The Indianapolis Star* annonça que la firme avait été rachetée par Errett Cord et ses associés, qui l'avaient rebaptisée Duesenberg Inc. La firme d'Indianapolis était désormais une filiale de l'Auburn Automobile Company. Cord annonça son intention de construire la voiture la plus chère du monde. Il choisit comme vice-président Harold T. Ames, Fred Duesenberg ayant la fonction d'ingénieur en chef. August quitta la firme et ouvrit un magasin de voitures de course en face de l'usine. L'étude de ce qui allait être la Duesenberg J commença aussitôt. Pour faire l'intérim, Duesenberg présenta en 1927 le modèle X, version plus économique de la « A » qui fut supprimée en 1928, après que 12 exemplaires seulement eussent été vendus.

L'étude de la Duesenberg J fut entamée à la fin de 1926. Dès le début il avait été décidé que ce serait une voiture de grand luxe, construite en deux longueurs d'empattement pour recevoir toute sorte de carrosserie au gré du client, et capable

de dépasser les 160 km/h. En conséquence, Fred Duesenberg dessina une culasse à deux arbres à cames en tête avec quatre soupapes par cylindre, selon la disposition déjà adoptée pour son moteur de course en 1922. Le moteur était un huit-cylindres de 6,9 litres, revendiquant une puissance de 262 ch (en réalité 205-210 ch, ce qui restait un chiffre absolument sensationnel pour l'époque). Cette belle pièce de mécanique, fabriquée chez Lycoming, était aussi satisfaisante pour l'œil que pour l'esprit. Duesenberg ne fabriquait pas les carrosseries, mais, dès juin 1928, alors que la voiture ne devait être présentée qu'en décembre, les meilleurs carrossiers américains furent invités à déposer leurs projets pour le nouveau modèle. Plusieurs d'entre eux comme Holbrook, Derham et Rollston réservèrent à la « J » leurs plus luxueuses créations. La nouvelle Duesenberg allait se révéler comme une redoutable rivale pour les meilleures marques aussi bien d'Europe, comme Rolls-Royce ou Hispano-Suiza, que des États-Unis comme Cadillac, Packard ou Lincoln.

À son lancement, en décembre 1928, le prix du châssis modèle J était fixé à $ 8 500, chiffre qui pouvait être porté à

CI-DESSOUS La première Duesenberg de tourisme fut la « A », première voiture américaine à moteur huit-cylindres en ligne et à freins hydrauliques.

A DROITE La publicité de Duesenberg se montrait toujours frappante et mettait en évidence le caractère exceptionnel de ses voitures.

$ 17 000 avec la carrosserie. Avec cette somme on pouvait acheter au moins *quatre* berlines Cadillac du modèle le plus cher ! Pourtant Errett Cord trouvait qu'avec ses extraordinaires caractéristiques techniques, la Duesenberg ne se distinguait pas suffisamment des voitures ordinaires.

Une « J » habillée par un carrossier ressemblait trop à n'importe quelle voiture de luxe habillée par le même carrossier. Cord voulait que la marque ait un cachet inimitable. Harold Ames engagea donc, en 1925, un jeune styliste nommé Gordon Buehrig, chargé de donner aux Duesenberg une physionomie propre dont les carrossiers devraient s'inspirer.

Gordon Miller Buehrig avait commencé sa carrière de styliste en 1924, après avoir travaillé comme apprenti pour la Gotfredson Body Company à Wayne, dans le Michigan. Deux ans plus tard il passa chez De Dietrich, à Detroit puis, en 1927, chez Packard qu'il quitta bientôt pour entrer à la GM dans la célèbre section *Art & Colour* nouvellement créée. Il n'y resta pas longtemps et partit chez Stutz à Indianapolis. C'est de là qu'il passa chez Duesenberg.

Une fois installé dans l'usine de West Washington Street, Buehrig se mit aussitôt à dessiner les esquisses d'après lesquelles des carrossiers, comme Derham, Murphy ou Brunn, allaient pouvoir réaliser certaines des plus luxueuses, fastueuses ou extravagantes carrosseries de tous les temps. Les Duesenberg avaient maintenant ce « cachet » particulier dont rêvait Cord. La « J » était une des voitures les plus chères du monde et ne le laissait pas ignorer. Malheureusement, la crise économique allait brutalement réduire le pouvoir d'achat de la clientèle à laquelle les Duesenberg étaient destinées. C'est pendant la période la plus sombre de la dépression que la marque présenta la fabuleuse « SJ » à compresseur centrifuge. Ce dispositif était utilisé par les moteurs Duesenberg de

CI-DESSUS Gordon Buehrig, l'homme qui dessina la Cord 810 et donna aux Duesenberg leur physionomie distinctive.

AUBURN CORD DUESENBERG

A GAUCHE La Duesenberg « J » de 1934 était malheureusement trop chère pour une époque de crise.

EN BAS Un cabriolet « J », carrossé par Murphy. Il coûtait $ 13 000 en 1930 et il fallait payer un supplément pour le « spider » ou le porte-bagages.

DUESENBERG MODÈLE J (1928-1937)
MOTEUR
Cylindres : 8 en ligne
Alésage et course : 95 × 121 mm
Cylindrée : 6 882 cm³
Distribution : 4 soupapes par cyl., 2 arbres à cames en tête
Taux de compression : 5,2 à 1
Alimentation : 1 carbu. droit ou inversé
Puissance : 265 ch à 4 200 tr/mn
Boîte de vitesses : 3 rapports
CHÂSSIS
Construction : longerons et traverses en U
Empattement : 3,619 m ou 3,898 m
Voie avant : 1,422 m
Voie arrière : 1,422 m
Suspension avant : ressorts à lames
Suspension arrière : ressorts à lames
Freins : tambours à commande hydraulique
Vitesse de pointe : 180 km/h

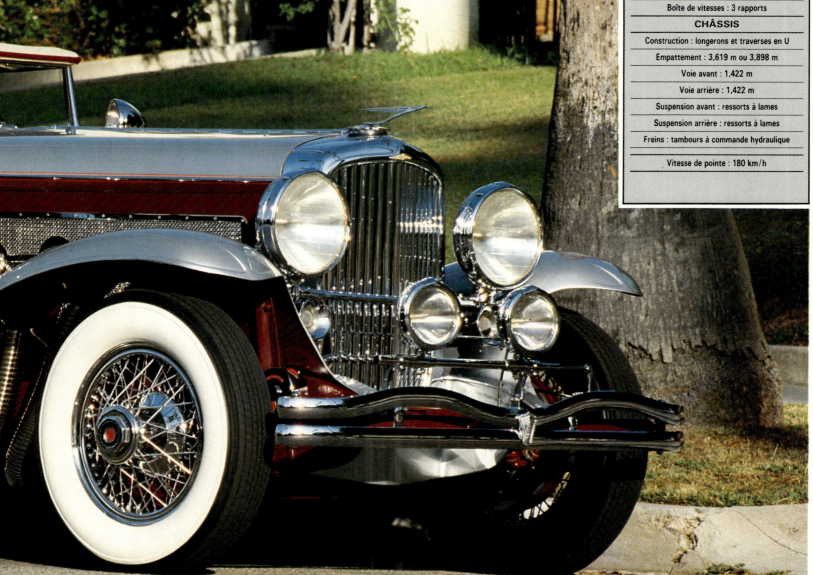

AUBURN CORD DUESENBERG

compétition depuis 1924. La puissance annoncée bondissait à 320 ch (plus probablement vers 250-260 ch, ce qui était encore inouï). On prétendait que la vitesse de pointe dépassait nettement les 200 km/h. Le moteur à compresseur était installé dans un nouveau châssis plus court, vendu $ 11 750. Ce qui explique qu'il ne trouva que 36 acheteurs. Une autre version, désignée JN, vit le jour en 1935. Elle se reconnaissait à ses roues plus petites et à sa carrosserie aux lignes plus basses.

Pendant que le modèle J étonnait le monde, Errett Cord étendait son empire. Il racheta la firme Lycoming qui fabriquait les moteurs Duesenberg et Auburn. Il reprit aussi la Limousine Body Company, dans le Michigan, et la Central Manufacturing Company, dans l'Indiana. Comme le faisait le fondateur de la GM, Billy Durant, Cord réglait rarement ses achats en espèces, préférant céder des actions. À la fin de 1928, il « valait » la somme impressionnante de 14 millions de $. L'année suivante, le jeune homme d'affaires fonda la Cord Corporation qui reprit la Stinson Aircraft Corporation. À la fin de cette même année 1929 apparut la marque qui portait son nom. Fidèle à lui-même, Cord présenta une voiture qui ne ressemblait à aucune autre.

LA PREMIÈRE TRACTION-AVANT AMÉRICAINE

La Cord L-29 a droit au titre de première voiture américaine de série à traction avant. L'idée avait commencé à se propager en 1924, quand Henry Miller avait présenté ses fameuses monoplaces de circuit dont les roues motrices tiraient les voitures au lieu de les pousser. En 1927, apparut la Detroit Special de conception similaire, dont un des créateurs était un ancien ingénieur de Duesenberg, Cornelius Van Ranst. Cord qui venait d'acheter les brevets Miller pour un modèle de tourisme, l'embaucha sur le champ. Van Ranst se mit alors au travail dans le bureau d'études Miller de Los Angeles, avec l'associé de Miller, Leo Goossen. En fait, le produit final avait très peu de points communs avec les idées de Miller, à l'exception de l'emploi d'un essieu De Dion.

La traction-avant a certains avantages au point de vue technique, mais elle en a aussi au point de vue esthétique : l'absence d'arbre de transmission permet de surbaisser considérablement la voiture. La disposition de la transmission devant le moteur allonge élégamment le capot. Celui de la L-29 recouvrait un huit-cylindres Lycoming de 4,9 litres. La vitesse de pointe ne dépassait pas 120 km/h, mais les carrosseries dessinées par Al Leamy étaient très réussies.

La Cord à traction avant rencontra un relatif échec commercial du fait de la dépression économique, et aussi de certains défauts de conception qui ne furent jamais corrigés. Mais ses lignes exercèrent une influence durable, notamment chez Chrysler et, par contre-coup, chez Renault. La fabrication de la L-29 prit fin en 1932 après une production totale de 3 468 exemplaires.

AUBURN POURSUIT SON EFFORT

Par contraste, Auburn battit en 1931 ses records de production avec 32 031 voitures. Nous avons vu que la firme de l'Indiana proposait en 1926 trois modèles. En 1927, les quatres-cylindres furent supprimés. En 1928, la huit-cylindres devint le modèle 115, sans que sa cylindrée soit modifiée.

La plus célèbre version de l'Auburn 115 est bien sûr le Speedster, qui restera encore en fabrication pendant six ans. Ce type de carrosserie restera associé à Auburn : deux places découvertes, un pare-brise en V accentué, et une longue pointe arrière, c'était le véhicule idéal pour le *playboy*, le moins fonctionnel mais le plus voyant des moyens de transport. En 1929 s'y joignit le Cabin Speedster, coupé surbaissé avec des ailes « vélo » ressemblant à un fuselage d'avion et vendu comme « une voiture de course avec le confort d'une conduite intérieure ».

Le modèle 115 devint en 1929 le modèle 20, et le modèle 25 en 1930. En 1931 on vit apparaître son successeur, baptisé 8-98 avec un moteur de 4,4 litres. La même année, Auburn n'avait plus à son catalogue que des modèles huit-cylindres. Comme nous l'avons dit, 1931 fut une année-record pour Auburn. La moins chère des berlines quatre-places était vendue $ 945. En 1932, le client pouvait faire une meilleure affaire encore, avec le nouveau V12 de 6,4 litres, offert au prix presque incroyable de $ 975 pour le coupé, et seulement $ 1 275 pour le Speedster, qui bénéficiait pour ce prix d'un pont-arrière à deux rapports. Malgré ces prix très raisonnables, les ventes d'Auburn tombèrent à 7 939 voitures seulement, en 1932. Ce fut pire encore l'année suivante : Auburn ne vendit que 4 703 voitures en 1933. Il fallait visiblement faire quelque chose pour améliorer la situation. La fabrication de la Cord L-29 avait été interrompue. La Duesenberg J ne se vendait plus qu'en quantité négligeable. Al Leamy, celui

EN HAUT, A GAUCHE Un cabriolet « SJ » de 1933. Ce modèle à compresseur, présenté l'année précédente, ne fut construit qu'en petit nombre. C'est l'apothéose de la Duesenberg.

CI-DESSOUS Un des avantages de la traction-avant était d'allonger élégamment le capot, comme le montre ce coupé de ville Cord L29.

EN BAS, A GAUCHE Une autre Duesenberg « J », cette fois un modèle de 1930. La mascotte du radiateur fut dessinée par Buehrig en 1929, à la demande de la clientèle.

L'Auburn Speedster est le plus célèbre modèle de la marque. Son moteur est un huit-cylindres en ligne Lycoming. Cet exemplaire date de 1933, qui fut la dernière année de fabrication pour cette version.

qui avait la L-29 à son actif, fut invité à exercer ses talents sur la gamme Auburn 1934. Le résultat de cet effort, qui avait coûté $ 500 000, ce fut la série 850 à moteur huit-cylindres, et la nouvelle série 652, plus économique, à moteur six-cylindres. Malheureusement, la clientèle ne répondit que faiblement et le déficit s'aggrava encore.

Devant ces difficultés, Cord fit appel à Harold Ames, qui dirigeait alors Duesenberg, et le nomma vice-président d'Auburn, avec un budget de $ 50 000 pour remodeler encore une fois la gamme des modèles. Ames arriva à Auburn accompagné de Gordon Buehrig et August Duesenberg (Fred était hélas mort en juillet 1932 des suites d'un accident avec une SJ, qui avait également coûté la vie à Louis Schwitzer de la firme Schwitzer-Cummins qui fabriquait les compresseurs des Duesenberg).

Les trois hommes avaient pour tâche de remettre à flot la marque Auburn. Avec un budget aussi réduit, Buehrig ne pouvait pas faire grand-chose, à part dessiner une nouvelle calandre, un nouveau capot et de nouvelles ailes. Cela suffit pourtant à rendre plus séduisants les modèles de l'année précédente. La série des huit-cylindres fut baptisée 851 et celle des six-cylindres devint la 653. Ames voulait cependant frapper un grand coup au Salon de New York de 1934. On décida alors de ressusciter le Speedster (supprimé l'année précédente). Il restait encore une centaine de ces carrosseries en surplus à la Union City Body Company qui les fournissait à Auburn. L'arrière fut retaillé selon les dessins de Buehrig, on mit en place la nouvelle calandre, et l'ensemble eut l'air totalement renouvelé. Le Speedster 851 fut bien accueilli au Salon de New York. Comme la berline, il pouvait être équipé d'un compresseur centrifuge. La gamme 1936 resta identique à celle de 1935, malgré les nouvelles dénominations, 852 et 654.

BUEHRIG DESSINE SON CHEF-D'ŒUVRE

Après avoir terminé son rajeunissement de la gamme Auburn, Gordon Buehrig resta à l'usine de la marque pour y commencer l'étude d'une nouvelle Cord, dont la marque avait été mise en veilleuse en 1932. Buehrig créa alors une des plus belles voitures de tous les temps, dont l'influence allait rester perceptible dans l'automobile américaine, pendant peut-être vingt ans. Pour trouver les origines exactes de ce modèle, la Cord 810, il nous faut maintenant revenir un peu en arrière. C'était en 1933. Buehrig avait alors le pressentiment que les jours de la firme Duesenberg étaient comptés. Il proposa ses services à la GM, où il avait déjà travaillé, dans la section *Art & Colour* dirigée par Harley Earl. Buehrig fut accepté. Au cours de cette période il y eut un temps mort dans les activités de la section. Pour l'occuper, Earl organisa un concours parmi ses collaborateurs : il s'agissait de dessiner une berline quatre-places avec toute l'audace imaginable. Buehrig présenta alors un projet révolutionnaire dans lequel les radiateurs, au nombre de deux, étaient disposés entre les garde-boue et le capot. Buehrig ne remporta pas le prix, mais il conserva soigneusement son projet afin d'en tirer parti par la suite.

Auburn Cord Duesenberg

CI-DESSUS L'Auburn Speedster a rencontré un grand succès dans les années vingt. Notez la porte du compartiment spécial pour cannes de golf, et la décoration caractéristique du capot. Au volant de ce modèle 88 se trouve « Stuttering Roscoe », un acteur alors très connu.

A GAUCHE L'Auburn Speedster 851/852 de 1935 réussit à faire oublier les modèles antérieurs. C'était un habile assemblage, dû à Gordon Buehrig, de l'ancienne carrosserie avec une nouvelle calandre et de nouvelles ailes. Le résultat fit sensation, mais ne put sauver la marque qui disparut en 1936. A ce moment le Speedster coûtait $ 2 245.

C'est alors, en septembre 1933, que notre homme reçut un coup de téléphone de Harold Ames qui avait eu l'idée de donner une petite sœur à la Duesenberg, de la même manière que la prestigieuse Cadillac avait donné naissance à la La Salle. Buehrig sortit aussitôt son projet. L'idée du double radiateur ne plut pas beaucoup à Ames, mais il apprécia l'aspect net et dépouillé que prenait alors le capot. Buehrig quitta donc pour la seconde fois la GM et revint à Indianapolis. La petite Duesenberg était construite sur un châssis Auburn. Les deux radiateurs latéraux dégageaient complètement l'avant de la voiture (ce système n'était pas très efficace, car le moteur chauffait). Le reste de la carrosserie n'était pas moins révolutionnaire. La suppression des marche-pied et les charnières de portes « invisibles » firent sensation à l'exposition « Un siècle de progrès » à Chicago où la voiture fut exposée. Ce modèle unique est l'ancêtre de la Cord 810.

L'année suivante, on décida de relancer le projet mais en lui donnant cette fois le nom de Cord. Qui disait Cord, disait traction-avant, car le mouveau modèle devait marcher sur les taces de la L-29. À la différence de la petite Duesenberg qui avait le huit-cylindres en ligne Auburn, la nouvelle Cord aurait un V8 compact, disposé nettement plus en avant. Ce moteur, construit par Lycoming, avait une cylindrée de 4,7 litres. Ses soupapes étaient presque horizontales (à la manière du V12 Packard de la même époque). La boîte de vitesses Borg-Warner était en porte-à-faux à l'avant, devant le différentiel. Pour éviter une timonerie trop compliquée, la commande des vitesses était le système Bendix *Mechanical Hand* (main mécanique) : le levier de vitesses miniature monté sur la colonne de direction était en fait un commutateur électrique commandant des électro-aimants, qui mettaient eux-mêmes en action les cylindres à dépression enga-

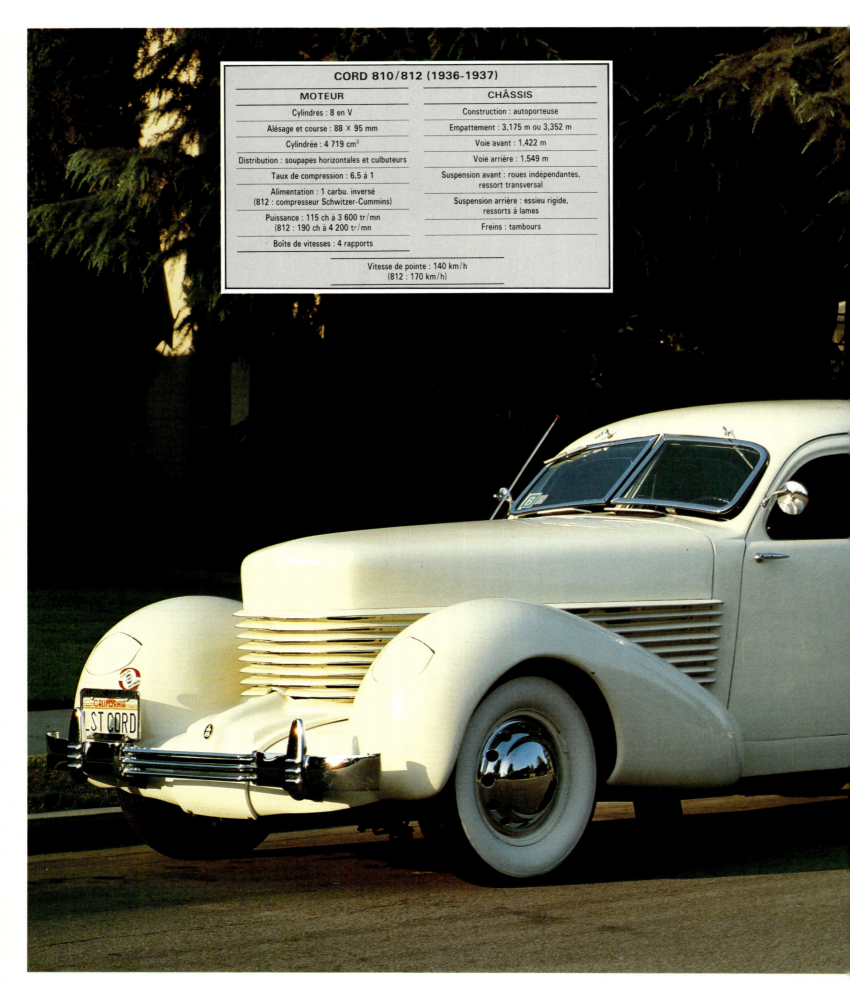

AUBURN·CORD·DUESENBERG

CI-DESSUS La Cord 810 à traction avant fut le chef-d'œuvre de Gordon Buehrig. Les phares s'effaçaient dans les ailes avant.

ENCADRÉ Le tableau de bord en aluminium bouchonné de la 810 avait un air très « aviation ». On voit sous le volant la commande des vitesses.

geant les rapports. L'essieu De Dion avait cédé place, à l'avant, à une suspension à roues indépendantes.

La carrosserie dessinée par Buehrig était aussi remarquable, au moins, que les spécifications techniques. Grand admirateur de Le Corbusier, Buehrig avait adopté la devise de l'architecte parisien : « La fonction crée la forme ». Ses lignes reprenaient celles de la petite Duesenberg, mais avec quelques modifications importantes : c'est ainsi qu'il n'y avait plus qu'un seul radiateur placé devant le moteur. Cependant les ouïes qui se prolongeaient sur les côtés du capot étaient un souvenir de l'ancienne disposition. Cette trouvaille de style, originale et frappante, était le seul élément décoratif de la carrosserie, dont les lignes se présentaient avec une netteté inhabituelle. Cet aspect dépouillé était encore accentué par des phares escamotables à l'intérieur des ailes (comme les phares d'atterrissage des avions Stinson, également construits par Cord). Le pare-brise en deux parties et le tableau de bord en aluminium bouchonné étaient également d'inspiration aéronautique.

Quand on voit tout le soin apporté à sa conception, on aurait aimé que la Cord 810 remportât un grand succès commercial. Elle le méritait certainement, mais ce ne fut pas le cas. Elle fit ses débuts en public en novembre 1935 au Salon de New York. Elle était proposée en quatre types de carrosserie : deux berlines baptisées Westchester (normale) et Beverly (de luxe), cabriolet deux-places et décapotable « phaéton » quatre-places. Sa complexité et son aspect inhabituel effrayèrent sans doute les clients, car on ne compte en 1936 que 1 174 exemplaires vendus. La gamme des modèles fut étendue en 1937, avec deux nouvelles conduites intérieures dénommées Beverly Custom et Berline. Cette dernière était vendue pour $ 3 060. De plus, le moteur pouvait être équipé sur demande d'un compresseur centrifuge qui portait sa puissance de 115 à 190 ch. Ces modèles, avec la dénomination 812, étaient reconnaissables à leurs tuyaux d'échappement apparents. En dépit de ces efforts, les ventes ne totalisèrent que 1 146 voitures en 1937.

Ce fut la dernière année d'existence de la marque et de la Cord Corporation. Errett Cord était parti en Angleterre en 1934, alors que des bruits couraient sur sa façon de gérer ses affaires. À son retour, en 1936, il fut accueilli par des agents de la *Securities & Exchange Commission* (contrôlant les opérations de Bourse), qui étaient alors en train d'enquêter sur ses affaires. Il fut effectivement condamné en août 1937 pour violation du *Securities & Exchange Act* édicté par le gouvernement Roosevelt en 1934.

Il n'y eut donc pas de modèles 1938 pour Cord, Auburn, ni Duesenberg. Cord avait vendu sa part (29 %) des actions de la Cord Corp. pour $ 2 632 000. L'usine Duesenberg fut reprise par le constructeur de camions Marmon-Herrington. L'usine Auburn, qui produisait aussi les Cord, alla à la firme Borg-Warner.

Les « formes » d'emboutissage des carrosseries des Cord 810-812 furent vendues à Hupmobile qui voulait les utiliser pour un modèle à propulsion arrière. Celui-ci, baptisé Skylark, ne fut construit qu'à 35 exemplaires en 1939. Ensuite la fabrication de ces carrosseries passa à Graham-Paige qui avaient accepté ce travail, à condition de pouvoir eux-mêmes en profiter. La version Graham-Paige de la Cord apparut sous le nom de Hollywood. Sa fabrication, comme celle de la Skylark, ne se poursuivit pas après 1941.

Après la guerre, on compta plusieurs tentatives pour ressusciter les marques du groupe Cord. Certaines furent assez réussies, d'autres moins, mais aucune ne fut couronnée de succès. Il leur manquait ce dynamisme créateur qui faisait d'une Auburn, d'une Cord ou d'une Duesenberg, des voitures originales, innovatrices, parfois discutables, mais en tout cas *inimitables*.

BUICK

Quand William Durant créa en 1908 la General Motors, il avait déjà derrière lui quatre années d'expérience dans la construction automobile. En 1904 en effet, il avait racheté la firme Buick qui se trouvait alors en difficultés. Il la renfloua si bien, qu'en 1907 Buick était devenu le deuxième constructeur des États-Unis derrière Ford. Buick constitua dès lors une des marques les plus rentables du groupe formé par Durant. Ses voitures avaient la faveur de la classe moyenne américaine. Cette situation s'est maintenue jusqu'à nos jours.

Le fondateur de la marque, David Dunbar Buick (1854-1929), était originaire d'Arbroath, en Écosse, et sa famille émigra aux États-Unis, alors qu'il avait deux ans, pour s'installer dans la région de Detroit. David avait cinq ans quand son père mourut. Sa mère se remaria et prit une confiserie à Detroit. David travailla quelque temps dans une ferme, puis distribua des journaux. En 1869, alors qu'il était âgé de 15 ans il entra à l'Alexander Manufacturing Company de Detroit qui fabriquait des équipements de plomberie. Il devait en devenir finalement le propriétaire, après avoir donné les preuves de son génie inventif. Il se fit remarquer, entre autres, par un procédé pour l'émaillage des baignoires en fonte qui allait faire de lui un homme riche. Son goût de la mécanique le porta vers 1895 à s'intéresser aux moteurs à pétrole. Cette passion finit par l'absorber complètement au point de provoquer des difficultés avec son associé, un nommé Sherwood. C'est ainsi que David Buick dut vendre sa firme en 1899, pour se consacrer entièrement à l'automobile.

Il fonda alors la Buick Auto Vim & Power Company dans Howard Street, à Detroit. Il s'assura la collaboration des ingénieurs Walter Marr et Eugene Richard. C'est sans doute grâce à ce dernier que Buick adopta les soupapes en tête pour son moteur à deux cylindres opposés, à une époque où les soupapes latérales étaient de règle. Les soupapes en tête sont restées depuis lors une caractéristique des moteurs Buick. La première voiture, terminée en 1903, allait entraîner la création de la Buick Manufacturing Company, avec le soutien de Benjamin Briscoe, ami de David Buick qui possédait à Detroit une usine de tôlerie prospère.

La première Buick fut achetée par Walter Marr, et Benjamin Briscoe eut la seconde. Briscoe fournit aussi des capitaux pour restructurer la Buick Motor Company en mai 1903, mais dès septembre 1903 pourtant, Buick devrait lui restituer son apport ou renoncer : Briscoe en effet avait d'autres projets en vue, notamment la fabrication des automobiles Maxwell.

Une belle Buick : le cabriolet Skylark de 1953.

C'était le 9 juillet 1904. La voiture est la première Buick construite à Flint. Elle n'a pas encore sa carrosserie. Au volant Walter Marr, à sa gauche Tom Buick, le fils de David Buick. Ils vont à Detroit pour faire immatriculer la voiture. Sur le chemin du retour ils feront la course avec un véhicule électrique qu'ils réussiront à « semer ».

BUICK S'INSTALLE À FLINT

Briscoe négocia avec la Flint Wagon Works, de Flint, dans le Michigan, et celle-ci prit le contrôle de Buick en septembre 1903. Les travaux sur les automobiles furent poursuivis et le 9 juillet 1904 fut terminé le prototype modèle B à moteur bicylindre de 2,6 litres. La firme de Flint avait cependant sous-estimé les coûts de développement, et en novembre 1904 elle céda la firme à William Durant, de Durant-Dort, le plus important constructeur américain de voitures à chevaux. Avec un solide soutien financier, la fabrication progressa et 750 modèles C (version améliorée du modèle B de l'année précédente) furent construits en 1905. Durant, résolu à aller de l'avant, mena activement la construction d'une nouvelle usine à Flint. Elle couvrait 35 hectares et c'était une des plus grandes des États-Unis. Durant avait décidé en effet de faire de Buick le premier constructeur du monde.

Durant suggéra alors à la firme new-yorkaise Weston Mott, qui fournissait à Buick ses ponts arrière, d'installer une usine à Flint. Celle-ci fut ouverte en 1906, à côté de l'usine Buick. Entre-temps, la gamme des modèles continuait à s'étendre. En 1906 arriva le modèle F, issu du modèle C, et un modèle G à deux places s'y ajouta. En 1907 Buick eut sa première quatre-cylindres, le modèle D, avec soupapes en tête, évidemment, et une cylindrée de 3,85 litres. La cadence de fabrication s'accéléra : 1 400 voitures en 1906, et 4 641 en 1907, année où Buick prit la seconde place des constructeurs américains, derrière Ford. En 1908, Buick présenta un modèle plus économique, la Buick Model 10 à moteur quatre-cylindres de 2,7 litres vendue $ 850, le même prix que la Ford T qui faisait aussi ses débuts. En 1910, la production de Buick talonnait celle de Ford : 30 525 voitures contre 32 053 pour le constructeur de Dearborn. Par la suite cependant, les Buick deviendront plus chères alors que Ford baissera sans cesse ses prix.

Comme nous l'avons vu, c'est en 1908 que William Durant constitua la General Motors, dont la firme Buick était le plus sûr soutien. Dès 1910 pourtant, Durant, par sa façon incohérente de mener ses affaires, perdit le contrôle du groupe qu'il avait créé. Ceci n'empêcha pas Buick de prospérer de plus belle. De 1910 à 1912 c'est Charles Nash qui fut directeur de la firme, qu'il quitta pour devenir président de la GM. Il fut remplacé par Walter Chrysler, qui resta à la tête de Buick jusqu'en 1920.

La marque continua à progresser sous la direction de Chrysler. En 1914 apparurent l'éclairage et le démarreur électriques. Cette même année, le volant de toutes les Buick passa de la droite à la gauche de la voiture. C'est aussi en 1914 qu'apparut la première Buick six-cylindres, la B-55, à moteur de 5,4 litres à soupapes en tête. Pourtant cette année-là, Buick recula à la quatrième place du classement des constructeurs américains, derrière Ford, Willys-Overland et Studebaker. Deux ans plus tard, en 1916, Billy Durant reprit le contrôle de la General Motors. La même année, Buick arrêta la fabrication de tous ses modèles quatre-cylindres, pour se concentrer uniquement sur le six-cylindres. Buick proposa alors une petite six-cylindres de 3,7 litres, qui obtint un certain succès. Pourtant l'année 1917 vit arriver une nouvelle quatre-cylindres de 2,8 litres.

BUICK EN EXPANSION

C'est également en 1920 que Durant quitta définitivement la General Motors. La réussite de Buick, et aussi celle de Cadillac, permit pourtant au groupe de traverser sans dommage les remous économiques de 1921. L'année suivante, Buick revint une fois de plus au quatre-cylindres, abandonné en 1919, en présentant un moteur de cette configuration de 2,8 litres de cylindrée. En 1923, la firme passa pour la première fois le cap

BUICK

A GAUCHE Buick était le principal atout de la General Motors Company de Billy Durant. Ses modèles avaient du succès aux États-Unis, mais aussi en Europe, comme le prouve ce modèle quatre-cylindres immatriculé en Angleterre. Le démarreur et l'éclairage électriques n'apparurent qu'en 1914.

CI-DESSOUS Une Buick six-cylindres de 1918, classique torpédo américaine de l'époque. Remarquez les jantes amovibles, fréquentes sur les modèles des années 20. Le moteur est à soupapes en tête. Ses poussoirs et culbuteurs (encadré) lui donnent un aspect qui nous paraît aujourd'hui bien archaïque. Ce modèle à conduite à droite était vendu en Angleterre.

des 200 000 voitures annuelles et produisit son millionième véhicule : une six-cylindres 23-55.

En 1924, les Buick reçurent pour la première fois des freins sur les quatre roues. Le quatre-cylindres fut supprimé encore une fois, et la marque allait se cantonner dans le six-cylindres jusqu'en 1931. La cylindrée du « six » fut portée à 4,2 litres et un nouveau radiateur, de style Packard, fut inauguré. Il allait rester le signe distinctif des Buick jusqu'en 1949.

Le quatre-cylindres fut remplacé en 1925 par un nouveau six-cylindres de 3,1 litres dit « Standard », alors que les plus gros modèles avaient droit à la désignation « Master ». Les ventes continuèrent à progresser en 1924. L'année suivante, la production atteignit le chiffre record de 226 753 voitures. En 1926 les carrosseries furent redessinées ; on comptait alors 16 modèles en tout : 10 de la série Master et 6 de la série Standard. Cette année vit aussi la disparition de Harry Bassett, président de Buick, mort au court d'un voyage d'affaires en Europe, en compagnie de Lawrence P. Fisher, de chez Cadillac. Bassett fut remplacé par Edward Thomas Strong, qui avait succédé comme directeur général à Walter Chrysler en 1916, quand ce dernier était devenu président. Il y avait du changement dans l'air.

Strong, cependant, réussit moins bien que son prédécesseur. L'année 1927 donna encore le change, mais en 1928 Buick recula jusqu'à la sixième place dans le classement des constructeurs américains. Les modèles 1929 ne firent rien pour redresser la situation. Cette année-là les désignations Standard et Master furent remplacées par celles de 116 et 121, qui marquaient leur empattement respectif (en pouces). Mais de plus, les dessins fournis par la nouvelle *Art and Colour section* de Harley Earl furent interprétés de façon caricaturale. Les mouveaux modèles avec leurs flancs boursouflés furent ridiculisés par le surnom de *Pregnant Buick* (Buick enceinte). Simultanément avait vu jour la Marquette, modèle plus économique avec un six-cylindres à soupapes latérales. Ce modèle ne fut pas un succès et disparut deux ans plus tard. 1930 marqua pour Buick un redressement. Ses voitures n'avaient plus l'air d'attendre un joyeux événement, et la marque remonta à la troisième place du classement.

Entre-temps la direction de la General Motors était arrivée à la conclusion qu'une marque comme Buick, qui touchait une clientèle aisée, ne pouvait plus se contenter d'un moteur à

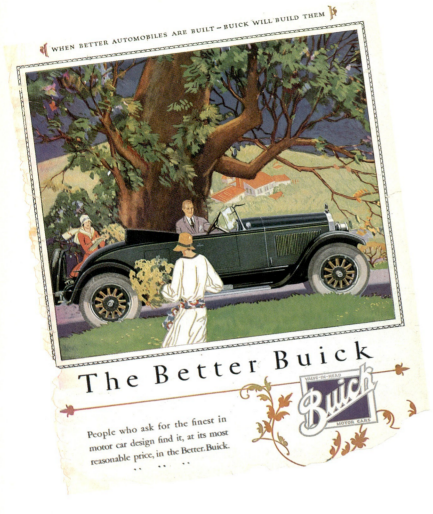

CI-DESSUS Les années vingt furent en général favorables à Buick. Pendant la plus grande partie de cette période, la firme ne fabriqua que des six-cylindres. Cette réclame date de 1926.

CI-DESSOUS A partir de 1928 la faveur de Buick commença à décroître auprès du public. La marque perdit son dynamisme initial, comme le montre ce très classique modèle de 1928 : Roadster Sport, série Master Six.

BUICK

six-cylindres. Plusieurs de ses rivales, comme Packard ou Studebaker, avaient adopté le huit-cylindres en ligne. Buick suivit leur exemple en 1931, abandonnant son vieux six-cylindres par la même occasion. Malheureusement cette innovation coïncida avec une aggravation de la crise économique, et Buick fut surclassé par la Plymouth de Walter Chrysler. En 1932, ce fut encore pire. Les ventes de Buick ne totalisèrent que 40 621 voitures, mettant la marque à la septième place. Par mesure d'économie, la GM combina le réseau commercial de Buick avec celui d'Oldsmobile et Pontiac.

Ed Strong quitta la présidence de la firme, et la direction de Buick fut confiée à Irving J. Reuter, qui était aussi à la tête de Pontiac. On assista alors à une vague de restrictions et de licenciements. C'est dans cette ambiance assez lugubre, que le 23 octobre 1923 Harlow Herbert Curtice devint le nouveau président de Buick. Cette nomination inaugurait une ère nouvelle dans l'histoire de la marque. Curtice, qui restera président de Buick jusqu'en 1948, allait en effet lui insuffler une vie nouvelle et transformer son image de marque auprès du public.

CURTICE PREND LA BARRE

Curtice avait débuté dans l'industrie automobile en 1914, quand il avait trouvé un emploi chez AC, fabricant de bougies d'allumage que Durant avait rattaché à la General Motors. Entré comme comptable, au bout d'un an il était directeur financier de la firme : à 22 ans, il était le plus jeune cadre de l'industrie automobile. Après avoir fait la guerre en France, Curtice revint chez AC pour en devenir directeur général, puis vice-président en 1927 et président deux ans plus tard, à la mort d'Albert Champion, fondateur de la firme. Jusque-là la firme s'était contentée de fabriquer des bougies. Curtice étendit ses activités aux pompes à essence, filtres à huile et pompes diverses, grâce auxquels la firme put traverser sans dommage la crise économique. Ce fut ensuite grâce aux bons offices de son ami, William Knudsen, devenu vice-président de la GM, que Curtice atterrit à la présidence de Buick.

Curtice ne fut pas long à comprendre que les difficultés de la firme provenaient du fait que ses voitures étaient bien construites, mais lourdes et laides. Il fallait aussi qu'elle présente sans retard un modèle meilleur marché, mieux adapté au climat économique polaire de l'époque. On ne pouvait plus faire grand-chose pour les modèles 1934, qui furent simplement dotés d'une suspension avant à roues indépendantes, système Dubonnet. Les ventes marquèrent un progrès par rapport à l'année précédente, mais Buick n'était plus que le huitième constructeur américain.

Curtice s'efforça d'établir de bons rapports avec Harley Earl, grâce à qui Buick allait bientôt devenir une des marques les plus élégantes de la GM. Devant les futurs modèles 1936, Earl confia à Curtice qu'il n'aimerait pas être vu dans une voiture pareille. Curtice lui répliqua alors : « dessinez-moi la Buick que *vous* aimeriez avoir ! ».

La voiture répondant aux vœux secrets de Earl dut pourtant attendre. Pour Curtice, le projet le plus urgent c'était le lancement des nouveaux modèles de la série 40, plus petits et plus légers. Ils furent présentés en mai 1934, six mois seulement après le début de leur étude. Ils pesaient 250 kg de moins que le plus léger de leurs prédécesseurs. Leur moteur était un huit-cylindres en ligne de 3,8 litres à soupapes en tête. Les premiers exemplaires posèrent quelques problèmes à leurs clients, mais malgré tout la série 40 permit à Buick de dépasser les 100 000 voitures par an en 1935.

Entre-temps, les modèles 1936 avaient été profondément modifiés, et leur apparition fit progresser de façon substan-

Nous sommes en mai 1934 et la voiture est le premier modèle de la Série 40. Harlow Curtice (à gauche) serre la main de l'ingénieur en chef « Dutch » Bower. A droite, Bill Hufstader, le nouveau directeur commercial.

tielle les ventes de Buick, qui dépassèrent de 70 000 unités le total de l'année précédente. Les dénominations aussi étaient nouvelles : Special, Century, Roadster et Limited, correspondant respectivement aux séries 40, 60, 80 et 90. En 1936 également Charles A. Chayne succéda à Dutch Bower comme ingénieur en chef de Buick. Chayne, qui avait fait ses études à Harvard et au MIT (Massachusetts Institute of Technology), était un des plus brillants ingénieurs de la GM.

LES VENTES PROGRESSENT

Le succès des modèles 1936 porta les ventes de Buick à leur meilleur niveau depuis 1929. L'année suivante, la gamme Buick comporta 22 modèles, contre 15 en 1936. Les capots étaient plus longs et effilés. La cylindrée de la série 40 fut portée à 4,1 litres. Ce fut aussi le début de la construction tout-acier et, comme l'économie américaine commençait à se réveiller, Buick put compter 220 346 voitures vendues à la fin de l'année. L'année 1938 marqua tout de même un recul, mais la marque était remontée en quatrième position des constructeurs américains, son meilleur classement depuis 1931. Les modèles 1938 montraient des lignes sans grand changement, mais avec un nouveau châssis cruciforme, une suspension arrière à ressorts hélicoïdaux et une transmission à tube de poussée. Des modifications de la culasse, pour accroître la turbulence dans la chambre de combustion, permettaient d'augmenter le taux de compression et, par là, la puissance.

Les carrosseries furent redessinées pour 1939, avec une nouvelle calandre à barres horizontales. L'auto-radio, toujours apprécié sur les Buick, était désormais à stations pré-réglées, ce qui simplifiait la commande pour le conducteur. La production s'accéléra encore en 1940. La gamme s'élargissait. Les marchepieds étaient supprimés et les phares étaient inclus dans les ailes. Le client avait aussi la possibilité de commander une carrosserie hors-série exécutée par Brunn. C'était une idée de Curtice pour rivaliser avec Cadillac. Un nouveau modèle, l'Estate Wagon, ancêtre du « break » moderne, fit ses débuts avec une carrosserie en bois verni. Les lignes furent encore améliorées pour 1941. Les carrosseries étaient plus basses, avec une nouvelle calandre. Une berline deux-portes,

L'année 1959 voit l'apothéose des ailerons, chez Buick comme ailleurs ! Comme les autres modèles de la marque (à l'exception de la Le Sabre), ce cabriolet Electra 225 a un moteur V8 de 6 571 cm³. Il était équipé en série de freins assistés et d'un servo de direction.

BUICK SKYLARK (1953-1954)
MOTEUR
Cylindres : 8 en V
Alésage et course : 101 × 81 mm
Cylindrée : 5 276 cm³
Distribution : soupapes en tête avec poussoirs et culbuteurs
Alimentation : 1 carbu. inversé
Puissance : 180 ch à 4 000 tr/mn
Boîte de vitesses : automatique, 3 rapports
CHÂSSIS
Construction : cruciforme
Empattement : 3,098 m
Voie avant : 1,524 m
Voie arrière : 1,524 m
Suspension avant : roues indépendantes, bras triangulés
Suspension arrière : essieu rigide, ressorts hélicoïdaux
Freins : tambours
Vitesse de pointe : 165 km/h

CI-DESSUS Poste de conduite d'un coupé Buick Skylark (1953), construit à 1 690 exemplaires seulement.

dite Sedanet, à arrière fuyant, entrait en scène. Toutes ces nouveautés permirent à Buick d'atteindre le total impressionnant de 316 251 voitures construites dans l'année. Buick semblait avoir pris un essor irrésistible. Cette ascension fut malheureusement interrompue par l'entrée en guerre des États-Unis, à la fin de 1941. En 1942, la production fut limitée à 92 573 voitures. Les carrosseries se distinguaient pourtant par leurs bandes décoratives sur les ailes. C'était une idée de Harley Earl, inaugurée par la voiture expérimentale Buick Y-Job de 1938, réunissant ses dernières trouvailles de style.

Pendant les hostilités, Buick construisit des chars d'assaut

BUICK RIVIERA (1963-1965)	
MOTEUR	**CHÂSSIS**
Cylindres : 8 en V	Construction : plate-forme à caissons
Alésage et course : 106 × 92 mm	Empattement : 3,023 m
Cylindrée : 6 571 cm³	Voie avant : 1,613 m
Distribution : soupapes en tête, poussoirs et culbuteurs	Voie arrière : 1,60 m
Taux de compression : 10,2 à 1	Suspension avant : roues indépendantes, bras triangulés
Alimentation : 1 carbu. inversé	Suspension arrière : essieu rigide, ressorts hélicoïdaux
Puissance : 325 ch à 4 400 tr/mn	Freins : tambours
Boîte de vitesses : automatique, 3 rapports	
Vitesse de pointe : 185 km/h	

BUICK

et des moteurs d'avion. Quand arriva la paix, Buick se trouvait particulièrement bien placé pour reprendre la fabrication d'automobiles, car ses modèles 1942 étaient de loin les plus modernes de la GM. Leur fabrication se poursuivit jusqu'en 1948 sans changement important, sauf la mise en place en 1947 d'une massive calandre conservée jusqu'en 1954. Les premières nouvelles carrosseries d'après-guerre virent le jour en 1949, avec les fameux « hublots » le long du capot. À ce moment Buick avait un nouveau directeur général, Ivan L. Wiles, qui avait succédé à Harlow Curtice en 1948. Celui-ci deviendra président de la GM en 1953, avant de prendre une retraite méritée en 1958.

Buick conserva sa quatrième place des constructeurs américains, derrière Chevrolet, Ford et Plymouth jusqu'en 1950, puis passa en troisième position alors que Plymouth passait de mode. L'arrivée de la transmission automatique Dynaflow en 1948, et du coupé Riviera l'année suivante, contribua sans aucun doute à cette progression. En 1953, Buick présenta son premier moteur entièrement nouveau depuis 1931, un V8 de 5,3 litres, qui mettait enfin à la retraite le fameux huit-cylindres en ligne. Cette même année vit aussi l'arrivée de la Skylark, basée sur le cabriolet Roadmaster. 1955 fut une année-record pour le industrie automobile américaine en général, et Buick ne faillit pas à la règle en enregistrant 737 065 voitures vendues. Les ventes commencèrent ensuite à fléchir et il faudra attendre 1973, autre grande année, pour que ce chiffre soit surpassé. Dans la seconde moitié des années 50, la réputation de Buick, faite de discrétion et d'élégance cossue, eut quelque peu à souffrir des excès de style commis pendant cette période. La marque succomba comme bien d'autres à l'envahissement des chromes et à la croissance démesurée des ailerons. Les modèles 1957-1958 furent particulièrement affligeants de ce point de vue. En 1959, Buick ne se trouvait plus qu'à la septième place du classement national, avec seulement 284 248 voitures vendues dans l'année.

UN NOUVEAU V6

Depuis 1956, le président de Buick était Edward Ragsdale. Il fut remplacé en 1959 par Edward Rollert. On peut considérer que ce dernier fut le sauveur de Buick. Sous son impulsion apparut en 1961 la Buick Special avec un nouveau V8 en alliage léger de 3,5 litres. En 1962 la Special reçut un V6 dérivé du V8, mais cette fois en fonte, de 3,2 litres. Le V8 disparaîtra l'année suivante, mais poursuivra sa carrière en Angleterre. Le V6 sera fabriqué jusqu'en 1967, puis revendu à Jeep.

Ces modèles avaient encore une cylindrée modeste, selon les normes de Detroit. Ce n'était pas le cas pour la Buick Riviera présentée en 1963 avec un V8 de 6,6 litres. Cet élégant coupé fit beaucoup pour remettre l'image de Buick au goût du jour, mais ce n'était pas le genre de voiture avec laquelle la firme pouvait faire face à la crise de l'énergie qui débuta en 1973. C'est ainsi que Buick dut racheter à American Motors (qui avait absorbé Jeep en 1970) son V6, dont la cylindrée fut portée à 3,8 litres pour équiper les modèles 1975. La version Buick du véhicule « X » de la GM, à traction avant, baptisée Riviera, fut proposée avec un V8 de 5,7 litres ou un V6 à turbocompresseur de 3,8 litres. En 1982 apparut la Century.

En 1985 la marque pouvait offrir une gamme très complète de modèle à traction avant tandis que les Le Sabre et Regal restaient fidèles à la propulsion classique. Buick semble paré pour affronter le XXIᵉ siècle.

CI-DESSUS Une Buick à traction avant : coupé Regal, série Somerset. Il est équipé en série d'un quatre-cylindres de 2,5 litres, mais peut recevoir sur demande un V6 de 3 litres.

A GAUCHE L'élégant coupé Riviera présenté en 1963 était le plus beau fleuron de la gamme Buick. Proposé à $ 4 333, il fut vendu cette année-là à 40 000 exemplaires. Son moteur V8 de 6,5 litres était donné pour 325 ch.

A DROITE Une berline Electra 225 de 1977 : c'était une version réduite du modèle précédent. Le moteur était un V8 de 5,7 litres, ou bien sur demande de 6,6 litres, avec une puissance de 185 ch.

39

CADILLAC

Cadillac est aujourd'hui sans conteste la plus prestigieuse des marques américaines. Fondée en 1902, ce n'est qu'à la veille de la première guerre mondiale qu'elle s'attaqua au marché de l'automobile grand luxe. Entre les deux guerres, sa rivalité avec Packard ne tourna pas toujours à son avantage. Ce n'est qu'à la fin des années 40, avec le déclin de Packard, que la suprématie de Cadillac devint absolue.

Cadillac eut la chance d'avoir pour créateur un homme comme Henry Leland, qui méritait son surnom de « maître de la précision ». Leland était né le 16 février 1843 dans une ferme près de Barton, dans le Vermont. Ses parents, de religion quaker, l'avaient baptisé Henry Martyn, du nom d'un missionnaire anglais parti aux Indes. Son éducation chrétienne allait conditionner toute son existence. En 1857 sa famille s'installa à Worcester, dans le Massachusetts. Henry, alors âgé de 14 ans, entra comme apprenti aux ateliers Crompton-Knowles. En 1861 éclata la guerre de Sécession. Les sympathies du jeune Henry étaient du côté des nordistes et Abraham Lincoln était son idole. Pour contribuer à l'effort de guerre, il entra à la fabrique d'armement de Springfield. Dans ce type d'industrie c'était déjà une tradition établie de travailler à partir de pièces interchangeables.

La guerre prit fin en 1865. Leland entra alors à la fabrique de revolvers Colt, où les mots de « précision » et « standardisation » étaient à l'ordre du jour. Il retourna à Worcester en 1867 et s'y maria avec Ellen Hull qui lui donna deux enfants : Gertrud et Wilfred. En 1872, Leland prit un poste chez Brown and Sharpe, le célèbre fabricant d'outils, et y joua un rôle de premier plan dans la création d'une rectifieuse universelle qui allait opérer une révolution dans les techniques d'usinage. Leland resta chez eux jusqu'en 1890, année où il décida de se mettre à son compte.

Il s'installa à Detroit, sur la suggestion de son ami Charles Strelinger, qui y avait déjà établi un atelier de mécanique. Par son intermédiaire, Leland fit la connaissance de Robert C. Faulconer, qui s'était enrichi dans le commerce du bois. Celui-ci lui avança les capitaux nécessaires (Leland avait obtenu un prêt de Charles Norton de Brown & Sharpe), et c'est ainsi que fut créée en 1890 la firme Leland, Faulconer & Norton. La participation de Brown & Sharpe s'élevait à $ 2 000, celle de Henry Leland à $ 1 600, tandis que Faulconer apportait $ 40 000 à lui seul. Henry s'adjoignit comme collaborateur son fils Wilfred, qui avait commencé des études médicales à la Brown University puis, à la requête de son père, avait fait ensuite un stage d'un an chez Brown & Sharpe pour apprendre la mécanique. Cette expérience lui sera précieuse par la suite, en particulier lorsque les Leland

---

La Cadillac dans toute sa splendeur :
une limousine à moteur V16 de 1931.

A GAUCHE Henry Leland, fondateur de Cadillac, la précision faite homme. Il dirigea la firme jusqu'en 1917, malgré son rachat par la General Motors en 1909. Il créa ensuite la marque Lincoln en 1920, reprise par Henry Ford en 1923. Henry Leland mourut en 1932, âgé de 89 ans.

A DROITE Wilfred Leland était le fils du précédent. Il commença des études de médecine, mais rejoignit la firme de son père dès l'âge de 21 ans, en novembre 1890. Comme Henry Leland, il resta chez Cadillac jusqu'en 1917.

entreront dans l'industrie automobile.

La firme eut ses premiers locaux au quatrième étage du Strelinger Building, à l'angle de Bates Street et Congress Street. Dès le départ, les deux Leland affirmèrent leur culte de la précision. Ils recrutèrent leur personnel avec la même exigence pointilleuse. Ils voulaient fabriquer des tours, des aléseuses et des fraiseuses, mais aussi faire fonction d'ingénieurs-conseils pour les firmes voisines. Leur entreprise fit des progrès si rapides que dès 1893 elle put s'installer dans l'usine toute neuve de Trombley Avenue. L'année suivante vit le départ de Norton et la firme fut réorganisée sous le nom de Leland & Faulconer. En 1896 L and F, comme on l'appelait, mit en place sa propre fonderie, et commença la même année à construire des machines à vapeur pour les bateaux et les omnibus.

L'affaire s'étendit d'année en année. Au début de 1901 une figure moustachue fit son entrée dans l'usine de Trombley Avenue. C'était Ransom Eli Olds, natif de Lansing, à 120 km de Detroit, et fondateur des Olds Engine Works, qui fabriquaient des moteurs à vapeur ou à pétrole. En 1899 il était venu s'installer à Detroit pour y créer les Olds Motor Works. Olds était en effet résolu à se lancer dans la fabrication de voitures sans chevaux. Il demanda les conseils des Leland pour la transmission du petit *runabout* qu'il avait en vue. L&F en furent remerciés par une commande de pièces pour la boîte de vitesses. Elle fut suivie en juin par un contrat pour 2 000 moteurs monocylindres. Il est vrai que les frères Dodge de Detroit reçurent la même commande. Mais quand les deux moteurs furent essayés, celui des Leland développait 3,7 HP alors que celui des Dodge ne donnait que 3 HP.

Étonné par cet avantage, obtenu grâce aux tolérances moindres et au meilleur usinage de L&F, Henry Leland entreprit d'améliorer encore ce moteur. Il élargit les conduits d'admission et d'échappement, agrandit les soupapes, redessina le profil des cames. Ce moteur amélioré dévoloppait 10,25 HP, c'est-à-dire près du triple de la puissance originale. Leland le proposa alors à Olds, en espérant qu'il en équiperait le *curved-dash*, qui avait rencontré un succès immédiat après son lancement en 1901. Olds déclina pourtant l'offre, peu désireux sans doute de renouveler tout l'outillage de fabrication. Il n'avait sans doute pas tort devant l'indéniable réussite du modèle tel qu'il était. Déçu, Leland se contenta à titre de consolation d'installer son moteur dans sa propre Oldsmobile.

Les choses auraient pu en rester là si Leland n'avait reçu la visite, en août 1902, de William Murphy et Lemuel Bowen, fondateurs, en 1899, de la Detroit Automobile Company dont l'ingénieur était un certain Henry Ford. Celui-ci avait vite repris sa liberté, mais la firme rebaptisée Henry Ford Company, avait été liquidée en 1902. C'est alors que Leland reçut ses deux visiteurs. Ceux-ci étaient déçus de la fabrication des automobiles et voulaient s'en retirer. Ils venaient demander à Leland s'il était intéressé par le rachat de leur usine de Cass Avenue et lui proposèrent d'aller la visiter pour se rendre compte de sa valeur. Leland aquiesça mais chemin faisant il se dit que ce serait peut-être là l'occasion de tirer parti de son moteur amélioré. Il rentra chez L&F, démonta le moteur spécial de son Oldsmobile et le remplaça par un moteur ordinaire.

LA PREMIÈRE CADILLAC

Henry et Wilfred Leland se rendirent alors à l'usine de la Henry Ford Company dans leur Oldsmobile, avec le précieux moteur prototype ficelé à l'arrière. Arrivés à destination, ils firent rentrer leur moteur dans l'usine et Henry Leland entreprit alors de convaincre ses deux interlocuteurs dubitatifs qu'ils auraient grand tort de se retirer de l'industrie automobile. Quant à lui, il était persuadé que l'automobile était promise à un grand avenir, et il tenait déjà prêt un moteur trois fois plus puissant que celui des Oldsmobile, qui pourrait être construit en grande série à partir de pièces interchangeables. L'éloquence de Leland se montra persuasive, et ses auditeurs décidèrent de rester des constructeurs d'automobiles.

Il n'y avait plus de temps à perdre. À la fin du même mois d'août, l'entreprise fut reformée sous le nom de Cadillac Automobile Company. Ce nom venait de celui du colon français, Antoine Laumet de la Mothe Cadillac, qui avait fondé au XVIIe siècle la ville de Detroit.

La firme était fondée avec un capital de $ 300 000. Lemuel Bowen fut élu président. Henry Leland prenait place au conseil d'administration et possédait également des actions de la firme. Leland & Faulconer se chargeaient de fournir les moteurs, les boîtes de vitesses et les commandes de direction pour la nouvelle voiture. Cadillac se chargerait de son côté de la fabrication des châssis et des carrosseries, et aussi du montage des véhicules. Cette première Cadillac, appelée modèle A, était le classique *buggy* sans chevaux de l'époque, avec un moteur monocylindre refroidi par eau, monté à l'arrière. La cylindrée était de 1,6 litre. La transmission à planétaires était à deux rapports. L'ensemble de la conception montrait l'influence de l'Oldsmobile *curved-dash* que les Leland connaissaient bien.

La construction du prototype démarra en septembre 1902, et la voiture fut prête à rouler au milieu du mois suivant. Deux autres exemplaires furent construits. L'un d'eux fut exposé au Salon de New York en janvier 1903, et les commandes atteignirent le chiffre impressionnant de 2 286 voitures. La fabrication en série proprement dite débuta en mars, mais des problèmes divers firent qu'il n'y eut que

CADILLAC

1 895 Cadillac modèle A de construites, ce qui fait penser que certains clients ne reçurent jamais leur voiture. Il faut dire que ces difficultés n'étaient pas attribuables aux Leland mais plutôt au châssis, conçu initialement pour un moteur moins puissant. Sa fabrication, de même que celle de la carrosserie, ne pouvait suivre le rythme auquel les moteurs et les transmissions arrivaient à l'usine de Cass Avenue. Des voitures aussi étaient renvoyées à l'usine pour défaut de fabrication. Les affaires de la nouvelle firme furent bientôt en difficulté. C'est ainsi qu'à la fin de l'année 1904, les dirigeants de Cadillac demandèrent à Leland de prendre en charge toute la fabrication. Leland, alors âgé de 61 ans, fut d'abord réticent, mais un refus l'aurait exposé à perdre un contrat profitable puisqu'il aurait amené la disparition de Cadillac. Donc en octobre 1905 Leland & Faulconer fusionna avec la Cadillac Automobile Company, la nouvelle société étant baptisée Cadillac Motor Company. Henry Leland faisait fonction de directeur général et son fils Wilfred de directeur financier.

Entre-temps, le modèle A avait été redessiné pour devenir le modèle B, présenté en 1904, avec un nouveau châssis en tôle emboutie et une suspension avant à ressort transversal. Le moteur restait, quant à lui, inchangé. Les défauts du modèle original étant ainsi éliminés, la fabrication repartit du bon pied. En 1905 le modèle E succéda au B, et le modèle F vit le jour avec une carrosserie en phaéton, avec accès sur le côté. Un modèle K suivit en 1906.

Le succès obtenu par les modèles monocylindres se traduisit par une accélération de la fabrication. En l'espace d'un an, jusqu'en mai 1905, Cadillac construisit 3 863 voitures. Cette même année 1905, la firme présenta sa première quatre-

EN HAUT Une réclame pour la Cadillac modèle A. La Cadillac Automobile Company devint en octobre 1905 la Cadillac Motor Car Company.

CI-DESSOUS Une Cadillac modèle A en châssis au départ d'une épreuve sportive. On aperçoit le moteur avec son unique cylindre horizontal et sa transmission par chaîne. Le modèle B, qui succéda au « A » en 1904, se reconnaissait à son ressort transversal à l'avant.

CADILLAC MODÈLE 30 (1913-1914)	
MOTEUR	**CHÂSSIS**
Cylindres : 4 en ligne	Construction : longerons et traverses en U
Alésage et course : 114 × 146 mm	Empattement : 3,048 m
Cylindrée : 5 981 cm³	Voie avant : 1,422 m
Distribution : soupapes latérales	Voie arrière : 1,422 m
Alimentation : 1 carbu. droit	Suspension avant : essieu rigide, ressorts à lames
Puissance : 48 ch	Suspension arrière : essieu rigide, ressorts à lames
Boîte de vitesses : 3 rapports	Freins : arrière, à tambours
Vitesse de pointe : 90 km/h	

Cadillac modèle 30 de 1914. À partir de 1910, ce fut le seul modèle construit par la marque et il suffit à faire son succès

cylindres : le modèle D. À la différence des monos, le nouveau moteur était installé verticalement à l'avant de la voiture. Sa cylindrée était de 4,9 litres. La Cadillac modèle D coûtait beaucoup plus cher que les modèles à un seul cylindre : $ 2 800 au lieu de $ 900. Les monos furent construits jusqu'en 1908, mais le modèle D fut remplacé dès 1906 par le modèle H plus léger et plus économique, auquel fut adjoint en 1907 le modèle G, de 3,7 litres, à boîte de vitesses classique à 3 rapports (au lieu de la transmission à planétaires à laquelle Cadillac était resté fidèle jusque là).

En dépit de cet élargissement de la gamme, les ventes se ralentirent. La production de 1907 ne comptait que 2 884 voitures, contre 3 559 pour l'année précédente. Ce chiffre tomba à 2 377 l'année suivante. Mais en 1909 le redressement fut spectaculaire, avec 7 868 voitures vendues. Ce retournement de situation était essentiellement l'effet de l'arrivée du modèle 30 à la fin de 1908, remplaçant d'un seul coup tous les autres modèles à un ou quatre cylindres. Et en effet, la « Thirty » offrait pour le prix d'un « mono » les performances et le raffinement du quatre-cylindres, tout en respectant les normes de fabrication les plus élevées. La 30 reprenait le moteur et la transmission du modèle G mais pour $ 1 400 seulement. Elle allait rester le seul modèle Cadillac jusqu'en 1914.

En 1908, Cadillac connut une année creuse, et pourtant paradoxalement ce fut l'année où la marque fit le plus parler d'elle, grâce à une démonstration publicitaire qui eut un retentissement international. Le représentant de la marque en Angleterre, un jeune homme très dynamique nommé Frederic Stanley Bennett, voulait frapper un grand coup pour mettre en évidence la précision d'usinage des Cadillac. Il proposa alors au Royal Automobile Club de contrôler l'opération qu'il

CADILLAC

projetait, destinée à prouver que les pièces Cadillac étaient réellement interchangeables. Après quelques discussions, le RAC accepta en ajoutant que si la démonstration était couronnée de succès, Cadillac pourrait se qualifier pour le Trophée Dewar. Celui-ci avait été offert au RAC en juin 1904 par sir Thomas Dewar, membre du Parlement et grand amateur d'automobiles. Le trophée avait été remporté en 1907 par Rolls-Royce. Quand le RAC publia les règles pour concourir en 1908, Cadillac fut la seule marque à se présenter.

UN TRIOMPHE POUR CADILLAC

C'est ainsi que le 29 février 1908, une délégation du RAC se présenta au dépôt de l'Anglo-American Company que dirigeait Bennett. Là ils passèrent en revue huit *runabouts* Cadillac modèle K, tout neufs. Ils en choisirent trois qui partirent par la route pour le circuit de Brooklands, inauguré l'année précédente. Ils en firent dix fois le tour, ce qui porta leur kilométrage total à 80 km. C'était vendredi, et les voitures furent enfermées dans des garages qui restèrent soigneusement verrouillés jusqu'au lundi suivant. Ils furent alors entièrement démontés par des mécaniciens de Bennett, le travail étant achevé le mercredi. On constata alors que les Cadillac se composaient de 721 pièces différentes. Les châssis furent entreposés dans un hangar, et toutes les pièces, y compris celles composant les carrosseries, furent mélangées, puis réparties en trois tas. Pour corser la difficulté, 89 pièces furent retirées et remplacées par des pièces détachées identiques prélevées dans les stocks de Bennett. Le remontage débuta le jeudi. Le lendemain soir, la première voiture était reconstituée. On fit le plein d'eau, d'huile et d'essence, et le moteur démarra au premier coup de manivelle. Le remontage des deux autres fut terminé le mardi de la semaine suivante. Le lendemain mercredi, à onze heures, les trois Cadillac modèle K furent alignées avec leurs carrosseries bigarrées faites d'éléments de couleurs différentes. Elles entamèrent alors la dernière épreuve, qui consistait à tourner pendant 500 km sur le circuit de Brooklands, ce qu'elles accomplirent sans encombre à 55 km/h de moyenne. Par la suite, deux de ces voitures, une fois repeintes, furent vendues. La troisième se distingua en juin aux 2 000 miles du RAC (épreuve routière de plus de 3 000 km).

Cadillac reçut, en février 1909, le trophée Dewar, qui n'avait eu que trois titulaires en cinq ans. C'était la première marque étrangère à remporter la coupe, donc un triomphe, le premier pour l'automobile américaine en Europe avant l'arrivée de la Ford T. En cet honneur, Cadillac adopta le slogan *Standard of the World* (Standard mondial).

Aux États-Unis, la réussite de Cadillac n'avait pas échappé à l'œil attentif d'un étonnant homme d'affaires, nommé William Crapo Durant. En septembre 1908 il avait créé la General Motors Company, qui comprit d'abord Buick puis Oldsmobile. Il convoita ensuite Cadillac et entra en contact avec son conseil d'administration. Wilfred Leland fut chargé de la négociation. La valeur de la firme fut estimée à $ 3 500 000. Durant offrit $ 3 000 000 en actions, mais on voulait de l'argent liquide et l'affaire ne se fit pas. Un peu plus tard, en 1909, la General Motors fit de nouvelles avances, mais à ce moment les ventes du modèle 30 avaient le vent en poupe. Cadillac avait reçu le trophée Dewar et sa valeur était montée à $ 4 125 000. Encore une fois, Durant ne put obtenir la

somme nécessaire. Cependant son chargé d'affaires, Arnold Goss, reprit les négociations et conclut enfin le rachat de Cadillac au prix de $ 4 125 000. Presque toute la somme avait été fournie par Buick qui fut remboursé en actions de la GM. Le transfert de propriété s'opéra le 29 juillet 1909. Durant rendit aussitôt visite aux Leland dans leur maison de Detroit, pour leur dire de continuer à diriger la firme « comme si elle était à eux ». Il les engagea aussi à conserver la même attention méticuleuse pour les tolérances de fabrication et la précision de l'usinage, qui avaient fait la réputation de Cadillac dans son pays et à l'étranger.

La 30 poursuivit une carrière sans heurt, avec des ventes qui progressèrent de 7 868 à 10 071 en 1911. La politique d'amélioration progressive adoptée par la marque subit le contre-coup d'un drame survenu pendant l'hiver 1910. Sur un des ponts en bois menant à Belle Island en face de Detroit, une femme cala le moteur de sa Cadillac. Un passant lui proposa de l'aider. Il n'était autre que Byron T. Carter, créateur des automobiles Cartercar fabriquées à Pontiac. Il s'attela à la manivelle. Malheureusement la conductrice avait négligé de retarder l'allumage, et Carter fut frappé par un « retour ». Il fut emmené à l'hôpital, mais des complications se déclarèrent et il mourut des suites de sa blessure. Henry Leland, bouleversé par cette nouvelle, résolut de mettre tout en œuvre pour éviter qu'un tel accident se reproduise.

Leland demanda à ses ingénieurs de lui dessiner un démarreur électrique, mais ils aboutirent à un dispositif trop lourd pour être utilisable. Leland se tourna alors vers un jeune ingénieur électricien, du nom de Charles F. Kettering (futur fondateur de la Dayton Engineering Laboratories Company, plus connue sous le sigle de Delco). Kettering avait déjà créé un moteur électrique léger pour perceuse portative. Partant de là il créa un démarreur électrique dont il fit la démonstration pour la première fois en février 1911. Kettering étudia ensuite, en collaboration avec les ingénieurs de Cadillac un allumage par bobine destiné à remplacer la coûteuse et fragile magnéto venue d'Europe. Le tout, accompagné d'une dynamo et d'un éclairage électrique, fut installé dans la 30 présentée en 1912 sous le slogan « la voiture sans manivelle ». Ces équipements stimulèrent les ventes qui passèrent de 12 708 en 1912 à 17 284 en 1913, mais retombèrent pourtant à 7 818 en 1914, le chiffre le plus bas pour Cadillac depuis 1908. La raison est facile à trouver : le quatre-cylindres de la 30 ne pouvait lutter contre les six-cylindres de Packard ou Pierce-Arrow, et d'autre part les constructeurs rivaux n'avaient pas

A GAUCHE Cadillac modèle F de 1905. Malgré les apparences, elle a toujours le moteur sous le châssis. Le capot est donc factice.

EN HAUT, A DROITE Mars 1908, à Brooklands, en Angleterre. C'est la fameuse démonstration au cours de laquelle trois Cadillac modèle K furent démontées, leurs pièces mélangées, puis reconstruites.

été longs à monter sur leurs voitures un démarreur et un allumage Delco.

Henry Leland, tenté alors de créer son propre six-cylindres, choisit plutôt de brûler les étapes en préparant un modèle à moteur V8. L'idée qui en revenait à son fils Wilfred remontait à 1912. Cette année-là en effet, Charles Kettering et son associé Edward A. Deeds s'étaient rendus acquéreurs d'une automobile De Dion-Bouton à moteur V8 exposée au Salon de New York. Le constructeur français avait été dès 1910 le premier au monde à mettre à son catalogue un moteur de cette configuration. Le V8 De Dion fut examiné de près chez Delco, de même qu'un V8 d'avion Hall-Scott américain. En conclusion de cette étude, Delco réalisa son propre V8 expérimental. Mais en fin de compte Cadillac fit appel à un ingénieur européen, D. McCall White, qui avait précédemment travaillé pour Daimler et Napier. C'est lui qui dessina le premier V8 Cadillac qui allait être aussi le premier d'une longue lignée de V8 américains.

Ce nouveau modèle, baptisé Type 51, fut présenté en septembre 1914. Le V8 à soupapes latérales de 5,1 litres était évidemment pourvu d'un démarreur électrique et d'un allumage Delco. Le châssis était nouveau lui aussi et la boîte de vitesses était intégrée au moteur. La Cadillac 51 était offerte au même prix ($ 2 800 en berline d'usine) que la 30, qui fut dès lors supprimée. Dès sa première année de fabrication, la 51 trouva 20 404 clients, chiffre qui restera le record de Cadillac jusqu'en 1922. D'un seul bond, la marque venait de distancer ses concurrents dans le marché de l'automobile de luxe. Mais il lui faudra quand même attendre le lendemain de la Seconde Guerre mondiale pour que sa suprématie soit réellement indiscutée.

LE MEILLEUR DES V8

Le succès remporté par le V8 n'avait pas échappé aux autres constructeurs. Plusieurs d'entre eux comme Peerless, Cunningham ou Chevrolet, essayèrent sans succès de rivaliser avec Cadillac. L'un d'eux pourtant, Packard, battit Leland à son propre jeu en présentant en 1915 la Twin Six, première voiture de série au monde à moteur V12. Packard n'allait cesser au cours de l'entre-deux-guerres de remettre en cause la supériorité de Cadillac.

La firme ne cessa cependant de perfectionner son V8. Le Type 51 céda la place successivement au 53, au 55 et enfin au 57 en 1918, année où le moteur fut doté de culasses détachables. À l'entrée en guerre des États-Unis en 1917, les Cadillac V8 furent utilisées par les forces américaines, anglaises et françaises. Cadillac termina la guerre avec un nouveau président, Richard H. Collins, qui venait de Buick. Cadillac, il ne faut pas l'oublier, faisait en effet partie de la General Motors. En 1910, le style désinvolte avec lequel William Durant menait ses affaires avait amené le groupe au bord de la catastrophe. Une réunion orageuse eut lieu à la fin du mois de septembre de cette année dans les bureaux de la Chase Manhattan Bank de New York. Henry Leland se trouvant alors en Europe, c'était Wilfred qui représentait la firme. Les banquiers étaient résolus à abandonner la GM à son triste sort. Grâce à une argumentation serrée, Wilfred parvint à retourner la situation. Mais les financiers posèrent comme condition que William Durant quitterait la direction de la GM, pour être remplacé par leurs délégués. Ce plan fut exécuté, mais les banquiers avaient compté sans l'ingéniosité de Durant qui reprit pied à la GM en 1915, en utilisant Chevrolet comme Cheval de Troie. En 1916, il avait repris le contrôle du groupe.

On comprend que Durant ne voyait pas d'un très bon œil les Leland, qu'il considérait comme les artisans de sa chute. La tension arriva au point de rupture lors d'une discussion

A DROITE Une personnalité renommée dans une voiture renommée : Franklin D. Roosevelt, alors secrétaire adjoint à la Marine, dans une Cadillac V8. C'était le premier modèle de la marque avec conduite à gauche. Notez les jantes amovibles auxquelles Cadillac restera fidèle jusqu'en 1927.

CI-DESSOUS Le moteur qui a converti au V8 l'industrie automobile américaine : le V8 Cadillac modèle 51 de 1915. Il développait 70 ch à 2 400 tr/mn pour une cylindrée de 5 145 cm³. Les deux blocs-cylindres en fonte étaient montés sur un carter en alliage léger.

entre Durant et les Leland, à propos de la fabrication du moteur Liberty V12. Il s'agissait d'un moteur d'avion créé en Amérique, pour équiper l'aviation de toutes les puissances alliées. Durant se disait pacifiste (à l'époque cela voulait dire germanophile) et s'opposait à sa fabrication chez Cadillac, contredisant ainsi sa déclaration de 1909 selon laquelle les Leland dirigeraient la firme « comme si elle était à eux ». Henry et Wilfred Leland n'avaient alors plus d'alternative que de quitter la maison qu'ils avaient fondée. Comme nous le verrons dans un prochain chapitre, ils allaient créer la firme Lincoln, du nom du président des États-Unis cher à Henry Leland.

La paix revenue, Cadillac fit construire une nouvelle usine sur un emplacement qu'avait choisi Henry Leland, dans

CADILLAC

Harley Earl dessina la La Salle de 1927, petite sœur de Cadillac qui allait influencer son aînée. Devenu styliste en chef de la GM, il conserva ce poste jusqu'à sa retraite en 1959. Il fut responsable, entre autres, de la vogue des ailerons dans les années 50.

Clark Avenue à Detroit. L'usine de Cass Avenue fut reprise par la Fisher Body Company qui construisait les carrosseries. Cadillac occupa les nouveaux bâtiments dès 1921, bien que les installations n'aient été vraiment terminées qu'en 1927. Quant aux voitures, le V8 poursuivait sa carrière. En 1922 arriva le Type 61 avec une carburation améliorée. La V-63 qui lui succéda bénéficiait de freins aux quatre roues. Ce modèle fut maintenu jusqu'en 1925, quand la Série 314 prit le relais.

La Série 314 devait son nom à la cylindrée d'un nouveau V8 de 5,1 litres (soit 314 pouces cubes), qui n'avait que la cylindrée en commun avec l'ancien moteur. Le vilebrequin avait été redessiné pour éliminer une gênante période de vibrations qui affectait le premier V8 aux environs de 60 km/h. Ce résultat avait été obtenu par un meilleur équilibrage et en disposant les manetons dans deux plans différents. Ces modifications étaient dues à Ernest Seaholm, nouvel ingénieur en chef d'origine suédoise de Cadillac, où il était entré en 1913. La série 314 bénéficiait également d'un nouveau châssis, le premier depuis 1914. La suspension arrière à ressort transversal était remplacée par une paire de ressorts semi-elliptiques classiques. En résultat, la 314 montrait une allure plus fine et plus basse que son aînée.

Malgré l'arrivée de la 314, Cadillac eut alors du mal à résister à la concurrence de Packard, qui avait arrêté la fabrication de sa fameuse Twin-Six, mais pour la remplacer par une nouvelle huit-cylindres en ligne, et qui avait présenté en 1920 une petite six-cylindres. Grâce à ces excellents modèles, la production de Packard dépassa celle de Cadillac en 1925. D'un point de vue purement technique, personne ne pouvait mettre en doute la supériorité de Cadillac. Par contre l'allure de la voiture de prestige de la GM manquait de la distinction native des Packard, avec leur élégant radiateur nervuré et les belles proportions de leurs carrosseries. Il fallait compter aussi avec Lincoln, alors propriété de Ford, qui bénéficiait des talents du styliste Raymond Dietrich et s'en trouvait bien.

Il était clair que Cadillac avait besoin de se renouveler. En mai 1925 arriva un nouveau président, Lawrence P. Fisher, des carrosseries Fisher rattachées à la GM en 1919. Cadillac avait également une autre raison de retenir l'attention des dirigeants de la GM. Alfred Sloan, le président, était en effet convaincu que dans l'échelle des marques du groupe il existait encore un vide entre Buick et Cadillac. Pour le combler, on décida la création d'une nouvelle marque, La Salle, qui serait en fait une petite Cadillac, vendue à un prix inférieur. Son nom, comme celui de son aînée, était celui d'un explorateur français : Robert Cavelier, sieur de La Salle, qui prit possession pour la France, en 1682, de la région qu'il nomma Louisiane. La La Salle devait ses lignes à un jeune styliste du nom de Harley Earl, dont Lawrence Fisher avait fait la connaissance à Los Angeles. Earl, qui ne voulait pas prendre de risque pour ce premier travail, s'inspira délibérément de l'Hispano-Suiza H6, pour laquelle il avait une grande admiration. La La Salle fut présentée en mars 1927. C'était la première voiture de série dont la carrosserie avait été dessinée « de l'extérieur », comme un objet d'art. C'est ainsi que Earl gagna sa place à la tête du nouveau département *Art & Colours* créé par la GM. La La Salle avait un V8 de 5 litres. Ses ventes prirent un brillant départ, mais la marque péréclita dans les années 30, pour disparaître finalement en 1940.

Cadillac présenta en 1928 la 341 dont les lignes montraient un net air de parenté avec celles de la nouvelle La Salle. Comme l'indiquait sa désignation, elle avait un nouveau V8 de 5,6 litres (341 pouces cube). En 1929, la 341 arriva avec une importante innovation : le *Synchro-Mesh*, un synchroniseur de boîte de vitesses permettant de changer de rapport facilement et en silence, sans avoir recours au double débrayage. Son inventeur, Earl A. Thompson, avait pris un brevet en 1922. Il mit au point le mécanisme alors qu'il travaillait dans l'Oregon. Comme son frère était représentant de Cadillac, il installa son dispositif sur un modèle de la marque, qu'il alla présenter à Ernest Seaholm. Le travail de Thompson n'était encore qu'un bricolage, mais ses possibilités n'échappèrent pas au chef du bureau d'études de Cadillac. Il présenta l'inventeur à un comité chargé d'étudier les nouveaux dispositifs, qui ne montra pas la même clairvoyance. Thompson perdit alors courage, mais Seaholm poursuivit son action et le dispositif fut finalement adopté pour la Cadillac 341 de 1929. Il devait ensuite se répandre dans le monde entier. En dépit de cette nouveauté significative, la production de la firme tomba à 18 004 voitures cette année-là, alors qu'elle atteignait les 40 000 l'année précédente. Même en y

CADILLAC

Cadillac 314A de 1927. La Série 314 était apparue en 1925. Son moteur V8 se distinguait par son vilebrequin à manetons décalés, favorisant la régularité du fonctionnement. La Série 314A de 1927 offrait 50 types différents de carrosserie.

ajoutant les 22 961 La Salle produites dans l'année, les ventes de Cadillac restaient en 1929 inférieures à celles de Packard, qui totalisait 47 855 voitures.

SEIZE CYLINDRES EN V

On sait que 1929 fut l'année du *Krach* de Wall Street. Cela n'empêcha pourtant pas l'annonce, quelques mois plus tard, de l'arrivée de la plus extravagante et révolutionnaire voiture américaine. C'était la Cadillac seize-cylindres de 7,4 litres, première voiture de série au monde à moteur V16. Cadillac avait doublé son V8 d'abord pour éclipser ses rivales, mais aussi pour répondre à une demande de la part de sa clientèle pour des carrosseries toujours plus lourdes et plus opulentes. Pour augmenter la puissance, il fallait augmenter la cylindrée. L'ingénieur Owen Nacker jugea préférable de multiplier les cylindres en agrandissant la cylindrée, afin de favoriser la souplesse à bas régime.

La Cadillac V16 n'était pas une voiture ordinaire ! Sa longueur dépassait les 4 m et son poids les 2,5 tonnes. En berline cinq-places de l'usine, elle valait $ 6 225. Cadillac offrait le choix entre 54 carrosseries différentes ! Presque toutes étaient faites chez Fleetwood, le carrossier de Cadillac. Le V16 était le premier moteur de la marque à soupapes en tête. Cadillac avait jusque-là évité cette disposition, généralement bruyante ; mais sur le V16 un système hydraulique de rattrapage de jeu rendait la distribution silencieuse. Le début de la crise économique n'empêcha pas la nouvelle Cadillac d'obtenir un succès encourageant. En juin 1930, on comptait déjà 2 000 exemplaires vendus. C'était un bon départ.

Et pourtant Cadillac avait encore une autre surprise en réserve. En juillet 1930 apparut un V12, dérivé du V16. Son châssis était identique à celui du grand modèle. Le V12 avait été annoncé à l'avance par des rumeurs qu'avait laissées circuler la GM, alors que le V16 avait été une véritable surprise. Les ventes du douze-cylindres surpassèrent bientôt celles du seize-cylindres : 5 725 exemplaires du premier, contre 3 250 du second, avaient été vendus fin 1930. Les ventes du V16 ne cesseraient plus alors de décroître : 364 exemplaires seulement en 1931. Ensuite le modèle ne sera plus fabriqué que sur commande, à la cadence d'environ 50 voitures par an. Quand sa fabrication fut interrompue, en 1937, la GM n'avait vendu que 3 878 seize-cylindres. La voiture ne manquait pas de qualités, mais elle était sortie au mauvais moment. Conçue dans l'euphorie des années folles, elle était apparue juste au début de la crise. Seul le soutien des ressources incomparables de la GM lui permit de subsister. La V12 avait obtenu un résultat un peu meilleur avec 10 821 exemplaires vendus, mais sa production fut interrompue aussi en 1937.

La fabrication du V8 se poursuivait, mais en 1932 Cadillac

CADILLAC SÉRIE 314/A (1925-1927)	
MOTEUR	**CHÂSSIS**
Cylindres : 8 en V	Construction : longerons et traverses en U
Alésage et course : 78 × 129 mm	Empattement : 3,352 m
Cylindrée : 5 145 cm³	Voie avant : 1,422 m
Distribution : soupapes latérales	Voie arrière : 1,422 m
Taux de compression : 4,7 à 1	Suspension avant : essieu rigide, ressorts à lames
Alimentation : 1 carbu. droit	Suspension arrière : essieu rigide, ressorts à lames
Puissance : 85 ch à 3 000 tr/mn	Freins : tambours
Boîte de vitesses : 3 rapports	
Vitesse de pointe : 110 km/h	

ne vendit que 4 698 voitures, son chiffre le plus bas depuis 1908. Le comité directeur de la GM songea alors sérieusement à supprimer la marque, pour ne conserver que La Salle. Cadillac fut sauvé grâce à une plaidoirie passionnée de Nicholas Dreystadt, directeur technique de la firme. Envoyé aux États-Unis par Mercedes en 1912, Dreystadt s'y était fixé et était entré chez Cadillac en 1923, prenant la fonction de directeur technique en 1932. Il proposa un plan de redressement et en juin 1934 devint président de Cadillac.

Pendant ce temps l'essentiel de la production était toujours représenté par les modèles à moteur V8 qui continuaient à évoluer. C'est au cours des années 30 que Cadillac mit en place une autre innovation : le changement de modèle annuel. En 1932 le radiateur style Hispano-Suiza fut aminci dans sa partie supérieure. L'année suivante, il fut remplacé par une calandre en coupe-vent. En 1934 la calandre fut légèrement inclinée vers l'arrière, en accord avec le style de la carrosserie. Côté mécanique, tous les modèles 1934 étaient équipés d'une suspension avant à roues indépendantes, par ressorts hélicoïdaux et bras transversaux triangulés. Cadillac maintenait ainsi sa réputation de hardiesse technique. L'innovation la plus significative fut ensuite l'arrivée d'un nouveau V8 succé-

CADILLAC

dant à celui apparu en 1927. Celui-ci avait un bloc-cylindres en fonte d'un seul tenant, au lieu du traditionnel carter de vilebrequin en alliage léger recevant deux blocs-cylindres séparés. La nouvelle construction était évidemment inspirée de celle du V8 Ford de 1932. Les soupapes étaient toujours latérales, mais avec rattrapage de jeu hydraulique pour être plus silencieuses. Ce V8 était proposé en deux cylindrées : 5,7 litres (346 cu in) et 5,3 litres (322 cu in). En 1934 Cadillac avait une fois de plus changé sa méthode de désignation : celle-ci ne se référait plus à la cylindrée du moteur, mais au type de carrosserie. À côté des séries 70 et 75 il y avait la nouvelle série 60, moins chère, sur un empattement de 2,84 m, le même que celui de la La Salle, avec certains éléments de carrosserie empruntés aux Buick. Il fallait y voir la trace des conceptions plus réalistes de Nicholas Dreystadt. En 1936 les modèles reçurent des freins hydrauliques, sauf les V16 qui conservaient la commande mécanique.

L'ennuyeux, c'était que maintenant la Série 60, avec une vitesse de pointe de près de 160 km/h, se montrait plus rapide que la V12 ou même l'extraordinaire V16. Ces deux modèles touchaient évidemment à leur fin et n'étaient plus construits qu'en nombre très faible. Pourtant, contre toute attente, Ca-

Cadillac 370D de la Série 40 à moteur V12 de 1935, carrossée en coupé de ville par Fleetwood. Présenté en 1930, ce modèle sera construit jusqu'en 1937. Le moteur avait une cylindrée de 7 406 cm³. 377 exemplaires seulement trouvèrent preneur en 1935.

dillac décida de créer une nouvelle V16, moins compliquée il est vrai, pour 1938. Le nouveau moteur revenait aux soupapes latérales, et les deux rangées de cylindres formaient un angle de 135° (au lieu de 45°). C'était donc presque un moteur « à plat ». Malgré sa cylindrée plus faible (7,1 litres), il était plus puissant (185 ch) que son prédécesseur. Ceci dit, il avait moins bel aspect que le premier V16, et sa conception visait avant tout à la facilité de fabrication et la commodité d'entretien. La nouvelle V16, avec la désignation de Série 90, resta en fabrication jusqu'en 1940 et fut construite à 508 exemplaires.

Le modèle le plus remarqué en 1938 fut pourtant la Série 60 Special, élégante berline quatre-portes dessinée par William Mitchell, le jeune protégé de Harley Earl. Ses lignes nettes et tendues, et la suppression du marchepied, en firent un modèle apprécié. Ce fut la Cadillac la plus vendue en 1938, et elle récidiva l'année suivante. Nicholas Dreystadt ne pouvait se permettre de perdre une seule vente. En 1937 Packard vendit 109 518 voitures, contre 27 613 pour Cadillac! Mais l'écart ne cessera plus ensuite de se rétrécir jusqu'en 1947, l'année où Cadillac dépassa sa vieille rivale pour régner pratiquement sans partage dans le marché de l'automobile de grand luxe. C'était le résultat de l'effort continu de Nicholas Dreystadt à la tête de Cadillac.

La gamme Cadillac tout entière fut simplifiée pour 1941. La marque La Salle disparaissait, de même que la V16 Série 90. Une gamme plus économique, la Série 61, prit la place de La Salle, pour répliquer à la Packard 120. Tous les modèles étaient équipés du V8 de 5,7 litres avec une puissance portée à 150 ch. La transmission automatique Hydra-Matic à 3 rapports était montée sur demande, avec un an de retard sur Oldsmobile. Autre raffinement : l'air conditionné, qui suivait l'exemple de Packard l'année précédente. La production de Cadillac en 1941 atteignit 59 574 voitures, son record à cette date, mais encore derrière Packard qui en totalisait 66 906.

CADILLAC DÉPLOIE SES AILERONS

Avec l'entrée des États-Unis dans la Seconde Guerre mondiale, les fabrications automobiles de Cadillac furent mises en veilleuse en février 1942, et elles ne reprirent qu'en octobre 1945. Comme c'était prévisible, les premiers modèles d'après-guerre étaient à peu près identiques à ceux de 1942, dont ils ne se distinguaient que par leurs nouveaux pare-chocs enveloppants. En outre la gamme fut réduite à quatre modèles de base, la berline quatre-portes Série 62 étant le plus répandu. Après avoir occupé pendant douze ans le poste de directeur général, Nicholas Dreystadt quitta Cadillac, pour prendre la même fonction chez Chevrolet. Il avait certainement bon espoir de devenir un jour président de la GM, malheureusement il mourut en 1946. Son siège chez Cadillac fut occupé par John F. Gordon, qui deviendra un jour président de la GM.

Enfin, en 1948 apparurent les célèbres modèles de la Série 61 et 62, où les ailerons faisaient une timide apparition. Ils allaient par la suite atteindre des dimensions démesurées et être abondamment imités. Cette trouvaille de style avait été inspirée par l'avion de chasse bipoutre Lockheed P38 Lightning, que Earl avait eu l'occasion d'examiner en 1939. Il donna lieu à une multitude de maquettes à petite échelle comportant non seulement des ailerons, mais aussi des casseroles d'hélice à l'avant, et un habitacle vitré comme un cockpit. Tous ces éléments se retrouvèrent tôt ou tard, plus ou moins adaptés, sur les Cadillac de série. Les ailerons dotèrent les Cadillac d'une « identité » distincte, mais leur impact fut très vite réduit à néant par d'innombrables imitations, qui engendrèrent une véritable surenchère dans les années 50.

CADILLAC

A l'ombre des prestigieux V12 et V16, le fidèle moteur V8 de Cadillac continua dans les années trente à représenter l'essentiel de la production de la firme. Cette limousine est un modèle de 1933.

Inspiré de l'avion Lockheed P38 Lightning, l'aileron des Cadillac fit sa première apparition sur les modèles 1948 de la Série 62. Cette innovation, destinée à donner aux Cadillac un aspect distinctif, ne resta pas longtemps originale ; elle fut imitée par l'industrie automobile américaine tout entière.

Pour leur première année de fabrication ces modèles conservèrent le V8 à soupapes latérales de 5,7 litres. En janvier 1949 il fut remplacé par un nouveau V8 de 5,4 litres avec (pour la première fois sur un V8 Cadillac) des soupapes en tête. L'étude de ce nouveau moteur avait débuté en 1937. Il avait été dès l'origine conçu pour bénéficier des nouveaux carburants à haut indice d'octane que l'on préparait alors. Pour cette raison, il avait un vilebrequin sur cinq paliers et des dimensions de cylindres « super-carrées ». Il devait avoir une cylindrée de 5,1 litres, mais on apprit que Oldsmobile allait présenter un V8 d'une puissance supérieure, et la cylindrée du V8 Cadillac fut augmentée au dernier moment pour conserver l'avantage. Au moment de sa présentation, c'était le

CADILLAC

plus puissant V8 américain de l'époque. Il développait en effet 160 ch avec un taux de compression de 7,5. Il conserva son titre jusqu'en 1951, quand Chrysler présenta son fameux « Hemi ». La course à la puissance était désormais lancée !

Dans le petit monde des sportifs on ne fut pas long à comprendre les possibilités offertes par ce nouveau moteur. Ce fut le cas du constructeur anglais Allard, qui exportait sa J2 sans moteur, pour recevoir aux États-Unis le V8 Cadillac. Une Allard J2 prit la troisième place aux 24-Heures du Mans de 1950, conduite par Sydney Allard lui-même. Dans la même épreuve un coupé Série 62 piloté par les frères Collier se classa dixième, suivi d'une autre Cadillac, celle-ci à carrosserie spéciale, menée par son créateur Briggs Cunningham.

Le coupé vu au Mans était un nouveau modèle présenté en 1949. En 1950, la production de Cadillac dépassa les 100 000 exemplaires annuels, pour la première fois de son existence. La prospérité grandissante des années 50 amena la disparition des modèles de bas de gamme Série 61. La même

CI-DESSUS En 1950 les frères Colliers décidèrent de courir les 24 Heures du Mans avec une Cadillac Série 61. Briggs Cunningham suivit leur exemple, mais en habillant sa voiture d'une extraordinaire carrosserie profilée. Des problèmes de boîte de vitesses et aussi une collision bénigne avec la Ferrari de Sommers au Tertre Rouge le reléguèrent à la onzième place, derrière la berline de Sam et Miles Colliers.

A DROITE Cadillac présenta dans les années 50 un certain nombre de véhicules expérimentaux. Celui-ci, baptisé Le Mans, préfigurait la ligne des modèles 1954-1956. Au volant, Don Ahrens, directeur général de Cadillac. A côté de lui on voit James M. Roche, qui lui succédera en 1957.

CI-DESSOUS Cadillac Fleetwood Special 1952. C'était un modèle relativement peu répandu, avec seulement 16 110 exemplaires construits.

CADILLAC

année, la transmission automatique fut montée en série sur tous les modèles. En 1954 Cadillac proposa à ses clients une direction assistée, suivant en cela l'exemple de Chrysler un an plus tôt. Il faut noter pourtant que Cadillac avait songé dès 1934 à monter ce dispositif, mais que l'hostilité du climat économique l'en avait dissuadé.

CHROMES ET AILERONS

1953 vit l'arrivée du somptueux cabriolet Série 62 Eldorado qui affichait froidement un prix de $ 7 750, c'est-à-dire près du double du cabriolet normal ! Le souvenir du Lockheed P38 était plus que jamais présent, depuis les obus chromés de la calandre jusqu'aux ailerons arrière en passant par le pare-brise panoramique dont c'était la première apparition et qui allait connaître, lui aussi, une vogue extraordinaire tout au long des années 50. En dehors de son prix et de son pare-brise, l'Eldorado se distinguait du cabriolet normal par le décrochement de la ceinture de carrosserie à hauteur de l'aile arrière, par sa capote qui disparaissait hors de vue sous un panneau amovible peint de la couleur de la voiture, par un châssis légèrement surbaissé et un équipement très luxueux. Si la voiture était rien moins que discrète, sa dénomination n'apparaissait nulle part sur la carrosserie (elle ne figurait que sur la planche de bord). L'Eldorado rentra plus ou moins dans le rang dès l'année suivante, avec un prix diminué de $ 2 000, qui le mettait au niveau de la limousine Fleetwood. L'Eldorado eut cependant en 1957 une nouvelle poussée d'extravagance avec le fabuleux Brougham, vendu au prix exorbitant de $ 13 074. Ce modèle avait permis à Harley Earl d'atteindre de nouveaux sommets de fantaisie baroque. C'était un

coupé à quatre portes sans montant central, avec un pavillon en acier inoxydable et des doubles phares, dont la vogue lancée par Nash et Lincoln allait bientôt gagner l'industrie automobile américaine tout entière. Les ailerons étaient inclinés vers l'arrière comme une dérive en flèche d'avion à réaction. Pour compléter l'illusion, l'échappement débouchait dans des tuyères intégrées aux pare-chocs. Sous le vaste capot on trouvait une version spéciale, avec une puissance de 325 ch, du V8 dont la cylindrée avait été portée l'année précédente à 6 litres. La suspension arrière marquait une innovation : elle était entièrement pneumatique. Le système était très efficace quand il fonctionnait correctement, ce qui était malheureusement rarement le cas. Il ne put jamais être mis au point de façon satisfaisante. Le problème était difficilement admissible sur une voiture aussi coûteuse. Le Brougham ne trouva donc que 704 acheteurs. La carrosserie fut entièrement revue par Pinin Farina pour l'année suivante mais même alors le Brougham n'obtint qu'un succès médiocre. Il ne comptait que 200 exemplaires vendus quand sa fabrication prit fin en 1960.

Les modèles courants continuèrent à se vendre en nombre impressionnant. La puissance progressait toujours : 310 ch en 1958 et 325 ch en 1959, année où la cylindrée fut portée à 6,4 litres. En 1959 aussi, les ailerons atteignirent leur maximum de développement. Ils se résorbèrent ensuite progressivement, jusqu'à l'effacement complet en 1965. Harley Earl avait pris sa retraite en 1959. Il fut remplacé à la tête du département *Art & Colours* par William Mitchell, dont la première création chez Cadillac remontait à la Sixty Special de 1938. La production elle aussi continuait à progresser. En novembre 1964 Cadillac put fêter la sortie de sa trois-millionième voiture. Les installations occupées par la firme avaient suivi la même expansion. Le fidèle V8 poursuivait son évolution. Sa mutation la plus importante se plaça en 1963. Le moteur était en fait entièrement redessiné autour des dimensions originales de 101 × 97 mm. Ceci fait, il pesait 25 kg de moins qu'auparavant. La cylindrée fut portée à 7 litres pour le modèle 1964, et le moteur resta sous cette forme jusqu'en 1967. Mais l'année suivante un V8 entièrement nouveau de 7,7 litres vit le jour.

CI-DESSUS Les ailerons des Cadillac atteignirent leur apogée en 1959. Sous cette exhubérance de style se cachait un nouveau moteur V8 de 6,4 litres.

CI-DESSOUS Du cabriolet Eldorado lancé en 1953, 532 exemplaires seulement trouvèrent preneur au prix de $ 7 750. L'année suivante il ne coûtait plus que $ 4 738.

A DROITE L'Eldorado Brougham présentée en 1957 était issue des « voitures de rêves » Orleans et Park Avenue exposées aux Motorama de 1953 et 1955. Elle se distinguait par ses doubles phares, son pavillon en acier inox et aussi son prix : $ 13 074.

CADILLAC

CADILLAC ELDORADO BROUGHAM (1957-1958)	
MOTEUR	**CHÂSSIS**
Cylindres : 8 en V	Construction : tubulaire cruciforme
Alésage et course : 101 × 91 mm	Empattement : 3,20 m
Cylindrée : 5 981 cm³	Voie avant : 1,549 m
Distribution : soupapes en tête, poussoirs et culbuteurs	Voie arrière : 1,549 m
Taux de compression : 10 à 1	Suspension avant : pneumatique, roues indépendantes
Alimentation : 1 carbu. inversé	Suspension arrière : pneumatique, essieu rigide
Puissance : 325 ch à 4 800 tr/mn	Freins : tambours
Boîte de vitesses : automatique, 3 rapports	
Vitesse de pointe : 180 km/h	

61

CADILLAC SEVILLE (1975-1979)
MOTEUR
Cylindres : 8 en V
Alésage et course : 103 × 85 mm
Cylindrée : 5 736 cm³
Distribution : soupapes en tête, poussoirs et culbuteurs
Taux de compression : 8 à 1
Alimentation : injection électronique
Puissance : 180 ch à 4 400 tr/mn
Boîte de vitesses : automatique, 3 rapports
CHÂSSIS
Construction : autoporteuse
Empattement : 2,895 m
Voie avant : 1,549 m
Voie arrière : 1,498 m
Suspension avant : roues indépendantes, bras triangulés
Suspension arrière : essieu rigide, ressorts à lames
Freins : disques à l'avant
Vitesse de pointe : 180 km/h

CADILLAC

A DROITE La Seville 1986 est bien différente du modèle précédent, sinon par sa traction avant.

A GAUCHE La Seville 1975, à coque autoporteuse, était la riposte de Cadillac aux voitures de luxe européennes vendues aux États-Unis. Elle restait fidèle à la propulsion arrière, mais un modèle à traction avant lui succéda en 1980.

CI-DESSOUS L'Eldorado ne subit que des modifications discrètes de 1971 à 1978. Des deux versions, coupé ou cabriolet, ce dernier fut supprimé en 1976, année où fut construit l'exemplaire montré ici.

Le coupé Eldorado Brougham avait disparu en 1960, mais le cabriolet resta au catalogue jusqu'en 1967. Il fut alors remplacé par un coupé à traction avant, auquel s'adjoignit un cabriolet en 1971. Sous le capot on trouvait bien le V8 de 7 litres, mais la transmission était celle de l'Oldsmobile Toronado. La carrosserie, chef-d'œuvre de William Mitchell, était bien sûr particulière à Cadillac. L'étude de ce modèle avait été entamée en 1959 et il avait été question un moment de ressusciter en son honneur la marque La Salle. L'idée fut finalement abandonnée, sans doute avec raison. La Toronado, arrivée un an plus tôt que l'Eldorado, avait sa propre chaîne de fabrication et jusqu'en 1969 elle se vendit en plus grand nombre, mais la Cadillac prit ensuite l'avantage et le conserva. En 1969 l'Eldorado bénéficia d'un avant redessiné puis, en 1970, d'une nouveau V8 de 8,2 litres de cylindrée. C'était alors le plus gros moteur du monde dans une voiture de série. Avec quelques raffinements de détail, le modèle fut conservé jusqu'en 1978. C'est l'année suivante, en 1979, que Cadillac établit un nouveau record de production, avec le chiffre impressionnant de 383 138 voitures, soulignant la suprématie de la marque sur le marché de la voiture de luxe aux États-Unis.

En dépit de la tendance générale vers une réduction des cylindrées dans les années 70, le moteur de 8,2 litres équipa tous les modèles Cadillac en 1975. Les dirigeants de la firme avaient remarqué depuis longtemps la progression régulière de marques étrangères, comme Mercedes ou BMW, sur le marché américain. En 1975 Cadillac présenta sa riposte aux envahisseurs germaniques. C'était la Seville, à coque autoporteuse avec un moteur V8 de 5,7 litres d'origine Buick, mais doté d'un système d'injection électronique propre à la marque.

Cadillac ne fut pas à l'abri cependant des retombées de la crise de l'énergie. Le moteur de 8,2 litres disparut à la fin de 1976. Il cédait la place à un V8 plus léger, de 7 litres à injection. Tous les modèles de cette année étaient également raccourcis et allégés. L'Eldorado fut mise au goût du jour en 1979 : toujours à traction avant, mais avec le V8 de 5,7 litres de la Seville et une suspension à quatre roues indépendantes. La Seville, quant à elle, adoptait elle aussi la traction avant. L'innovation la plus remarquée fut pourtant sa carrosserie qui pastichait certaines créations anglaises des années 40 et 50.

Le V8 de 7 litres fut supprimé à son tour fin 1979, pour céder la place à un V8 de 6 litres. Le mouvement s'accentua dans les années suivantes, comme dans toute l'industrie automobile américaine. En 1981 c'est un V6 de 4,1 litres qui entra en scène, en même temps que la nouvelle Cimarron à moteur quatre-cylindres de 1 800 cm^3 et boîte mécanique : la première chez Cadillac depuis au moins 30 ans... 1982 fut l'année d'un nouveau V8 de 4,1 litres à injection, équipant les nouveaux modèles De Ville et Fleetwood. La berline et le coupé Fleetwood Brougham restaient cependant fidèles à la propulsion arrière.

Aujourd'hui, plus de 80 ans après sa fondation, Cadillac conserve toujours quelque chose de ces qualités très particulières que Henry Leland « le maître de la précision » lui insuffla dans ses premières années, au début du siècle.

CHEVROLET

Depuis plus de cinquante ans Chevrolet est régulièrement, à de rares exceptions près, la marque la plus vendue aux États-Unis. C'est donc le plus beau fleuron de la couronne de la GM. L'histoire de la marque est cependant un peu différente de celle de Cadillac, Buick ou Oldsmobile, qui existaient déjà quand William Durant s'en empara pour constituer la General Motors. La marque Chevrolet est en effet une création de Durant, qui lui permit ensuite de reprendre le contrôle de la GM après l'avoir perdu une première fois.

L'histoire de Chevrolet est donc étroitement mêlée à celle de William Durant. Comme nous l'avons vu, l'irrésistible Billy avait fondé la GM en 1908. Mais sa désinvolture en affaires lui fit perdre la confiance des administrateurs à la fin de 1910. Le soutien des banquiers eut pour condition son départ et il dut se retirer au début de 1911. Il était évincé, mais pas éliminé. Il prépara aussitôt sa rentrée dans l'industrie automobile, avec son associé Louis Chevrolet.

Chevrolet était né en Suisse en 1878, à La-Chaux-de-Fonds. Quand il eut dix ans sa famille retourna en France où elle avait ses origines, et s'installa à Beaune, en Bourgogne. Le père de Louis Chevrolet était horloger, mais la première invention du jeune garçon fut un pompe pour transférer le vin du pressoir dans les cuves. Son goût de la mécanique l'amena bientôt à prendre un emploi chez le marchand local de bicyclettes. Il disputa aussi des courses de vélo avec un certain succès. Il se lança alors lui-même dans la fabrication de bicyclettes sous la marque Frontenac, du nom du gouverneur du Canada au XVIIe siècle : ce qui laisse supposer que Louis Chevrolet rêvait déjà, à cette époque, du Nouveau Monde où il devait émigrer en 1901.

En attendant son départ il acquit une formation de chauffeur et mécanicien. En 1896 il quitta Beaune pour Paris où il fit la tournée des constructeurs, travaillant tour à tour chez Mors, Darracq et De Dion-Bouton. Nanti de cette expérience précieuse, il partit pour l'Amérique. Il était alors âgé de

---

Une Chevrolet de la bonne époque : un cabriolet Bel Air 1957 à $ 2 511.

22 ans. Plutôt que d'attendre son visa d'entrée aux États-Unis, il gagna aussitôt le Canada. Il travailla pendant six mois comme chauffeur à Montréal. Il traversa ensuite la frontière et se rendit à New York, où il prit un emploi de mécanicien à la De Dion-Bouton Motorette Company qui se trouvait à Brooklyn. Il n'y resta pas longtemps. Dès 1903 il passa chez Holland & Tangeman, représentants de Fiat. Il y fit rapidement ses preuves comme pilote-essayeur. En 1904 il devint pilote de course, au volant des grosses Fiat à transmission à chaînes. Il eut pourtant un accident à la seconde Coupe Vanderbilt de 1905.

Louis Chevrolet était alors devenu un champion réputé. En 1906 il quitta Holland & Tangeman pour travailler avec l'étonnant inventeur Walter Christie, pionnier de la traction-avant. Ce fut une expérience aussi brève que malheureuse, et il entra comme contremaître à la fabrique des automobiles Bliss, de Long Island. La marque Bliss n'eut qu'une existence éphémère. C'est ainsi qu'en 1907 Louis Chevrolet prit le train pour Flint, dans le Michigan, où il avait entendu dire que la firme Buick avait l'intention d'intensifier son effort en compétition. Louis était accompagné de son frère Arthur, venu le rejoindre en Amérique. Buick était alors le deuxième par ordre d'importance des constructeurs américains. La firme fondée en 1903 avait été reprise en 1904 par William Durant, qui voulait en faire le noyau de la General Motors. Les frères Chevrolet n'eurent pas de peine à se faire embaucher chez Buick. Arthur devint le chauffeur de Durant. Louis était responsable des essais et aussi des activités en course.

Comme nous l'avons vu, Durant fut contraint en 1910 de quitter la GM. En mars 1911 il persuada Louis Chevrolet de venir le rejoindre dans un garage qu'il avait acheté, Grand River Avenue à Detroit. C'est là que Chevrolet prépara la fabrication de l'automobile qui devait porter son nom et que Durant se chargeait de commercialiser. Il avait pour collaborateur un Français, du nom d'Étienne Planche, dont il avait fait la connaissance alors qu'il était pilote de course à New York. Terminée à la fin de 1911, la voiture fut baptisée Classic Six. Son moteur était un six-cylindres à culasse en T de 4,9 litres. Elle trouva 2 999 clients pendant l'année 1912. Son prix était élevé – $ 2 150 – et il était clair que son marché était plutôt limité.

En octobre 1911, Durant avait fondé à Flint la Little Motor Company. Le moteur des automobiles Little était fourni par la Mason Motor Company, autre création de Billy Durant. Lorsque la Chevrolet Motor Company fut constituée, le 3 novembre 1911, c'est William Little qui en fut le président et Alexander Brownell Cullen Hardy directeur général. Louis Chevrolet avait le titre d'ingénieur-conseil. Hardy n'eut pas de peine à convaincre Durant que *Little* (petite) n'était pas un nom pour une voiture. Pourtant les automobiles Little se vendaient bien. On ne pouvait pas en dire autant des Chevrolet, alors que le nom lui-même plaisait à Durant. La solution était simple : il fallait mettre la marque Chevrolet sur les voitures Little.

Comme on pouvait s'y attendre, Chevrolet fut furieux d'apprendre que son nom allait être appliqué à une voiture aussi médiocre que la Little. Il donna sa démission en octobre 1913. Sa collaboration avec Durant n'avait d'ailleurs jamais été facile. L'homme d'affaires qui fumait le cigare cachait mal son agacement devant l'éternel mégot collé à la lèvre du Français. Comme le raconte Lawrence R. Gustin dans son intéressante biographie de William Durant, Chevrolet s'en alla en déclarant à son employeur : « Je vous ai vendu ma voiture, je vous ai vendu mon nom, mais moi vous ne m'aurez pas ! Je fumerai ma cigarette comme il me plaira ! ». Il devait fonder ensuite, en 1914, la Frontenac Motor Company, reprenant le nom de sa marque de bicyclette, puisqu'il ne pouvait plus utiliser le sien. Il s'installa près du circuit d'Indianapolis

CI-DESSUS La première Chevrolet s'inspirait de la voiture belge Métallurgique. Cette photographie a été prise en 1912 devant l'usine Chevrolet de Detroit. Son moteur était un six-cylindres de 4,9 litres. Son prix était assez élevé : $ 2 150.

A GAUCHE Louis Chevrolet et son frère Arthur, à l'époque où ils étaient employés chez Buick. Louis s'y distingua comme pilote de course, mais reprit bientôt sa liberté pour créer la voiture portant son nom.

CHEVROLET

et demanda à son ami Étienne Planche de lui dessiner une voiture de course. Plus tard encore Chevrolet deviendra vice-président et ingénieur en chef de l'éphémère American Motors Corporation. Après d'autres tentatives malheureuses, il mourra dans un relatif dénuement en 1941 ; mais son nom était alors un des plus célèbres des États-Unis.

Revenons en 1912. Cette année-là, la United States Motor Company fondée par Benjamin Briscoe déposa son bilan. La marque principale du groupe, Maxwell-Briscoe, occupait deux usines à Tarrytown dans l'état de New York. Durant eut la bonne fortune de pouvoir les racheter pour une bouchée de pain. Il disposait enfin des moyens nécessaires pour faire de Chevrolet une marque de première grandeur.

Il avait le nom et les usines, il lui fallait encore des voitures. Les modèles Chevrolet étaient peu adaptés : la coûteuse Classic Six serait supprimée dès 1914, la quatre-cylindres Little bientôt périmée. A.B.C. Hardy comprit qu'il fallait étudier un nouveau modèle. Celui-ci vit le jour au début de 1914, sous le nom de Chevrolet Série H. Son moteur était l'œuvre de Arthur C. Mason de la Mason Motor Company. Comme Mason avait aussi travaillé pour Buick, dont les moteurs se distinguaient par leurs soupapes en tête, le moteur Chevrolet adopta bien sûr la même disposition. Ce quatre-cylindres de 2,8 litres, avec poussoirs apparents, équipera les Chevrolet jusqu'en 1929. Quant à la transmission à tube de poussée, on la retrouvera sur tous les modèles de la marque jusqu'en 1955 ! La conception du châssis revenait à A.T. Sturt qui fit le travail pendant ses heures de loisir, car il était normalement employé de Buick, c'est-à-dire de la GM. Deux modèles étaient prévus : H4 Baby Grand quatre-places et H2 Royal Mail deux-places, vendus respectivement à $ 875 et $ 750. C'étaient les Chevrolet les moins chères jusque-là.

Les modèles de la Série H furent aussi les premiers à recevoir l'emblème Chevrolet, dit « nœud papillon ». La légende prétend que Durant aurait remarqué ce motif sur le papier de tenture de sa chambre d'hôtel, lors d'un voyage à Paris en 1908. Il en aurait alors prélevé un échantillon avec l'idée de l'utiliser un jour. On a dit aussi que Durant l'avait simplement aperçu dans un hebdomadaire.

En plus des modèles économiques de la Série H, Chevrolet proposa en 1914 une six-cylindres de 4,4 litres qui avait d'abord porté la marque Little. La fabrication des voitures fut d'abord assurée par l'usine de la Republic Motor Company à Manhattan. En 1915 la production débuta à Tarrytown. En 1916 Chevrolet fit construire une nouvelle usine à Flint, et une autre à Fort Worth, dans le Texas. Une chaîne de fabrication fut bientôt mise en place au Canada, à Oshawa, dans l'Ontario. Une marque prenait son vol.

UNE RIVALE POUR LA FORD T

Au début de 1915 A.T. Sturt, celui qui avait dessiné le châssis de la Série H, quitta Buick pour devenir ingénieur en chef de Chevrolet. Il apportait avec lui les plans d'un nouveau modèle avec lequel Durant espérait bien rivaliser avec la Ford T, la voiture la plus vendue aux État-Unis depuis ses débuts en 1908. La nouvelle voiture fut baptisée Chevrolet 490, pour souligner le fait qu'elle était vendue $ 490 en torpédo quatre-places, c'est-à-dire le prix de la Ford T, mais sans éclairage ni démarreur électriques. Avec ces équipements le prix atteignait $ 550. À la vérité, la 490 n'était rien d'autre qu'une version réduite de la Baby Grand avec une variante plus économique du quatre-cylindres de 2,8 litres. La voiture montrait dans tous ses détails qu'elle était calculée au plus juste, avec un aspect utilitaire qu'accentuait sa peinture noir mat. Ford répliqua en abaissant son prix à $ 440. Durant lui renvoya la balle en incluant l'équipement électrique dans les $ 490. À ce prix-là, il ne devait pas gagner beaucoup d'argent. Malgré tout, la Chevrolet 490 ne semble pas avoir beaucoup inquiété le modèle T. Pendant l'année 1915 Ford construisit 501 462 voitures, contre 13 292 Chevrolet qui mettaient la marque à la dixième place des constructeurs américains, avec encore beaucoup de chemin à faire.

C'est en 1915 que Durant commença à manœuvrer pour reprendre le contrôle de la GM. En septembre de cette année, il créa la Chevrolet Motor Company of Deleware qui regroupait toutes les firmes rattachées à la marque. Il commença alors à faire une réclame forcenée pour inciter les actionnaires de la GM à échanger leurs actions contre celles de Chevrolet. La General Motors n'avait pas payé de dividendes depuis 1910, et bien des actionnaires ne se firent pas prier pour obtenir les actions de Chevrolet dont la cote était en pleine ascension. C'est ainsi qu'en mai 1916 Chevrolet se trouva en possession de 54 % des actions de la GM. Un mois plus tard, Durant se ressaisissait de la présidence du groupe, mais ce n'est qu'en 1918 que Chevrolet rejoignit la GM.

Pendant ces événements, les ventes de Chevrolet continuaient leur progression. En 1917 la Série H céda la place à la Série F, qui avait une mécanique similaire. Cette année-là, la vente des Chevrolet bondit à 110 839 voitures, ce qui mettait la marque au quatrième rang des constructeurs américains. La plus grande part de ce résultat était due aux modèles de la Série F. Mais Chevrolet proposait également un V8 créé, comme ceux de bien d'autres constructeurs, à l'imitation du V8 Cadillac de 1915. Le V8 Chevrolet, de 4,7 litres de cylindrée, équipait les modèles de la Série D qui restèrent au catalogue jusqu'en 1919. Leur châssis cependant se retrouva également sur les modèles économiques à partir de 1918. En cette même année 1918 la Série F devint la FA avec une cylindrée de 3,7 litres. Pour la première fois, la production de Chevrolet surpassait celle de Buick. Chevrolet était maintenant le troisième constructeur des États-Unis, derrière Willys-Overland et Ford. En 1919 arriva la Série FB, identique à la

Simple et économique, la « 490 » de 1917 devait cette appellation à son prix de vente de $ 490. Mais celui-ci ne comprenait pas certains équipements indispensables, comme l'éclairage électrique et le démarreur, qui le portaient à $ 550. C'était le défi que Durant lançait à la Ford T.

CHEVROLET

FA, mais avec un empattement plus long. La FB restera en fabrication jusqu'en 1922. En 1919 Chevrolet occupait la seconde place du classement national, derrière Ford. Malheureusement Durant allait jouer sa dernière carte sur un coup de poker qui lui serait fatal.

Au cours de l'été 1920 les ventes des voitures commencèrent à baisser, et les actions de la GM avec elles. Durant, qui savait bien que le contrôle de la GM lui échapperait si leur cote tombait trop bas, se mit donc frénétiquement à racheter les actions de la GM. Cela dura tout l'été et une partie de l'automne. En novembre cependant, il se trouva confronté à l'obligation de trouver un million de dollars ou alors 300 000 actions de la GM allaient apparaître sur le marché. Il se produisit alors ce que Durant redoutait : un membre du conseil d'administration de la GM accepta d'éponger ses dettes, à condition qu'il abandonne la présidence du groupe. Cet homme, c'était John Raskob, chargé d'affaires de la firme Du Pont de Nemours et de la banque Morgan. C'était Durant lui-même qui l'avait fait venir à la GM. Raskob apportait vingt millions de dollars, mais Durant dut quitter la General Motors le 30 novembre 1920.

La preuve était faite qu'un seul homme ne pouvait diriger une entreprise de la dimension de la General Motors, surtout quand il avait un tempérament aussi imprévisible que celui de Durant. La présidence de la GM fut reprise par Pierre S. Du Pont, mais le départ de Durant créa de nombreux vides parmi les dirigeants, car beaucoup de ceux qu'il avait amenés avec lui préfèrent le suivre encore cette fois. Comme on pouvait s'y attendre, le départ de Durant fut néfaste pour Chevrolet qui avait toujours bénéficié d'une attention spéciale de la part de l'ancien président de la GM. La marque eut de mauvais résultats en 1921, comme d'ailleurs l'industrie tout entière. Elle n'était plus que la cinquième du classement des constructeurs américains.

C'est alors qu'un conseiller spécial, avec titre de vice-président, fut nommé auprès de Pierre Du Pont, qui n'avait aucune expérience de l'industrie automobile. Il s'agissait d'Alfred Sloan, qui avait pris place au conseil d'administration de la GM en 1918 et venait des United Motors qui en étaient une filiale. Sloan demanda à une agence spécialisée de lui faire un rapport sur la situation actuelle du groupe. Ce document n'était pas très encourageant pour Chevrolet. À l'en croire, les voitures étaient de qualité discutable et ses installations étaient périmées. En bref, il valait mieux supprimer la marque. Ces conclusions semblaient étranges s'agissant d'une firme qui, à peine deux ans plus tôt, était le deuxième constructeur des États-Unis. Sloan sagement ne tint pas compte de ces avis. Pourtant à ce moment seuls Cadillac et Buick étaient bénéficiaires à la GM. Il y avait certainement des mesures énergiques à prendre si l'on voulait que Chevrolet batte un jour Ford.

Sous l'impulsion de certains membres du conseil d'administration de la GM, Chevrolet prépara alors une voiture qui, croyait-on, serait capable de surclasser la légendaire *Flivver* de Ford. Ce fut la Chevrolet Série C de 1923, curieusement dénommée *Copper-Cooled,* à cause de son moteur refroidi par air avec des ailettes en cuivre. Ce moteur était une création de Charles F. Kettering, l'homme qui avait déjà à son actif le démarreur électrique et l'allumage par bobine. Cette conception inhabituelle, pour ne pas dire discutable, avait fait grande impression sur Pierre Du Pont. On pensait en effet qu'un moteur refroidi par air serait plus économique à fabriquer et ne risquerait pas non plus de geler ou de bouillir.

Le moteur Copper Cooled était un quatre-cylindres à soupapes en tête de 2,2 litres. C'était le plus petit fabriqué par Chevrolet jusque-là. Kettering avait aussi fait les plans d'un six-cylindres de la même conception qui devait être fabriqué chez Oakland, mais les dirigeants de la marque ne voulurent pas en entendre parler. Chevrolet dut donc assumer toute la responsabilité du projet. Son président depuis 1921 était Karl W. Zimmerschied. Lui aussi était un adversaire déclaré du nouveau modèle, mais il tomba malade au mauvais moment, et Pierre Du Pont prit en charge la direction de Chevrolet. C'est ainsi que la Copper-Cooled reçut le feu vert.

Un peu plus tard, en 1922, la firme eut un nouveau président (plus exactement il ne prendra ce titre qu'en janvier 1924, étant jusque-là vice-président). Ce Danois de 43 ans, haut de 1,90 m, était un des meilleurs spécialistes du monde de la fabrication. Il s'appelait William (Big Bill) Knudsen et allait rester pendant 12 ans à la tête de Chevrolet. Sous sa direction la marque deviendra la plus vendue des États-Unis. Arrivé jeune en Amérique, après avoir fait de bonnes études, il travaille d'abord comme charpentier dans un chantier naval du New Jersey. Après avoir changé plusieurs fois de situation il entre aux ateliers John R. Keim de Buffalo, qui travaillaient surtout pour Ford auquel l'entreprise fut finalement rattachée en 1911. Knudsen, qui semble avoir fait bonne impression sur Henry Ford, est appelé en 1913 à Dearborn pour prendre en charge la direction de 27 usines satellites dispersées dans le pays. En 1919 il est promu directeur de la fabrication dans la gigantesque usine de Rouge River. Comme bien d'autres cependant, le géant danois se heurte à l'emprise dictatoriale et à l'entêtement de Henry Ford qui voulait mener lui-même ses affaires et refusait de remplacer la vieillissante, mais toujours appréciée, Ford T. En 1921, alors qu'il

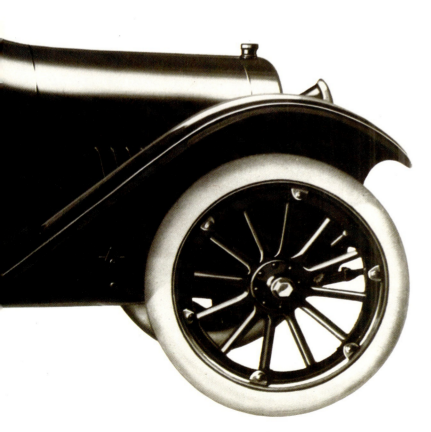

Rien de superflu sur cette Chevrolet Série K de 1925, vendue pour $ 525. Son moteur quatre-cylindres à soupapes en tête de 2,5 litres fut conservé pour l'essentiel jusqu'en 1928. Cette date vit aussi l'adoption des freins avant.

gagne $ 50 000, Knudsen donne brutalement sa démission. « Big Bill » entre alors comme directeur général chez Ireland & Mathews, façonniers et fournisseurs de l'industrie automobile. Son travail l'amène à faire la connaissance de Charles Mott, vice-président de la GM. Mott, comme Ford, est impressionné par la personnalité du Danois. Il le recommande à Sloan, et c'est ainsi que Knudsen entre à la General Motors.

Après cette indispensable parenthèse biographique, nous allons revenir à la Copper Cooled. Knudsen lui non plus n'était pas favorable au modèle, mais il pouvait difficilement discuter avec son supérieur hiérarchique, le président de Chevrolet, qui n'était autre, rappelons-le, que Pierre Du Pont, président de la General Motors ! Heureusement les ventes de la 490 se maintenaient à un bon niveau. On décida donc de faire une première tentative de commercialisation du modèle refroidi par air que l'on poursuivrait jusqu'en avril 1923. Une version améliorée de la 490 servirait éventuellement de renfort.

LE FIASCO DE LA COPPER-COOLED

C'est ainsi que débuta à la fin de 1922 la fabrication de la Chevrolet Série C. Elle confirma toutes les craintes qu'elle avait suscitées. Son moteur chauffait sans remède et perdait sa puissance. Le projet fut annulé en juin 1923, bien qu'il représentât un investissement de huit millions de dollars. Pierre Du Pont n'était déjà plus là. Il avait été remplacé à la présidence de la General Motors par Alfred Sloan, qui y restera jusqu'à ce qu'il prenne sa retraite, en 1956. De plus la clientèle semble avoir réservé un accueil plutôt tiède à la Copper Cooled. Des 759 exemplaires construits, 100 seulement furent vendus. Tous furent repris par l'usine, une seule passa entre les mailles du filet, la seule qui subsiste aujourd'hui, exposée au musée Ford de Dearborn pour l'édification des générations futures...

La leçon ne fut pas perdue pour les dirigeants de la GM. En 1923 fut créé le General Motors Technical Committee, chargé d'évaluer les innovations techniques de ce genre. On laissa aussi désormais une plus grande liberté aux présidents de chacune des divisions de la GM pour l'élaboration de leurs produits, afin qu'ils ne risquent plus de se les voir imposer d'en haut. Ceci allait également dans le sens de la politique de décentralisation à l'intérieur de la General Motors, pratiquée par Sloan.

L'année 1924 ne fut pas bonne pour Chevrolet. Knudsen dut se contenter de la Superior, une 490 légèrement rajeunie et pourtant démodée. La production tomba à 262 100 voitures contre 415 814 en 1923. Mais l'année fut mauvaise pour toute l'industrie américaine et Chevrolet conserva malgré tout sa seconde place derrière Ford, qui, tout de même, produisit 1,7 million de modèles T. L'ingénieur en chef de Chevrolet, O.E. Hunt, ne restait cependant pas inactif et préparait un nouveau modèle pour 1925. La GM était en effet en train de mettre sur pied une nouvelle tactique pour venir à bout de Ford. Elle se proposait de renouveler ses modèles chaque année, de manière à proposer des voitures toujours nouvelles et modernes face à l'éternelle *Tin Lizzie*.

En 1925 Chevrolet ne produisit qu'un seul modèle, la Série K Superior qui conservait le moteur de 4,4 litres de la FB, mais avec un embrayage à disque et non plus à cône. Le pont arrière, longtemps un point faible, était maintenant du type banjo. La carrosserie était mise au goût du jour et plus spacieuse que précédemment. La GM avait décidé de faire de nécessité vertu, en soulignant que la Chevrolet coûtait plus cher que la Ford T et que la différence était justifiée. Cette politique se trouva récompensée par les faits : en 1925 la production de Chevrolet doubla celle de l'année précédente, avec 444 671 voitures, alors que Ford en comptait 100 000 de moins avec 1 600 000.

En 1926 il n'y eut pas grand changement. Chevrolet était passé à la Série V, et la production progressa encore jusqu'à 588 962 voitures. En 1927 ce fut mieux encore puisque Chevrolet dépassa pour la première fois le million avec le chiffre étonnant de 1,6 million de voitures vendues dans l'année. Ford par contre ne produisit que 365 000 voitures, mais il faut dire que ses usines avaient été fermées en mai 1927 pour préparer la fabrication du futur modèle A. Elles reprirent leur activité en novembre, mais il fallut encore un an pour qu'elles retrouvent leur pleine activité. La Ford A était une voiture très classique avec un robuste quatre-cylindres. Elle poursui-

CHEVROLET

vait en fait la tradition établie par le modèle T. En 1928, Chevrolet surpassa encore Ford avec son modèle AB. C'était la dernière année du quatre-cylindres de 4,4 litres dont le début remontait à 1913. Son successeur était déjà prêt à entrer en scène : c'était un six-cylindres à soupapes en tête pour damer le pion au quatre-cylindres Ford à soupapes latérales. Il allait avoir une longue carrière, la plus longue de tous les moteurs Chevrolet puisqu'il survivrait, avec des modifications, jusqu'en 1953.

L'étude du six-cylindres avait commencé en 1927. Il faillit bien voir le jour avec une distribution à soupapes latérales, donnant un moins bon rendement, mais plus économique à fabriquer. Cette disposition avait la faveur de Henry M. Crane, conseiller technique d'Alfred Sloan, qui comptait sur une culasse du type Ricardo pour obtenir un rendement néanmoins acceptable. Cependant le directeur des ventes de Chevrolet, Richard H. Grant, appuya la requête de l'ingénieur adjoint, James M. Crawford, en faveur des soupapes en tête. Grant faisait valoir le fait que c'était déjà une tradition chez Chevrolet, de même que chez Buick. Il eut finalement gain de cause, et le nouveau moteur fut doté d'une culasse à soupapes en tête, solution avancée pour une voiture américaine de grande diffusion.

Il est vrai que le reste du moteur se montrait beaucoup moins évolué, sans doute pour réduire les coûts de fabrication au minimum. Il avait des pistons en fonte, alors que ceux en alliage léger commençaient à être de règle. La Chevrolet y gagna le surnom de *Cast Iron Wonder* (la merveille de fonte). Les boulons de culasse qui ressemblaient à ceux d'un modèle de fourneau répandu aux États-Unis lui valurent l'appellation aussi peu flatteuse de *Stovebolt Six* (*Stove* signifie fourneau). Le bas-moteur ne valait pas mieux. Le vilebrequin n'était porté que sur trois paliers. Les têtes de bielles étaient graissées par barbotage, solution abandonnée par la majorité des constructeurs européens dès avant la guerre de 14 ! N'importe, le nouveau six-cylindres allait faire de Chevrolet la marque la plus vendue aux États-Unis pendant les années 30, à la seule exception de l'année 1935 où elle fut battue par Ford et son V8.

Le six-cylindres fit ses débuts sur les modèles de la Série AC International de 1929. La carrosserie quant à elle restait à peu près inchangée par rapport à l'année précédente, et elle resta encore la même en 1930. C'est sans doute la raison pour laquelle pendant ces deux années les ventes de la Chevrolet furent dépassées par celles de la Ford A. Mais en 1931, les lignes des Chevrolet montrèrent une transformation spectaculaire. Il fallait y voir l'influence grandissante du département *Art & Colours* dirigé par Harley Earl. Les Chevrolet montraient une similitude frappante avec les Cadillac et La Salle, elles-mêmes inspirées de l'Hispano-Suiza. la Ford A, au contraire, restait identique d'une année sur l'autre, permettant aux Chevrolet AE *Independance* de prendre l'avantage. Les ventes de la marque surpassèrent ainsi pour la troisième année celles de Ford. Il en fut de même en 1932, en dépit de la baisse générale des ventes à cause de la dépression économique. Extérieurement les modèles Série BA *Confederate* ressemblaient à ceux de l'année précédente, à l'exception de la nouvelle calandre. Par contre, ils disposaient d'une boîte de vitesses synchronisée.

À partir de 1933, Chevrolet commença à avoir des éléments de carrosserie en commun avec d'autres marques de la GM. Les modèles CA se distinguaient de leurs prédécesseurs par leurs lignes plus élégantes et leur calandre en V. On avait demandé en effet à Knudsen de faire en sorte que Chevrolet se rapproche de Pontiac. Cette même année le *Grand Bill* eut une promotion bien gagnée : il devint vice-président de la GM, responsable des automobiles, camions et carrosseries du groupe. En 1937 Knudsen arriva au sommet de sa carrière en devenant président de la GM ; il succédait à Alfred Sloan, qui prenait la fonction de président du conseil d'administration. Le Danois ne devait rester que trois ans à la tête de la General Motors. En 1940 son pays natal, le Danemark, fut envahi par les troupes allemandes. Knudsen prit alors un poste de conseiller à la Défense Nationale qui devait lui valoir la *Distinguished Service Medal*, et de terminer la guerre avec le grade de général à trois étoiles.

CI-DESSOUS La Chevrolet Série AC présentée en 1929 battra les records de vente aux États-Unis, dans les années trente. Son moteur six-cylindres de 3,2 litres subsistera en fait jusqu'en 1953.

CI-DESSUS Une berline deux-portes Master De Luxe de 1935, à moteur six-cylindres de 3,4 litres. La suspension avant à roues indépendantes dite *Knee Action*, montée en série l'année précédente, n'était montée en 1935 que contre un supplément de $ 20. Le prix de ce modèle était fixé à $ 600.

Knudsen fut remplacé à la présidence de Chevrolet par Martin E. Coyle, qui était de la maison depuis 1917 et vice-président depuis 1929. Les carrosseries de 1934 ne différaient pas essentiellement de celles de l'année précédente. La principale innovation de la Série DA/DC était une suspension avant à roues indépendantes, système Dubonnet dit *Knee Action* (effet de genou). En 1935 Chevrolet dut s'incliner pour la première fois devant la Ford V8, arrivée en 1932 et revenue en force avec une cylindrée portée à 3,4 litres. La marque de la GM reprit l'avantage en 1936, en dépit d'un retour aux ressorts à lames qu'accompagnait, il est vrai, l'adoption de freins hydrauliques. Les lignes montraient peu de changement.

PLUS LONGUE, PLUS PUISSANTE

Les Chevrolet 1937 étaient plus larges que les modèles précédents, avec un nouveau capot et une nouvelle calandre. Les modèles de la Série GA Master De Luxe bénéficiaient aussi d'une suspension *Knee Action* améliorée. La cylindrée du fidèle *Stovebolt Six* était portée à 3,5 litres et le bas-moteur était redessiné pour compter quatre paliers au lieu de trois. Les modèles 1938 ne se distinguaient de ceux de l'année précédente que par leur calandre, à barres horizontales au lieu de verticales. Les Chevrolet 1939 de la Série J ressemblaient assez aux Cadillac de la même année, ce qui dut plaire sans doute à leurs clients. La Série JA de haut de gamme était dotée d'une nouvelle suspension avant à roues indépendantes par bras triangulés et ressorts hélicoïdaux, les modèles de la Série JB restant fidèles à l'essieu rigide.

En 1940 les Chevrolet se mirent à ressembler aux Buick. À la Master et à la Master De Luxe s'ajouta une Special De Luxe qui se plaçait au sommet de la gamme. Les phares déjà presque intégrés aux ailes le furent complètement en 1941, meilleure année pour la marque depuis 1929 avec plus d'un million de voitures vendues. Les modèles des Séries AG et AH étaient plus allongés et dépourvus de marchepied visible (il était dissimulé par la portière). Les Chevrolet 1942 ne différaient du modèle 1941 que par leur calandre. L'entrée en guerre des États-Unis stoppa la fabrication des automobiles particulières, sauf pour certains clients privilégiés. Par contre la production des camions connut un développement extraordinaire, et ces robustes machines rendirent de grands services sur les différents théâtres des opérations.

La fabrication des automobiles reprit en 1946, avec évi-

CI-DESSUS En 1958, la plus vendue des Chevrolet était la Bel Air, avec plus de 592 000 exemplaires construits. Le modèle Impala existait en version coupé deux-portes ou cabriolet, avec moteur six-cylindres ou V8.

A DROITE Le break Nomad a été introduit dans la gamme Bel Air en 1955. Il s'est toujours vendu en faible quantité : on compte un peu plus de 6 000 exemplaires construits en 1957. Il pouvait recevoir le six-cylindres de 3,85 litres ou bien diverses versions du V8.

CI-DESSOUS Chevrolet attendit 1949 pour présenter son premier véritable modèle d'après-guerre. Cette *Styleline De Luxe Sport Sedan* conservait cependant le vénérable six-cylindres avec une cylindrée portée à 3,5 litres. Ce fut le modèle le plus vendu de la gamme 1949.

CHEVROLET

PAGES SUIVANTES La Chevrolet Corvette sous sa forme originale de 1953. La carrosserie en fibre de verre était une nouveauté pour l'époque, et la transmission automatique à deux rapports a fait ricaner les sportifs. 300 exemplaires seulement furent construits la première année. Il y en eut 3 640 en 1954. Heureusement, l'année suivante le vieux six-cylindres céda la place au nouveau V8 de Chevrolet. Ces Corvettes de la première génération survécurent jusqu'en 1962, quand la Sting Ray prit leur succession.

demment les modèles 1942. Ils allaient être maintenus, avec des modifications mineures, jusqu'en 1948. Le premier vrai modèle d'après-guerre apparut en 1949, avec cette fois des ailes complètement intégrées à la carrosserie. Et pourtant les ventes de Ford battirent, de peu, celles de Chevrolet. Chevrolet reprit la tête en 1950. Cette année-là la gamme s'augmenta d'un nouveau modèle, la Bel Air *hard top,* c'est-à-dire un coupé faux-cabriolet dont la mode commençait à se répandre. 1950 fut surtout l'année de l'introduction de la transmission automatique Powerglide. C'était la première fois qu'un tel équipement était monté sur demande sur une voiture de grande diffusion. Elle était accouplée à un convertisseur de couple, et à un moteur de plus grosse cylindrée (3,85 litres), avec un bloc renforcé et des poussoirs hydrauliques. Il y eut relativement peu de changements en 1952. Ces années furent une période faste pour la General Motors. La première année « millionnaire » d'après-guerre fut 1949. Le million et demi de voitures construites en 1950 ne sera surpassé qu'en 1955. Les carrosseries furent renouvelées en 1953, dans un style similaire au précédent, mais avec un pare-brise en un seul tenant au lieu de celui en deux parties utilisé jusque-là. Le moteur de 3,85 litres, réservé jusque-là à la transmission automatique, fut étendu à tous les modèles.

1953 vit aussi la naissance de la Corvette, la voiture de sport de la GM. Après un départ hésitant, le modèle évolua progressivement jusqu'à devenir une des plus solides institutions de l'industrie automobile américaine. L'initiateur de la Corvette, Harley Earl, admirait les voitures de sport européennes, et il était convaincu que la GM devait construire la sienne, aussi bien pour lutter contre les importations étrangères, que pour initier un plus large public aux joies de l'automobile au grand air. C'était l'époque aussi où l'on commençait à songer à la fibre de verre pour les carrosseries. Comme le modèle devait être construit en relativement petit nombre, une goutte dans l'océan de la production de Chevrolet, l'utilisation d'un tel matériau pouvait être rentable. Le projet fut lancé en 1952. Comme c'était le seul moteur disponible, le bon vieux six-cylindres trouva un nouvel emploi, avec ses pistons en fonte. Le taux de compression fut porté de 7,5 à 8,1. L'alimentation fut modifiée pour recevoir trois carburateurs Carter horizontaux. On lui accoupla la boîte automatique qui était rien moins que sportive, mais qui était la seule transmission capable d'absorber les 150 ch que développait le gros six-cylindres. La suspension était identique à celle des modèles de tourisme : bras triangulés et ressorts hélicoïdaux à l'avant, essieu rigide et ressorts à lames à l'arrière. La carros-

| CHEVROLET CORVETTE (1953-1955) ||
MOTEUR	CHÂSSIS
Cylindres : 6 en ligne	Construction : longerons et traverses en caissons
Alésage et course : 88 × 99 mm	Empattement : 2,590 m
Cylindrée : 3 850 cm³	Voie avant : 1,447 m
Distribution : soupapes en tête, poussoirs et culbuteurs	Voie arrière : 1,498 m
Taux de compression : 8 à 1	Suspension avant : roues indépendantes, bras triangulés
Alimentation : 3 carbu. horizontaux	Suspension arrière : essieu rigide, ressorts à lames
Puissance : 150 ch à 4 200 tr/mn	
Boîte de vitesses : automatique, 2 rapports	Freins : tambours
Vitesse de pointe : 170 km/h	

serie, où les pare-pierres devant les phares tâchaient de faire bon ménage avec le pare-brise panoramique, avait le mérite d'être simple, sinon élégante. La Corvette fit ses débuts en public au Motorama de 1953. L'accueil parut suffisamment favorable pour donner le feu vert à la fabrication en série.

En 1953, 300 exemplaires furent construits à l'usine de Flint, mais dès l'année suivante la fabrication fut transférée dans une usine spéciale à Saint-Louis, dans le Missouri. En dépit de cet enthousiasme initial, on ne compta que 3 640 Corvette vendues en 1954. Un résultat aussi pitoyable aurait dû entraîner la suppression du modèle s'il n'y avait eu, en 1955, l'arrivée du nouveau V8 Chevrolet que l'on attendait depuis longtemps. Il prit place aussitôt sous le capot de la Corvette dont les performances, et les ventes, se trouvèrent aussitôt nettement améliorées.

Jusqu'en 1955 les Chevrolet ne s'étaient jamais distinguées, c'est le moins que l'on puisse dire, par leurs performances. Les ventes d'ailleurs se soutenaient remarquablement bien, en dépit du vétuste six-cylindres. Les marques de la GM s'étaient cependant converties au V8 : Cadillac et Oldsmobile en 1949, Buick en 1953 et Pontiac en 1954. En 1955 ce fut le tour de Chevrolet, avec un V8 dessiné sous la direction de Edward Cole, l'ingénieur en chef de la marque. Sa cylindrée était de 4,3 litres avec des dimensions « super-carrées ». Sa conception était placée sous le signe de la légèreté, et il pesait 20 kg de moins que le six-cylindres. Ce souci trouvait aussi son écho dans toute la conception du châssis. Le tube de poussée était enfin supprimé et remplacé par un arbre de transmission comme celui de la Corvette. La carrosserie montrait des lignes entièrement renouvelées avec une calandre de style Ferrari. Ces atouts permirent aux Chevrolet de se vendre à 1,7 million d'exemplaires en 1955. Le modèle le moins vendu fut la Bel Air Nomad, une *station wagon* de luxe qui ne trouva que 8 386 acheteurs.

La Bel Air hardtop devint en 1956 une quatre-portes. Ses lignes ressemblaient à celles de l'année précédente, avec une décoration renouvelée. La lutte avec Ford devenait serrée. Chevrolet conserva pourtant l'avantage avec 1,5 million de voitures vendues contre 1,4 pour sa rivale. La Corvette commençait de son côté à ressembler à une voiture de sport. Fin 1955, une boîte manuelle à trois rapports put être montée sur demande à la place de la transmission automatique qui accompagnait initialement le V8. La Corvette allait bénéficier aussi d'un stimulant avec l'arrivée de la Ford Thunderbird. En 1956 la voiture de sport de la GM présenta pour la première fois la caractéristique « engoujure » (moulure en creux)

sur le flanc de la carrosserie. En même temps la puissance du V8 était portée à 225 ch, avec une vitesse de pointe de plus de 190 km/h. La carrosserie resta la même en 1957, mais elle pouvait recevoir un V8 à injection de 4,6 litres. 1958 fut l'année des doubles phares.

Les autres modèles Chevrolet bénéficièrent, eux aussi, en 1957 du moteur de 4,6 litres. Côté carrosserie, les parties avant et arrière furent remodelées une nouvelle fois. Cette similitude de lignes, pour la troisième année consécutive, permit à Ford de prendre cette fois la tête au classement des

CI-DESSUS En 1960, Chevrolet présenta sa « compacte », la Corvair, avec un original moteur six-cylindres à plat refroidi par air. Trois versions étaient prévues : 500 (normale), 700 (luxe) et 900 Monza (sport). Le modèle fut construit jusqu'en 1969.

CI-DESSOUS Les ailerons atteignirent des proportions assez extravagantes sur les Chevrolet 1959, comme cette berline Biscayne.

CHEVROLET

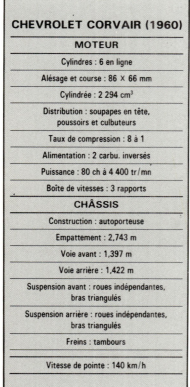

A DROITE Bill Mitchell succéda à Harley Earl comme styliste en chef de la GM. Une de ses plus fameuses créations est la Sting Ray.

EN BAS, A DROITE La Corvair Monza Spyder avait déjà, en 1962, un moteur à turbocompresseur.

CHEVROLET CORVAIR (1960)	
MOTEUR	
Cylindres : 6 en ligne	
Alésage et course : 86 × 66 mm	
Cylindrée : 2 294 cm³	
Distribution : soupapes en tête, poussoirs et culbuteurs	
Taux de compression : 8 à 1	
Alimentation : 2 carbu. inversés	
Puissance : 80 ch à 4 400 tr/mn	
Boîte de vitesses : 3 rapports	
CHÂSSIS	
Construction : autoporteuse	
Empattement : 2,743 m	
Voie avant : 1,397 m	
Voie arrière : 1,422 m	
Suspension avant : roues indépendantes, bras triangulés	
Suspension arrière : roues indépendantes, bras triangulés	
Freins : tambours	
Vitesse de pointe : 140 km/h	

ventes. Chevrolet reprit l'avantage dès l'année suivante grâce à une carrosserie redessinée et un V8 de 5,7 litres sur un châssis cruciforme, avec une suspension arrière à ressorts hélicoïdaux ou pneumatiques sur demande. Les modèles Impala faisaient leurs débuts. En 1959 aussi, comme dans toutes les marques de la GM, les ailerons atteignirent leur maximum d'amplitude. Ils commenceront à diminuer dès l'année suivante.

LA CORVAIR FAIT PARLER D'ELLE

L'année 1960 vit l'arrivée de la Corvair. C'était la riposte de la GM à l'invasion des voitures européennes, et spécialement de la Volkswagen, dans le marché de l'automobile « compacte ». La Corvair avait été créée sous la direction de Ed Cole, devenu en 1956 président de Chevrolet. La GM avait songé à produire un modèle économique à moteur arrière dès le lendemain de la guerre, sous le nom de code « Cadet ». L'énorme demande pour les modèles existants avait fait mettre le projet en veilleuse. Il fut repris par Ed Cole qui le mena à son terme. La Corvair pouvait passer pour une voiture absolument révolutionnaire selon les normes américaines de l'époque. Elle retenait un certain nombre de solutions techniques qui apparaissaient pour la première fois sur une Chevrolet, comme sa structure autoporteuse, ou son moteur arrière, ou sa suspension à quatre roues indépendantes. Son moteur refroidi par air pouvait rappeler de mauvais souvenirs aux dirigeants de la GM, qui n'avaient pas oublié la catastrophe de la Copper Cooled en 1923. C'était un six-cylindres à plat de 2,3 litres, qui provoquait des comparaisons inévitables avec le moteur de la laide et irrésistible Volkswagen.

Après son apparition en 1960, la Corvair fut bientôt distancée dans la préférence du public par la très classique Ford Falcon, qui visait elle aussi le marché des « compacts ». La gamme comprit d'abord une berline et un coupé auxquels s'ajouta, un peu plus tard cette même année, le sportif coupé Monza. Ce dernier devint, l'année suivante, le plus vendu des modèles Corvair avec 109 945 exemplaires en 1961, contre 11 926 seulement en 1960. Il fallait en chercher la raison dans une augmentation de la cylindrée, portée à 2,4 litres, et aussi dans les nouveaux aménagements intérieurs (avec des sièges-baquets à l'avant), proposés par la Monza. En 1961, elle offrit, sur demande, un boîte de vitesses à quatre rapports tous synchronisés. L'arrivée d'une version cabriolet en 1962 souligna la vocation sportive du modèle. La Monza Spyder pouvait aussi recevoir un moteur à turbo-compresseur, le premier monté en série sur une automobile américaine, qui s'inscrivait bien dans la ligne d'innovations techniques tracée par la Corvair.

En 1964, la cylindrée du six-cylindres à plat fut portée à 2,7 litres mais les ventes commençaient déjà à baisser, un an avant, notons-le, la parution du fameux livre de Ralph Nader, *Unsafe at any speed* (Dangereuse à toutes les vitesses), qui critiquait violemment la tenue de route de la voiture. À vrai dire, la suspension de la Corvair n'était pas tout à fait digne de l'originalité de la voiture. On retrouvait à l'avant les classiques bras triangulés avec ressorts triangulés. À l'arrière il y avait le système à essieux oscillants dont le comportement vicieux est bien connu. Il n'y eut pas de barre anti-roulis jusqu'en 1962, date à laquelle on en installa une à l'avant, tout en durcissant les ressorts. Une suspension arrière plus évoluée n'arriva qu'en 1965, avec la Corvair de la seconde génération. Mais à cette époque la voiture devait déjà faire face à la fois au succès phénoménal de la Mustang et aux attaques de Nader. Les dernières Corvair furent vendues en 1969, mettant ainsi un terme à la seconde tentative de Chevrolet quant au moteur refroidi par air. La Corvair avait coûté cher à la GM, aussi bien en capitaux qu'en prestige,

Avec la Sting Ray en 1963, la Corvette arrive enfin à maturité. Elle était proposée en version coupé ou cabriolet, avec une variété de moteurs V8. Le nom réapparut en 1969, mais il s'écrivait désormais Stingray, en un seul mot.

ENCADRÉ La première Sting Ray de 1963 avait une lunette arrière en deux parties, impressionnante mais peu pratique. Elle fut supprimée dès l'année suivante.

Chevrolet

mais elle n'empêcha pas Ed Cole d'en devenir président en 1967.

Le succès médiocre remporté par la Corvair incita Chevrolet à mettre hâtivement en fabrication un modèle de conception classique, la Chevy II. Elle vit le jour en 1962, dotée au choix d'un quatre-cylindres de 2,5 litres ou d'un six-cylindres de 3,2 litres. Il s'agissait de moteurs entièrement nouveaux. Le second allait faire carrière dans d'autres marques de la GM. La Chevy II présentait cependant une intéressante innovation technique avec ses ressorts arrière à une seule lame, qui devaient par la suite inspirer de nombreux imitateurs. Elle ne fit guère recette et disparut fin 1969, après avoir ajouté un V8 à la gamme de ses moteurs. La Chevelle de 1964, réplique de Chevrolet à la Ford Fairlane, rencontra un bien meilleur succès. Elle offrait le choix entre un six-cylindres en ligne et un V8, de 3,2 litres et 4,6 litres de cylindrée.

Edward Cole avait été remplacé à la tête de Chevrolet en 1962 par Semon E. « Bunkie » Knudsen, le fils de « Big Bill » Knudsen, président de Chevrolet pendant la période cruciale 1923-1934. Une des décisions de Knudsen fut de donner une plus grande place à la Corvette dans la production de Chevrolet. La Corvette avait été en effet jusque-là un peu abandonnée à elle-même. Pour 1961 on se contenta de redessiner l'arrière de la carrosserie d'après une esquisse de William Mitchell, le successeur de Harley Earl. Ce nouvel arrière préfigurait l'évolution future du modèle. En 1962 la cylindrée du V8 fut portée à 5,4 litres. Ce fut la dernière année de fabrication de la Corvette sous sa forme originale. La présentation du nouveau modèle la ferait bientôt oublier.

UNE NOUVELLE CORVETTE

La Sting Ray de 1963 n'avait que le moteur en commun avec la Corvette originale. William Mitchell avait créé pour elle une de ses carrosseries les plus originales destinée à devenir un des « classiques » de l'époque. Pour la première fois avec la Corvette, un coupé était proposé en même temps qu'un cabriolet. Le V8 de 5,4 litres était repris du modèle précédent. L'innovation technique la plus intéressante était l'adoption d'une suspension arrière à roues indépendantes. La mécanique de la Sting Ray ne reçut aucune modification pendant les deux premières années. 1965 vit l'arrivée des freins à disque sur les quatre roues, en même temps que celle d'un V8 de 6,5 litres et 425 ch. L'année suivante la cylindrée fut portée à 7 litres. Chevrolet songea un moment à donner au modèle suivant un moteur central, mais abandonna finalement cette idée pour des questions de prix. La nouvelle Sting Ray de 1968 reçut simplement une carrosserie redessinée.

Chevrolet avait été pris de court par le succès de la Mustang de 1964, destinée à la clientèle des jeunes nés après la guerre. Il fallut attendre 1967 pour voir la marque riposter avec la jolie Camaro, proposée avec un moteur six-cylindres en ligne ou V8. Le sommet de la gamme était occupé par la Z28 rendue célèbre par Mark Donohue et ses succès dans la Trans-Am. Une nouvelle Camaro arriva en 1970 pour laquelle William Mitchell avait dessiné encore un fois un impressionnant coupé. Il allait être maintenu à peu près sans modifications pendant onze ans, jusqu'à ce que la crise ait raison des *muscle cars* (voitures musclées).

Chevrolet conserva tout au long des années 60 son avantage sur Ford, à l'exception de 1961 qui avait vu le mauvais départ de la Corvair. Ce fut la même histoire en 1966, à cause de la réussite inattendue de la Mustang. En 1965 Chevrolet avait cependant fabriqué le nombre record de 2,5 millions de voitures. En 1965 Knudsen fut remplacé par Elliott M. « Pete » Estes à la tête de Chevrolet. Il y resta jusqu'en 1969, pour céder la place à John Z. De Lorean qui venait de Pontiac. À ce moment, la GM avait résolu de dé-

La Camaro fut la riposte de la GM à la Ford Mustang. Elle n'arriva qu'en 1967. Elle s'était fait attendre, mais elle prouva qu'elle en valait la peine. La fabrication de la version cabriolet, montrée ici, fut interrompue dès 1969, laissant place au seul coupé.

CHEVROLET

CHEVROLET CAMARO (1967-1981)	
MOTEUR	**CHÂSSIS**
Cylindres : 8 en V	Construction : autoporteuse
Alésage et course : 101 × 82 mm	Empattement : 2,743 m
Cylindrée : 5 358 cm³	Voie avant : 1,499 m
Distribution : soupapes en tête, poussoirs et culbuteurs	Voie arrière : 1,473 m
Taux de compression : 8,7 à 1	Suspension avant : roues indépendantes, bras triangulés
Alimentation : 1 carbu. inversé	Suspension arrière : essieu rigide, ressorts à lames
Puissance : 210 ch à 4 600 tr/mn	Freins : tambours
Boîte de vitesses : 3 rapports	
Vitesse de pointe : 180 km/h	

CHEVROLET MONTE CARLO (1970-1977)
MOTEUR
Cylindres : 8 en V
Alésage et course : 101 × 88 mm
Cylindrée : 5 736 cm³
Distribution : soupapes en tête, poussoirs et culbuteurs
Taux de compression : 8,5 à 1
Alimentation : 1 carbu. inversé
Boîte de vitesses : 3 rapports
CHÂSSIS
Construction : plate-forme à caissons
Empattement : 2,946 m
Voie avant : 1,529 m
Voie arrière : 1,499 m
Suspension avant : roues indépendantes, bras triangulés
Suspension arrière : essieu rigide, ressorts hélicoïdaux
Freins : disques à l'avant
Vitesse de pointe : 170 km/h

CHEVROLET

fendre son territoire contre les importations japonaises.

Le résultat de ce programme fut la Chevrolet Vega présentée en 1971, qui représentait une autre tentative de la marque dans la technique de la structure autoporteuse. Le moteur était très moderne de conception grâce à son arbre à cames en tête entraîné par courroie crantée. C'était un quatre-cylindres de 2,3 litres. En 1974 en sortit une version Cosworth, à double arbre à cames en tête de 2 litres. La Vega prit un bon départ avec 400 000 exemplaires vendus la première année. Malheureusement, il apparut bientôt que le moteur était fragile, tandis que la coque montrait une propension anormale à la corrosion. Ses caractéristiques pourtant la rendaient bien apte à affronter la crise du pétrole et elle put ainsi survivre jusqu'en 1977. Une version Monza fut offerte en 1975 avec le choix entre plusieurs V8. Un autre modèle notable de cette période fut la Monte Carlo présentée comme *personnal car* (voiture personnalisée) dans le style de la Pontiac Grand Prix et de la Ford Thunderbird. Ce fut une des initiatives parmi

A GAUCHE Dans sa version originale de 1970, la Monte Carlo était un coupé deux-portes, équipé en série du V8 de 5,7 litres ou bien, sur demande, du V8 de 6,6 litres. Avec ce modèle, Chevrolet fit une tentative réussie dans le marché du coupé de luxe. La Monte Carlo restera au catalogue, sans modification essentielle, jusqu'en 1977.

CI-DESSOUS En 1971 Chevrolet présenta sa *sub-compact*, selon le terme en vigueur à l'époque. C'était la Vega dont la version trois-portes se montra, de loin, la plus répandue. Son moteur était un quatre-cylindres à arbre à cames en tête de 2,3 litres, de conception très évoluée. Hélas, la Vega acquit bientôt une détestable réputation de fragilité. Elle fut maintenue pourtant jusqu'en 1977.

CI-DESSUS La carrosserie de la Corvette fut redessinée en 1968 avec un tel succès, qu'elle fut conservée sous cette forme jusqu'en 1983, du moins dans sa version coupé, car le cabriolet fut supprimé dès 1975. Ce modèle de 1972 pouvait recevoir au choix un V8 de 5,7 litres (200 ch) ou 7,4 litres (255 ou 270 ch).

CHEVROLET

CI-DESSUS La Chevrolet Chevette arriva juste à temps pour parer aux effets de la crise du pétrole. Son moteur était un quatre-cylindres de 1 400 cm³ seulement.

A GAUCHE Une mini-Chevrolet : la Malibu qui s'appela d'abord Chevelle Malibu. Elle était proposée avec, au choix, un V6 de 3,3 litres ou un V8 de 5,8 litres.

CI-DESSOUS La Citation à traction avant de 1980 pouvait recevoir un quatre-cylindres ou bien le V6 de 2,8 litres équipant le modèle X-11 montré ici.

d'autres, qui permirent à Chevrolet de produire le chiffre impressionnant de 2,5 millions de voitures en 1973.

La Corvette, toujours jeune, continua à séduire les fanatiques tout au long des années 70. Sa carrosserie avait été redessinée en 1968 par les soins de David Holls, toujours en version coupé ou cabriolet (mais ce dernier fut supprimé en 1975). La dénomination Sting Ray ne figurait plus sur le modèle 1968. Elle fut rétablie l'année suivante, mais en un seul mot : Stingray. Les V8 étaient proposés en plusieurs versions avec le choix entre deux cylindrées : 5,7 litres ou 7 litres. La cylindrée fut augmentée une fois de plus en 1970 (7,4 litres), mais ensuite les modifications furent remarquablement rares. L'avant fut redessiné en 1973, puis l'arrière en 1974. À ce moment les ventes de Corvette avoisinaient les 40 000 exemplaires annuels et elles allaient s'élever jusqu'à 50 000, en dépit de la crise du pétrole.

Le climat d'austérité des années 70 trouva son écho dans la présentation de la Chevette, destinée à succéder à la Vega.

CHEVROLET

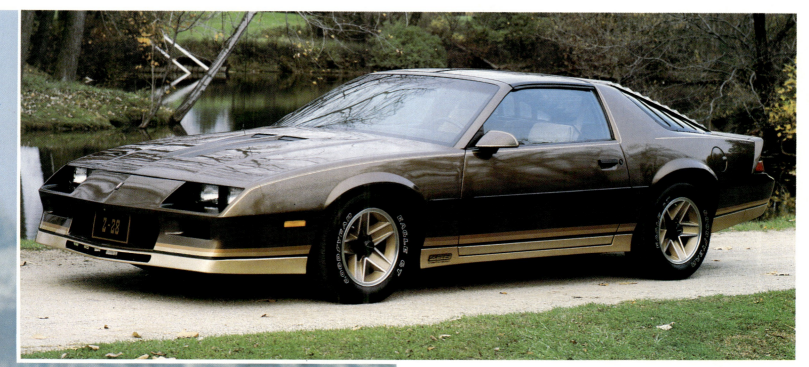

A GAUCHE La Corvette 1984 restait fidèle au V8 de 5,7 litres, mais avec une nouvelle carrosserie profilée à pare-chocs intégrés. L'habitacle était découvrable grâce à un pavillon amovible.

CI-DESSUS En 1982 la Camaro originale céda la place à un digne successeur proposé seulement en version coupé avec propulsion arrière, et un choix de moteurs V6 ou V8. Le sommet de la gamme était la Z 28 avec une variante à turbocompresseur du V8 Chevrolet de 5,9 litres, et une suspension durcie en conséquence.

Cette voiture à propulsion arrière, à vocation mondiale *(world car)*, devait être construite non seulement aux États-Unis, sous la marque Chevrolet, mais aussi en Allemagne sous la marque Opel, en Angleterre sous celle de Vauxhall et au Japon sous la marque Isuzu.

Le déclin de la voiture américaine traditionnelle, comme les Chevrolet Caprice ou Impala, incita la GM à préparer pour 1980 des modèles de dimension réduite : les *X cars*. La version Chevrolet, la *Citation,* eut un grand succès car son lancement coïncida en 1979 avec une aggravation de la crise du pétrole. Le moteur monté en travers était un quatre-cylindres de 2,5 litres ou un V6 de 2,8 litres. En 1982 arriva la *J car* de conception voisine, qui devint la Chevrolet Cavalier en version 1 800, puis 2 000 à partir de 1983. Une nouvelle Camaro vit le jour en 1982, pâle descendante du modèle original, mais toujours à propulsion arrière, avec une variété de moteurs quatre-cylindres, V6 ou V8.

La nouvelle Corvette apparue en 1984 reprend l'allure générale du modèle précédent, mais la dénomination Stingray est supprimée. Elle a toujours une carrosserie en fibres de verre et un moteur V8, mais celui-ci n'a plus que 5,7 litres de cylindrée. Ses lignes discrètes, mais élégantes, devraient lui assurer une longue carrière.

La Chevrolet Caprice conserve elle aussi la propulsion arrière, avec un V8 de 5 litres. Elle reste une des plus grosses voitures actuellement construites par la GM. Parmi les autres modèles 1985 on remarque la Citation II, dont les lignes furent alors rajeunies, et la Celebrity, manifestant la conversion récente de la marque à la traction avant. Citons encore la Chevrolet Astro, minibus à propulsion arrière à moteur quatre-cylindres de 2,5 litres, répondant aux besoins d'un marché en pleine extension actuellement aux États-Unis. Chevrolet aujourd'hui s'efforce, comme toujours, de fournir à ses clients exactement ce qu'ils veulent.

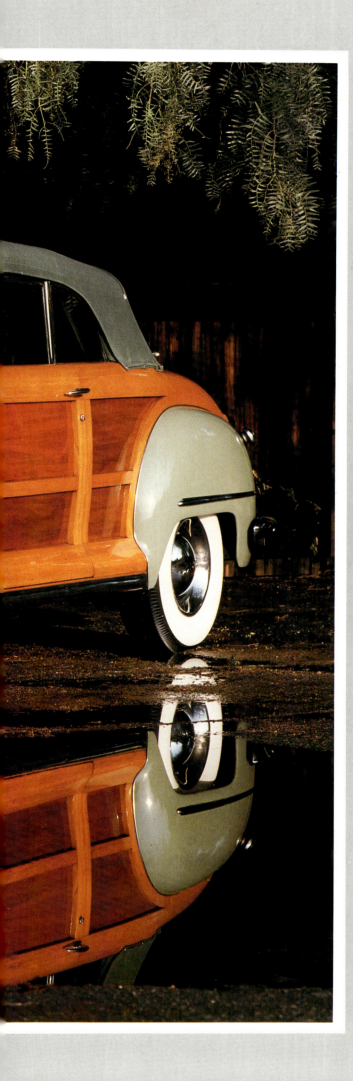

CHRYSLER

Pendant les années 20 deux firmes dominèrent le marché automobile américain : Ford et la General Motors. D'un côté il y avait l'universelle Modèle T et de l'autre la variété de modèles que lui opposait la GM. Cependant une nouvelle marque fit son apparition en 1924 : Chrysler. À la fin des années 20, elle avait donné naissance à quatre autres marques, dont la plus répandue était Plymouth. En 1936, les ventes du groupe Chrysler dépassèrent celles de Ford, et pendant seize ans elles lui conservèrent la seconde place du classement national. Chrysler entra ensuite en déclin progressif dans les années 50 pendant que Ford et la GM retrouvaient leur belle émulation des années 20. Dans les années 60 Chrysler tenta de suivre l'exemple de ses rivales en prenant pied en Europe. La crise de l'énergie des années 70 amena pourtant la firme au bord de la catastrophe mais l'irrésistible Lee Iacocca parvint à reprendre la situation en main. Aujourd'hui Chrysler est une marque bien vivante.

Walter Percy Chrysler naquit en 1875, troisième d'une famille de quatre enfants. Il grandit dans la ferme familiale d'Ellis, dans l'Arkansas. Son père était mécanicien de locomotive à la Kansas Pacific Railroad, qui fut plus tard rattachée à l'Union Pacific. Le jeune Walter marcha sur les traces de son père en montrant un sens précoce de la mécanique : comme le jeune Henry Ford au même âge, il se passionnait pour les articles publiés dans le *Scientific American*.

Walter quitta l'école à l'âge de 14 ans et prit un emploi de garçon-livreur. Il obtint ensuite une bourse d'apprentissage à l'Union Pacific. La ville d'Ellis était une de ces agglomérations entièrement consacrées au chemin de fer, qui sentent la fumée et l'huile chaude. Walter Chrysler travailla par la suite dans d'autres nœuds ferroviaires comme Pocatello Cheyenne ou Laramie. En 1901 il épousa Della Forker, la fille d'un commerçant d'Ellis. Le ménage s'installa d'abord à Salt Lake City, mais Chrysler quitta bientôt l'Union Pacific pour entrer à la Great Western de Chicago, où il s'éleva jusqu'au poste de responsable des engins de traction. Cette fonction l'amena en

La Chrysler Town and Country de 1948, reflet de toute une époque.

1908 à visiter le Salon de l'Automobile de Chicago, où il fit la rencontre qui allait bouleverser son existence : une flamboyante Locomobile blanche. C'était le plus cher des modèles exposés : $ 5000. Walter Chrysler ne gagnait à l'époque que $ 350 par mois, mais il décida aussitôt de l'acheter. Il n'avait que $ 700 d'économies. Il emprunta le reste à la Continental Bank de Chicago.

Chrysler ramena la Locomobile chez lui, à Oelwein, et entreprit d'expliquer à sa femme ce qu'il avait fait. Comme il devait le raconter plus tard, elle ne dit rien, mais il lui sembla bien qu'elle fermait la porte de la cuisine plus brutalement que d'habitude... Walter démonta aussitôt la voiture pour savoir comment elle était faite. Il la conduisit aussi, à l'occasion ! En 1909, notre homme changea une fois de plus de situation. Il devint directeur d'usine à l'American Locomotive Company de Pittsburgh, dont un administrateur était un banquier de Boston, James J. Storrow. Celui-ci apprécia l'efficacité avec laquelle Chrysler put renflouer une usine de la firme à Alleghany. Or, en novembre 1910, Storrow devint le président de la General Motors. Il ne conserva cette fonction que quelques mois, mais il put demander à Chrysler, qui gagnait alors $ 8 000 par an, de venir travailler à la GM. À cette époque l'usine Buick de Flint, la plus importante de la GM, était dirigée par Charles Nash, qui avait besoin d'un collaborateur bien au courant des problèmes d'outillage. Le poste fut offert à Walter Chrysler mais son employeur, dès qu'il connut son intention, essaya de le retenir en portant son salaire à $ 12 000. Chrysler était cependant décidé à entrer dans l'industrie automobile, et il passa chez Buick, pour $ 6 000 par an.

CHRYSLER À LA GM

L'arrivée de Walter Chrysler chez Buick eut les résultats espérés. La production s'améliora dès 1911, année de son arrivée, à 1916, dernière année de paix aux U.S.A. En novembre 1912 Charles Nash, directeur de Buick, devint président de la General Motors. Il put assister de près aux efforts de William Durant pour reprendre le contrôle du groupe qu'il avait fondé. Ces manœuvres furent finalement couronnées de succès en juin 1916. Une des premières décisions de Durant fut de nommer Chrysler président de Buick, au salaire de $ 500 000 par an.

Malheureusement, Durant n'était pas le plus commode des patrons. Chrysler, de son côté, se montrait colérique et obstiné. La rupture définitive se produisit en 1920. Durant, désireux de rivaliser avec Ford dans la fabrication des tracteurs, avait racheté pour trente millions de dollars la Janesville Machine Company. Une bonne part de cet argent provenait de chez Buick et Chrysler était furieux, d'autant que l'investissement se montra sans valeur. Le 25 mars 1920, Walter Chrysler donna sa démission. Alfred Sloan, futur président de la GM, occupait alors le bureau voisin de Durant et il conserva un souvenir précis de l'événement : comme il devait le raconter plus tard : « Chrysler partit en claquant la porte. De ce claquement est sortie la Chrysler Corporation ».

Walter n'allait pas rester chômeur longtemps. À cette époque la firme Willys se trouvait en difficulté après avoir racheté l'ancienne usine Duesenberg d'Elizabeth, dans le New Jersey, afin d'y produire une nouvelle six-cylindres. John N. Willys put obtenir un nouveau prêt de la Chase National Bank, à condition qu'il accepte comme collaborateur Walter Chrysler pour réorganiser son entreprise (Ralph Van Vechten, directeur de la Chase, était un vieil ami de Chrysler). Ce dernier accepta sans se faire prier l'offre de Willys.

Chrysler avait signé un contrat de deux ans, pour un salaire de un million de dollars par an. Une de ses premières décisions fut de réduire de moitié la rémunération annuelle de Willys, qui passa de $ 150 000 à $ 75 000. Walter Chrysler ne s'en tint pas là et se mit à une vigoureuse remise en ordre de la firme. Il était persuadé que l'avenir de Willys dépendait du futur modèle six-cylindres construit dans l'usine du New Jersey. Il attira auprès de lui trois ingénieurs de Studebaker, chargés de la mise au point de cette voiture qui aurait très probablement porté son nom. Ces trois hommes, tous des ingénieurs diplômés, joueront par la suite un rôle de premier plan dans la Chrysler Corp. Il s'agissait de Fred M. Zeder, de Carl Breer et Owen Skelton.

Chrysler avait fait de son mieux pour sauver Willys, mais ses efforts furent réduits à néant par la dépression économique survenue en 1921, et la firme fut mise en liquidation. Entre-temps, il s'était consacré au renflouement d'un autre groupe en difficulté : la Maxwell-Chalmers Company de Detroit, groupe fondé en 1917, lorsque Chalmers avait été racheté par Maxwell. Les deux firmes étaient dirigées par un seul homme : Walter E. Flanders, bien qu'elles n'eussent pas été jusqu'à la fusion pure et simple. Flanders était hostile à cette idée et il donna brutalement sa démission, lorsqu'elle fut proposée. La dépression de 1921 fit le reste pour mettre en danger l'avenir des deux marques. La plus solide des deux était Maxwell, fondée en 1904, bien que ses voitures aient

CHRYSLER

acquis une réputation de fragilité. Walter Chrysler, qui s'était contenté cette fois d'un salaire de $ 100 000, devint président du comité de réorganisation. Les firmes Maxwell et Chalmers furent vendues, en 1921 et 1922 respectivement, à un groupe nouvellement fondé : la Maxwell Motor Corporation. Son premier président, William R. Wilson, conserva le poste jusqu'en 1923, quand Walter Chrysler prit sa place.

À ce moment Walter commençait à approcher de son objectif, qui était de créer sa propre marque. Il avait attiré à l'usine Chalmers de Detroit le trio Zeder, Breer et Skelton, avec pour mission de préparer la première automobile Chrysler. Déjà son vieil adversaire Billy Durant lui avait raflé sous le nez l'ancienne usine Willys du New Jersey qu'il convoitait. Et ce qui aurait pu être une voiture Chrysler sortit en 1923 sous la marque Flint, qui durera jusqu'en 1927.

Le programme que s'était fixé Chrysler pour sa voiture spécifiait une vitesse de pointe de 110 km/h, un moteur six-cylindres, et un prix de vente de $ 1 500, pour des performances comparables à un modèle de $ 5 000. Les plans furent terminés fin 1923, et un prototype construit. La voiture devait être commercialisée par le réseau Maxwell. C'était du moins ce qui était prévu. Le problème à régler était celui des capitaux. Les prêts accordés par les banques pour renflouer Maxwell étaient épuisés. Il fut un moment question de céder la firme à Studebaker. Heureusement, l'affaire ne se fit pas.

En 1924, Walter Chrysler présente sa six-cylindres Série B où s'exprime son ambition de prendre place à côté des deux autres « grands ». Ce modèle, proposé en pas moins de six versions, dont cette berline cinq-places vendue $ 1 795, avait des freins à commande hydraulique sur les quatre roues, ce qu'on n'avait encore jamais vu sur aucune voiture, de Ford ou de la GM.

Walter Chrysler n'avait pas encore joué sa dernière carte, représentée par son prototype terminé. Il projetait de le présenter au Salon de New York, en janvier 1924, mais le grand hall d'exposition lui fut interdit parce que la voiture n'était pas encore fabriquée en série. Chrysler remarqua alors que la plupart des exposants étaient descendus non loin, à l'hôtel Commodore, pour la durée de l'exposition. Il eut alors l'idée de louer le hall d'entrée de l'hôtel pour y exposer sa voiture. Comme il l'avait prévu, elle fit sensation. Il ne lui restait plus alors qu'à trouver des fonds pour lancer la fabrication. Il les obtint de R. Edward Tinker de la Chase Securities Corporation, qui souscrivit pour 5 millions de dollars d'actions Maxwell. Chrysler avait atteint son but.

LE DÉMARRAGE DE CHRYSLER

Quelques mois plus tard les premières automobiles Chrysler voyaient le jour. Le modèle de base était une torpédo vendue $ 1 335. Les conduites intérieures étaient plus chères. Ces voitures, nommées Chrysler Série B, visaient le marché prospère de la petite bourgeoisie aisée, occupé jusque-là par Buick. Son moteur était un six-cylindres de 3,3 litres à soupapes latérales, avec culasse Ricardo autorisant des taux de compression plus élevés. La grande innovation, c'étaient ses freins à commande hydraulique, conservant cependant le vieux système à contraction extérieure.

Pendant cette première année, Chrysler ne vendit que 19 960 voitures, alors que Maxwell en totalisait 44 000 dans la même période. On assista malgré tout, en janvier 1925, à la création de la Chrysler Corporation qui absorbait Maxwell. La marque Chalmers avait été supprimée en 1923 et ce fut le tour de Maxwell en 1925, laissant seule en piste la marque Chrysler, qui commençait à prendre place sur le marché avec 68 793 voitures vendues dans l'année. La firme était maintenant à la huitième place du classement des constructeurs, et de plus bénéficiaire.

En 1926 les modèles B-70 de l'année précédente furent remplacés par la gamme G-70 qui bénéficiait d'une cylindrée portée à 3,6 litres. La Maxwell à moteur 3 litres poursuivait sa carrière, pour épuiser les stocks, sous le nom de Chrysler 58. Chrysler décida alors d'élargir la gamme de ses voitures en créant un modèle de luxe baptisé Imperial, nom déjà utilisé pour la berline de 1924. L'Imperial E-80 recevait une nouvelle version du six-cylindres avec une cylindrée portée à 4,7 litres et des pistons, non plus en fonte, mais en alliage léger. Sa vitesse de pointe approchait de 130 km/h, et elle était destinée à s'attaquer au marché des Lincoln, Packard et Cadillac. À ce moment Chrysler était passé au septième rang des constructeurs américains, après avoir vendu 162 242 voitures en 1926. En deux ans, c'était une progression spectaculaire.

La réussite de Chrysler reposait aussi sur une solide équipe d'ingénieurs et d'administrateurs. Son conseiller financier, B.E. « Hutch » Hutchinson, avait la particularité d'avoir également une formation technique (il était diplômé du Massachusetts Institute of Technology). Le directeur commercial était le dynamique Joseph E. Fields qui, comme bien d'autres

Chrysler

CI-DESSUS Deux voitures montrant deux stades de l'évolution de la firme Chrysler : une berline quatre-portes B-70 cinq places de 1925, vendue à l'époque $ 1 825, et un torpédo 1929, à droite. Contrairement à ce que laisserait croire cette photo les conduites intérieures seront de plus en plus répandues vers la fin des années vingt.

A DROITE Un roadster 1926 de la Série 60. C'est l'année où la cylindrée du six-cylindres passa de 3,3 litres à 3,6 litres. Au même moment Chrysler prit la sixième place des marques les plus vendues aux États-Unis, et ses bénéfices s'élevèrent à 17,4 millions de dollars.

cadres de l'industrie, avait commencé par être administrateur judiciaire. Il avait impressionné Walter Chrysler par la façon dont il avait su liquider les stocks de voitures Chalmers et Maxwell, lors de la réorganisation des deux firmes.

En 1926, un nouveau venu fit son apparition au sein de l'équipe Chrysler en la personne de Kaufman Thuma Keller. « K.T. », comme il préférait qu'on l'appelle, était d'origine hollandaise. Il avait d'abord travaillé chez Westinghouse, puis était passé à la Metal Products Company de Detroit, qui fournissait en essieux Chalmers et Maxwell. Il entra alors chez Maxwell qu'il quitta pour un emploi au siège de la General Motors, en 1911. C'est là qu'il fit la connaissance de Walter Chrysler, qui le fit entrer chez Buick comme chef mécanicien. En 1920 K.T. devint directeur de la fabrication chez Chevrolet. Sa promotion fut ensuite rapide, car il était devenu vice-président de GM Canada quand Walter Chrysler lui demanda de venir le rejoindre à Highland Park. K.T. prit la fonction de vice-président chargé de la fabrication à la Chrysler Corporation. Après la mort du fondateur, c'est lui qui prit la tête de la firme.

En 1927, les ventes progressèrent de 20 000 voitures. La gamme des modèles s'élargit encore. En plus de la 50 (la quatre-cylindres issue de la Maxwell), de la 70 et la 80 qui poursuivaient leur carrière, arrivait la 60 qui combinait le six-cylindres réduit à 3 litres et le châssis allongé de la 50, offrant ainsi l'agrément d'une six-cylindres pour le prix d'une quatre-cylindres.

L'année 1928 est une charnière dans l'histoire de la Chrysler Corp., car c'est alors que Chrysler commence à apparaître comme un rival sérieux de Ford et de la GM. Les modèles ne sont pourtant pas très différents de ceux de l'année précédente. Rien ne signale apparemment que l'évolution de la marque atteint un point crucial.

La première nouveauté significative se produisit en mai, quand la fabrication du modèle 52 quatre-cylindres fut interrompue pour faire place à une nouvelle quatre-cylindres économique qui vit le jour en juin. Ce nouveau modèle était un astucieux cocktail réunissant le châssis du modèle 52 avec des freins hydrauliques sur les quatre roues et un moteur quatre-cylindres de 2,9 litres à soupapes latérales. Il ne portait pas la marque Chrysler mais une marque nouvelle, Plymouth, qui venait s'ajouter à Chrysler comme, à la GM, Pontiac s'était ajouté à Oakland. Avec le sens du panache qui le caractérisait, Walter Chrysler prit le volant du troisième exemplaire construit et s'en alla, à Dearborn, présenter la voiture à Henry Ford et son fils Edsel. Après que les trois hommes aient examiné la Plymouth, Walter Chrysler prit un taxi pour rentrer, laissant la voiture chez Ford. La nouvelle marque se révéla un formidable succès. La croissance du groupe dans les années 30 est largement due à la faveur du public pour l'économique Plymouth. Il y eut cependant un autre facteur, le rachat en juillet 1928 de la Dodge Company, constructeur d'une des voitures les plus vendues dans les années 20.

A DROITE En 1926, Chrysler décida d'appeler Imperial une gamme complète de modèles, distincte des autres séries. Jusque-là en effet, ce nom était simplement réservé au modèle le plus coûteux de la gamme normale. A partir de 1926 les modèles E-80 Imperial bénéficièrent d'un châssis renforcé et d'un moteur de plus grosse cylindrée. Leur prix était aussi le double de celui des autres Chrysler. On comptait cinq modèles Imperial en 1926, dont ce roadster quatre-places : deux à l'avant et deux dans le « spider ». Il y avait également un coupé quatre-places et une limousine, qui était le modèle le plus cher à $ 3 695.

EN HAUT, A DROITE Le poste de conduite de l'Imperial. On y trouve les caractéristiques qui figureront sur les voitures françaises un peu plus tard : des instruments regroupés au milieu de la planche de bord, les manettes symétriques, le levier de vitesses central monté sur rotule. Le tout étant considéré à l'époque comme « typiquement américain ».

EN HAUT, A GAUCHE Le moteur de la série E-80 était le six-cylindres Chrysler avec une cylindrée portée à 4,7 litres et des pistons en alliage léger. Ces derniers passaient encore pour une innovation aux États-Unis à cette époque.

CHRYSLER

CI-DESSUS Essais des automobiles Dodge à l'usine de la firme à Hamtramck, près de Detroit, au milieu des années 20, avant le rachat par Chrysler.

CHRYSLER

LES ORIGINES DE DODGE

Les frères John et Horace Dodge étaient originaires de Niles, dans le Michigan. En 1901 ils ouvrirent un atelier à Detroit. Ils eurent la bonne fortune de décrocher un contrat de Ransom Olds pour fabriquer le moteur et la transmission de son Oldsmobile. En 1903 ils firent mieux encore, en devenant les fournisseurs de Ford, ce qui les amena à en devenir actionnaires. Trois ans plus tard, Ford était déjà devenu le premier constructeur des États-Unis, et les frères Dodge prospéraient en conséquence. En 1908 arriva le modèle T et les frères continuèrent leur profitable activité de sous-traitant. Le succès universel de la Ford T fit des frères Dodge des millionnaires, mais ils se rendirent compte des risques qu'il y avait à être les fournisseurs d'un seul client, particulièrement quand il s'agissait de l'imprévisible Henry Ford.

C'est ainsi qu'en 1913 les deux Dodge rompirent leur contrat avec Ford et décidèrent d'entrer dans l'industrie automobile pour leur propre compte. Henry Ford dut alors assurer lui-même la fabrication de plusieurs éléments de sa Lizzie. John et Horace Dodge firent alors construire la nouvelle usine de Hamtramck à Detroit et fondèrent en 1914 la Dodge Brothers Manufacturing Company. John Dodge en était le président, et son frère Horace le vice-président. La fabrication d'un modèle de 2,9 litres de cylindrée débuta à la fin de cette année. Il remporta un succès immédiat, mais la mort subite des deux frères en 1920 interrompit la croissance de la marque. Cette année-là, la Dodge était la voiture la plus vendue aux États-Unis, derrière la Ford T (mais avec une production inférieure de 278 000 exemplaires !). Le contrôle de la firme passa à Frederick J. Haynes, collaborateur de vieille date des deux frères. Il eut l'intelligence de miser sur la vogue croissante des conduites intérieures. Le pari fut gagné, et en 1924 Dodge était devenu le troisième constructeur américain.

Cette année-là, la famille Dodge résolut de vendre la firme. La General Motors se montra intéressée, mais son offre fut insuffisante. Vers juin 1925 Dodge fut vendue pour 146 millions de dollars à un organisme financier de New York, Dillon, Read and Co. Il semble que Clarence Dillon ait songé à devenir un autre Billy Durant ; il projetait de réunir Dodge avec Packard et Hudson, et aussi la Briggs Body Company qui fabriquait des carrosseries. Ce plan ne fut jamais exécuté, mais Dodge n'en continua pas moins à prospérer. En 1927 les modèles quatre-cylindres furent renouvelés et une nouvelle gamme de six-cylindres vit le jour. C'est le moment que choisit Walter Chrysler pour entamer les pourparlers.

Ce n'était pas seulement la marque Dodge qu'il convoitait, mais aussi l'usine-modèle de Hamtramck avec ses fonderies et ses marteaux-pilons, qui faisaient encore défaut à la Chrysler Corp. Il était en position forte car à ce moment, ni Ford, ni la

CI-DESSOUS La Plymouth, modèle économique de Chrysler, apparut en 1928. Équipée d'abord d'un moteur quatre-cylindres, elle passa au six-cylindres en 1933. C'est essentiellement grâce à elle que Chrysler dépassera Ford en 1936 et deviendra le second constructeur américain, derrière la GM.

A DROITE Les dynamiques frères Dodge, John (à gauche) et Horace. Ils créèrent d'abord un atelier de mécanique à Detroit qui devint le fournisseur de Ransom Olds, puis celui de Henry Ford. En 1914 ils se lancèrent dans la construction automobile pour leur propre compte et rencontrèrent le même succès. Inséparables durant leur vie, ils moururent tous les deux en 1920.

General Motors n'étaient désireux d'acquérir Dodge, et il n'y avait pas beaucoup d'autres firmes capables de l'acquérir. En mai 1928 Chrysler loua une suite à l'hôtel Ritz. Il était accompagné de Hutch Hutchinson et de l'avocat Albert Rathbone, et annonça à Clarence Dillon qu'ils resteraient là jusqu'à ce qu'ils aient conclu un accord. Il leur fallut cinq jours de discussions et de marchandages.

Cet accord ne comportait aucun versement d'argent. Il reposait sur un transfert d'actions, mais Chrysler avait spécifié qu'il devrait être ratifié par 90 % des actionnaires de Dodge. Dillon eut deux mois pour réunir les signatures nécessaires, avant le 31 juillet. L'objectif fut atteint et du jour au lendemain l'usine de Hamtramck devint la Dodge Division de la Chrysler Corporation. Chrysler disposait désormais des installations nécessaires pour la nouvelle Plymouth. Il était également résolu à étendre et renforcer la gamme Dodge, qui allait être prise en charge par K.T. Keller.

Walter Chrysler ne s'en tint pas là. En 1929 il créa la marque De Soto, placée sous la présidence de Joe Fields. La nouvelle voiture était bien sûr une six-cylindres dont le moteur était une version réduite à 2,9 litres du moteur de la première Chrysler de 1924. La De Soto n'obtint jamais le même succès que la Dodge ou la Plymouth. Elle survécut pourtant jusqu'en 1960.

Chrysler alignait donc en 1929 quatre marques totalisant une production d'environ 344 000 voitures. Dodge était de loin la marque la plus vendue avec 124 557 exemplaires construits. Mais dans le même temps la Ford A avait trouvé 1,3 million d'acheteurs, 40 000 de plus que toute la GM. Chrysler Corp. avait encore du chemin à faire, et c'est alors qu'arriva la crise de 1929.

La gamme Chrysler de 1930 comprenait une série de six-cylindres d'une cylindrée allant de 3,2 à 5,1 litres qui lui permirent, pour la première fois, de vendre plus de voitures que Plymouth. L'année 1930 vit aussi l'inauguration du fameux Chrysler Building de New York, dont Walter Chrysler avait défini le programme à l'architecte William Van Allen en ces termes : « Faites-le plus haut que la Tour Eiffel ». Avec 318 m, c'était l'édifice le plus haut du monde, mais il fut surpassé dès l'année suivante par l'Empire State Building (381 m).

Dodge adopta le huit-cylindres en ligne en 1930. L'année suivante, ce fut le tour d'Imperial avec une cylindrée de 6,3 litres et une élégante calandre inspirée de la Cord L-29. Ces modèles pouvaient recevoir des carrosseries signées Locke, Derham ou Murphy. Les Chrysler CD de 1931 recevaient elles aussi un huit-cylindres de 3,9 litres qui venait s'ajouter à la gamme six-cylindres déjà existante. Ce fut aussi l'année de l'introduction du « moteur flottant » *(Floating Power)*, dont la licence fut acquise en France par Citroën. Ce terme concernait simplement un montage particulier du moteur sur des fixations souples en caoutchouc.

Il n'y eut pas de modifications notables en 1932, année où, malgré la Dépression économique, les ventes de Plymouth placèrent la marque au troisième rang derrière Ford et Chevrolet. Elle devait conserver cette place jusqu'en 1950. Les modèles restèrent inchangés en 1933, sauf que le six-cylindres se généralisa chez Plymouth. Jusque-là Walter Chrysler

A GAUCHE Le boxeur Jack Dempsey ne passait pas inaperçu dans son *roadster* Chrysler Imperial de 1929. Ces modèles haut-de-gamme recevaient le plus souvent des carrosseries hors-série. En 1954, Imperial deviendra une marque à part entière.

CHRYSLER

CI-DESSUS Un beau *phaéton* Chrysler Imperial Custom de 1933. Son prix était élevé : $ 3 395, et sa carrosserie signée Le Baron le laisse bien voir. Son moteur était le plus puissant de la gamme Chrysler : ce huit-cylindres de 6,3 litres était annoncé pour 125 ch.

EN HAUT, A DROITE Encore une Imperial, aussi majestueuse que les précédentes. C'est également un modèle 1933, carrossée en *Convertible Sedan* (« berline transformable »). Bien que catalogué, ce modèle fut construit en très petit nombre : 11 exemplaires seulement. L'un d'eux était utilisé par Walter Chrysler.

n'avait pas encore fait un seul faux pas. Son groupe était devenu le troisième du pays, et représentait une menace considérable pour Ford.

L'ÉCHEC DE L'AIRFLOW

En 1934 Chrysler présenta l'Airflow dont le fiasco commercial allait alimenter les conversations à Highland Park pendant au moins vingt ans.

Dès la réalisation de sa première voiture, Chrysler avait instauré dans sa firme une sorte de culte de la technologie qui allait aboutir à la création en 1933 du Chrysler Institute of Engineering. L'Airflow, qui vit le jour en 1934, apparaissait de ce fait comme une voiture d'ingénieur. C'était la première voiture américaine de grande diffusion à avoir une carrosserie profilée. Jusqu'alors ce genre de préoccupation restait limité aux constructeurs européens et spécialement allemands.

Les origines de l'Airflow remontaient à 1927. Un jour que l'ingénieur Carl Breer se trouvait sur la route menant à l'aérodrome Selfridge il remarqua dans le ciel ce qu'il prit d'abord pour un vol d'oies. Il s'agissait en réalité d'une escadrille d'avions. Breer songea alors que les innovations mécaniques tiraient souvent leur inspiration de la Nature. Il en discuta avec Orville Wright et dessina une voiture en forme de goutte d'eau. Il ne connaissait pas l'aérodynamique et prit comme assistant pour ses expériences l'ingénieur-conseil William Earnshaw. Ils arrivèrent alors à la conclusion que l'automobile américaine courante était potentiellement plus rapide en marche arrière qu'en marche avant, du fait de son arrière arrondi qui avait une meilleure efficacité aérodynamique.

Breer alla plus loin en installant la seconde soufflerie de Detroit (Ford avait créé la première en 1929, pour étudier son fameux avion trimoteur). Il obtint aussi la collaboration d'Alexander Klemin qui dirigeait la Fondation Guggenheim pour l'aéronautique. Ces travaux aboutirent en 1932 à la réalisation de la Trifon Special qui était une première ébauche de la future Airflow. La voiture était prévue à l'origine pour porter la marque De Soto, mais Walter Chrysler décida qu'elle serait une Chrysler pour fêter le dixième anniversaire de la marque.

À la présentation de la voiture, en janvier 1934, il était difficile de nier son originalité. Sa caractéristique la plus discutable était peut-être sa calandre dite « en chute d'eau ». Le reste de sa conception n'était pas moins original. La voiture

CHRYSLER AIRFLOW (1934-1937)	
MOTEUR	**CHÂSSIS**
Cylindres : 8 en ligne	Construction : autoporteuse
Alésage et course : 81 × 114 mm	Empattement : 3,124 m
Cylindrée : 4 883 cm³	Voie avant : 1,422 m
Alimentation : 1 carbu. inversé	Voie arrière : 1,447 m
Puissance : 122 ch à 4 100 tr/mn	Suspension avant : essieu rigide, ressorts à lames
Boîte de vitesses : 3 rapports	Suspension arrière : essieu rigide, ressorts à lames
	Freins : tambours
Vitesse de pointe : 140 km/h	

CI-DESSUS Avec l'Airflow, Chrysler offrit pour la première fois au public une voiture à carrosserie « aérodynamique », par son aspect, sinon en réalité. Il en existait aussi une version De Soto à moteur six-cylindres. Ce fut malheureusement un désastre commercial pour la firme. La calandre fut complètement redessinée pour 1935, mais l'Airflow disparut dès 1937.

n'avait pas de châssis à proprement parler, mais une structure porteuse intégrée à la carrosserie. Le moteur huit-cylindres était proposé en trois cylindrées : 4,9, 5,3, et 6,3 litres. Il était monté nettement en avant sur l'essieu, de façon à améliorer l'habitabilité et la répartition des masses.

L'Airflow n'eut pas la faveur du public : 10 839 exemplaires furent vendus en 1934. La production totale de la firme dépassa pourtant les 40 000 exemplaires (contre 36 000 l'année précédente), car elle avait sagement conservé à son catalogue les classiques modèles CA six-cylindres. Par contre De Soto, qui n'offrait que des modèles aérodynamiques (avec le six-cylindres de 3,5 litres), souffrit particulièrement dans ses ventes qui ne totalisèrent que 13 940 voitures en 1934 (8 000 de moins que l'année précédente). Le seul vrai succès commercial de Chrysler en 1934 resta en fait la Plymouth, avec 321 171 exemplaires construits, qui n'avaient pas la moindre ressemblance avec la malheureuse Airflow.

Un peu de chirurgie esthétique s'imposait évidemment. En 1935, l'Airflow reparut avec une calandre plus classique, exemple peu fréquent d'évolution à rebours. Une version appelée Airstream, avec une calandre similaire, voyait aussi le jour, mais elle fut supprimée dès 1936. L'Airflow subsista encore un an. La leçon de cet échec commercial ne fut pas oubliée chez Chrysler qui adopta dès lors une politique conservatrice en matière de carrosserie, sous la houlette de K.T. Keller, devenu président du groupe en 1935, quand Walter Chrysler prit la fonction de président du conseil d'administration.

La firme cependant poursuivait son expansion. En 1936 De Soto disposa de sa propre usine à Dearborn, dans les faubourgs de Detroit. Cette même année, Chrysler dépassa enfin le chiffre de production de Ford avec 851 884 voitures contre 764 000. Le groupe prenait donc la seconde place des constructeurs américains derrière la General Motors qui se trouvait, il est vrai, loin devant avec 1,3 million de voitures vendues dans l'année. Une fois de plus ce résultat était redevable en grande partie à Plymouth qui avait produit près d'un demi-million de voitures, contre 248 000 pour Dodge et 58 000 pour Chrysler.

L'année 1937 vit l'introduction de la Chrysler Royal avec un six-cylindres de 3,7 litres. Ce fut le modèle le plus vendu de l'année. La De Soto avait la même carrosserie, avec un avant convenablement modifié. Au sommet de la gamme on trouvait toujours l'Imperial, avec son huit-cylindres en ligne de 4,5 litres. Il n'y eut pas de nouveauté marquante en 1938,

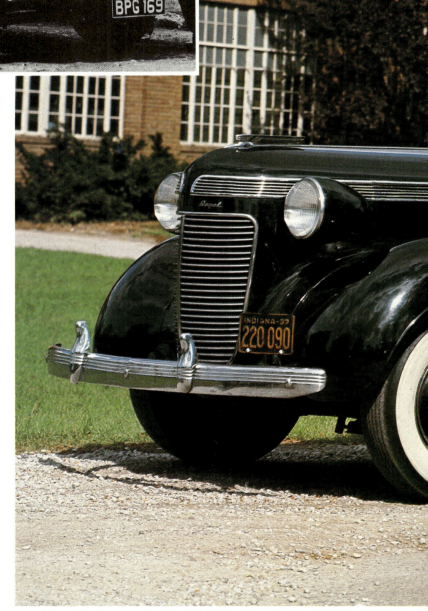

année qui marqua un temps d'arrêt pour l'industrie tout entière, mais où Chrysler conserva tout de même sa seconde place. Les modèles 1939 conservaient la carrosserie de l'année précédente, mais avec un avant redessiné qui était une création du styliste Raymond Dietrich. Les phares étaient intégrés aux ailes et des garnitures chromées soulignaient les contours de la calandre.

CHRYSLER

L'année 1940 fut assombrie par la mort de Walter Chrysler, alors âgé de 65 ans. En l'espace de seize ans il avait élevé son groupe jusqu'à la seconde place du classement national. C'était sans aucun doute un remarquable résultat. La disparition de son fondateur marqua pour la firme le début d'une lente décadence, qui allait malheureusement coïncider avec le réveil de Ford. Cette situation amènera en 1952 le recul de

EN HAUT, A GAUCHE Quelques Airflow traversèrent l'Atlantique. Celle-ci a trouvé preneur en Angleterre, à la satisfaction de tous les assistants aussi bien que du client.

CI-DESSUS La Chrysler Royal Standard fut en 1938 le modèle le plus vendu de la marque. La berline *Touring Sedan*, montrée ici, était une des versions les plus appréciées. Son moteur était un six-cylindres de 4 litres.

A GAUCHE En 1939, Chrysler présenta la New Yorker, destinée à être construite en petit nombre, avec un prix de vente de $ 1 298. Son moteur était le huit-cylindres en ligne de 5,3 litres. Son châssis était le même que celui des modèles Imperial et Saratoga.

CI-DESSOUS De Soto, sous-marque de Chrysler, apparut en 1928 et dura jusqu'en 1960. Ce *Convertible Coupe* c'est-à-dire un cabriolet, est un modèle 1940. Il avait un six-cylindres de 3,7 litres.

CHRYSLER

EXTRÊME GAUCHE La plus célèbre des Chrysler antérieures aux années cinquante, en dehors de l'Airflow, fut la Town and Country, avec sa décorative carrosserie mi-bois, mi-métal. On voit ici son emblème, bien dans le style de la voiture.

A GAUCHE Le tableau de bord de la Town and Country (page 88). Chrysler avait pensé donner à ce modèle le moteur huit-cylindres. Finalement c'est le châssis de la Windsor qui fut choisi, avec son six-cylindres de 4 litres.

Chrysler à la troisième place des constructeurs américains derrière Ford, reprenant la seconde place pour ne plus la lâcher.

C'est K.T. Keller qui succéda à Walter Chrysler à la tête du groupe, en tant que président-directeur général (la fonction de *chairman,* c'est-à-dire président du conseil d'administration, étant provisoirement supprimée).

Les carrosseries avaient été redessinées pour 1940 à partir de celles de l'année précédente. La gamme offrait le choix entre trois longueurs d'empattement portant les désignations C-25, C-26 et C-27, avec soit un six-cylindres de 4 litres, soit un huit-cylindres en ligne de 5,3 litres. Le convertisseur de couple, qui facilitait le changement de vitesse, était monté sur demande sur tous les modèles huit-cylindres (il était réservé jusque-là à la coûteuse Crown Imperial). Ce fut une bonne année pour la marque Chrysler qui dépassa pour la première fois les 100 000 exemplaires vendus. Le résultat fut encore meilleur en 1941, année-record pour Chrysler, qui vendit 143 025 voitures, comme pour l'industrie automobile tout entière. Le modèle le plus original était le *Town and Country* (ville et campagne), avec sa carrosserie mi-bois mi-métal. David Wallace, président de Chrysler depuis 1940, l'avait fait dessiner par les stylistes de la firme, plutôt que de le demander à un carrossier indépendant. Les éléments de carrosserie en bois qui caractérisaient la voiture étaient fournis par la Pekin Wood Products d'Helena, dans l'Arkansas, dont Wallace était également président. Ce « Woodie » obtint cependant un succès modéré et ne fut construit qu'à 997 exemplaires.

Pour 1942, l'avant fut une fois de plus redessiné, avec une calandre horizontale dont la décoration se prolongeait sur les ailes. La cylindrée du vénérable six-cylindres était portée à 4,1 litres, tandis que celle du huit-cylindres était maintenue à 5,3 litres. L'entrée des États-Unis dans la Deuxième Guerre mondiale interrompit la fabrication des automobiles au début de 1942. Le groupe Chrysler se consacra dès lors à la production de canons anti-aériens, de moteurs d'avions Wright et de fuselages de B-26. Le plus célèbre de ces produits fut cependant le tank Sherman, dont la fabrication fut lancée en 1941 dans une usine spécialement construite à Warren, dans le Michigan.

L'APRÈS-GUERRE

Les modèles 1946 étaient à peu près les mêmes que ceux de 1942. Les Chrysler Royal et Windsor étaient des six-cylindres, tandis que les modèles plus luxueux, Saratoga et New Yorker, étaient des huit-cylindres. Ces désignations reprenaient celles d'avant-guerre. Le seul nouveau-venu était le *Town and Country* devenu maintenant un modèle à part entière, existant en plusieurs versions, dont une berline et un cabriolet, avec un moteur six ou huit-cylindres. Ils restèrent au catalogue, de même que tous les modèles 1942, jusqu'en 1948.

Chrysler se trouvait dans la même situation que la GM ou Ford qui, eux aussi, offrirent à leurs clients leurs modèles d'avant-guerre jusqu'en 1948. Ce n'est en effet qu'en 1949 que les Trois Grands présentèrent leurs premiers modèles d'après-guerre dignes de ce nom. Côté carrosserie il n'y avait pas de doute que Chrysler se plaçait bon dernier : ses voitures offraient des lignes lourdes, hautes sur pattes et disgracieuses, alors que leurs rivales avaient fait un sérieux effort de finesse et d'élégance. K.T. Keller avait été trop timoré : le souvenir de l'Airflow restait cuisant. Ce fut cette erreur qui permit à Ford de rattraper, puis dépasser Chrysler, reprenant la deuxième place du marché national, pour ne plus la quitter.

LE TEMPS DES AILERONS

1950 vit l'arrivée du coupé Newport hardtop, suivant l'exemple de la GM. Cette année-là Plymouth recula en quatrième position, mais reprit la troisième place dès 1951. Au même moment Chrysler changeait de président avec la nomination de Lester Tex Colbert, un avocat entré chez Chrysler dès 1933 comme juriste à demeure. Colbert acquit ensuite une formation technique et se fit une réputation pendant la guerre en dirigeant l'usine Dodge de Chicago, qui fabriquait les bombardiers B-29. Après la nomination de Colbert, K.T. Keller restaura à son profit le poste de président du conseil d'administration ; il l'occupera jusqu'à sa retraite en 1956 (dirigeant en même temps le programme de fusées militaires des États-Unis).

Tex Colbert était persuadé, à bon droit, que la relative défaveur de Chrysler dans le public tenait à ses carrosseries, qu'il devenait urgent de rajeunir. Pour ce travail dont dépendait l'avenir de la firme il fit appel au styliste Virgil Exner, entré chez Chrysler en 1949. Exner avait fait ses débuts au département *Art & Colours* de la GM, puis il était passé chez Pontiac, dont il avait dirigé le bureau de dessin de 1934 à 1938. Il avait quitté ensuite la GM pour rejoindre Raymond Loewy à l'usine Studebaker de South Bend. Il y resta jusqu'à ce que K.T. Keller le fasse entrer chez Chrysler en 1949. Pendant quatre ans il dessina surtout des carrosseries horssérie. Elles étaient ensuite exécutées chez Ghia, en Italie, puis exposées dans des salons, afin d'attirer l'attention du public sur la firme. La nomination en 1953 de Virgil Exner comme styliste en chef de la Chrysler Corp. allait inaugurer une ère nouvelle, en renouvelant complètement l'image de la marque.

En 1951 réapparurent une fois de plus les modèles 1949. Ils cachaient pourtant une surprise de taille : le nouveau moteur Chrysler V8, le célèbre *Hemi*, le plus puissant moteur américain de l'époque. Ce V8 de 5,4 litres était annoncé pour 180 ch. Avec sa culasse hémisphérique il était plus cher à construire, mais donnait un meilleur rendement que ses rivaux. Le six-cylindres de 4,1 litres poursuivait cependant sa carrière.

Les ventes de Chrysler continuèrent à surpasser celles de Ford en 1950 et 1951 mais, en 1952, Ford prit l'avantage et relégua Chrysler au troisième rang. Le groupe ne devait jamais retrouver la place qu'il avait occupée dans les années 30. En 1953 Exner exécuta quelques discrètes retouches de carrosserie et les ventes, aidées par la fin de la guerre de Corée, atteignirent le chiffre-record de 1,27 million de voitures. En 1954, à peu près tous les modèles bénéficièrent de la nouvelle transmission automatique Powerflite, mais ce fut pourtant une mauvaise année pour Chrysler. Le groupe améliora malgré tout son potentiel de fabrication, en rachetant pour 75 millions de dollars la Briggs Motor Body Company qui fabriquait des carrosseries.

En 1955 la gamme Chrysler se ramenait à deux modèles de base : Windsor et De Luxe, mais le six-cylindres en ligne était enfin supprimé pour être remplacé par un V8 Hemi de 4,9 litres. Cette fois cependant, les dirigeants de Chrysler avaient donné carte blanche à Virgil Exner. Celui-ci avait aussitôt adapté à la grande série ses exercices de style pour Ghia. Une de ses plus belles réussites était la Chrysler 300. C'était la riposte de la firme à la Ford Thunderbird, avec sous le capot une version du *Hemi* annoncée pour 300 ch. La 300, construite en petite série seulement, ne trouva que 1 725 acheteurs la première année. Elle se révéla cependant une des plus remarquables voitures américaines des années 50, aussi bien par ses lignes que par ses performances. Le problème de Tex Colbert fut dès lors de soutenir la vitesse acquise.

La cylindrée du V8 fut portée à 5,8 litres en 1956. Il développait maintenant 355 ch dans sa version la plus puissante, celle qui équipait la 300B. Sous cette forme la 300B

CHRYSLER

domina les épreuves NASCAR (*National Stock Car :* épreuves réservées aux voitures de série), rehaussant ainsi l'image de marque de Chrysler. Mais la prestigieuse 300B ne totalisa que 1 102 exemplaires vendus en 1956. Les autres modèles bénéficiaient d'une transmission automatique commandée par bouton-poussoir et d'ailerons à divers stades de croissance.

À bien des égards, 1957 fut une « année Chrysler », avec l'introduction du style *Flite Sweep* (en flèche), aux ailerons démesurés. Les ventes de Plymouth dépassèrent de 200 000 voitures celles de l'année précédente, et la marque reprit la troisième place du classement national. L'année 1957 vit aussi réapparaître le nom Saratoga, après six ans d'absence. La 300C bénéficiait quant à elle d'une cylindrée portée à 6,4 litres, avec une puissance pouvant aller jusqu'à 390 ch. Côté mécanique, Chrysler renouait avec sa tradition d'innovation technique, en introduisant une nouvelle suspension avant à barres de torsion baptisée *Torsion-Aire !* La transmission automatique *TorqueFlite* était, elle aussi, perfectionnée.

En 1958 et 1959 Exner, désormais semble-t-il à court d'inspiration, se borna à augmenter la surface des chromes et le développement des ailerons. L'année 1959 fut marquée par la suppression du moteur Hemi, remplacé par un nouveau V8 avec soupapes alignées et non plus en V, proposé en deux cylindrées au choix : 6,3 ou 6,8 litres. En 1960 Tex Colbert céda sa place à la tête du groupe à son collègue William C. Newberg, et prit quant à lui le poste de *Chairman.* Newberg était entré chez Chrysler en 1942 et, de promotion en promotion, était devenu président de Dodge, puis vice-président du groupe. Malheureusement, peu après sa nomination à la présidence on découvrit qu'il avait fait quelques placements financiers chez plusieurs fournisseurs de Chrysler, et il fut contraint de démissionner, après n'être resté que deux mois en fonction. Colbert réoccupa donc son fauteuil en juillet 1960.

Les modèles 1960 se distinguaient des précédents par leur carrosserie auto-porteuse, sans châssis séparé, selon la technique adoptée par la majorité des constructeurs européens. Ces

La remarquable 300 de 1955 marqua le réveil de Chrysler. Avec les 300 ch de son V8 « Hemi » de 5,4 litres à culasse hémisphérique, elle pouvait prétendre être la plus puissante voiture de série de l'époque. Ses lignes simples et équilibrées, dues à Virgil Exner, étaient un argument supplémentaire. La 300 resta pourtant un modèle confidentiel, avec seulement 1 725 exemplaires vendus la première année, au prix de $ 4 110.

CHRYSLER 300 (1955)	
MOTEUR	**CHÂSSIS**
Cylindres : 8 en V	Construction : plate-forme à caissons
Alésage et course : 96 × 91 mm	Empattement : 3,20 m
Cylindrée : 5 424 cm³	Voie avant : 1,549 m
Distribution : soupapes en tête, poussoirs et culbuteurs	Voie arrière : 1,524 m
Taux de compression : 8,5 à 1	Suspension avant : roues indépendantes, ressorts hélicoïdaux
Alimentation : 2 carbu. inversés	Suspension arrière : essieu rigide, ressorts à lames
Puissance : 300 ch à 5 200 tr/mn	Freins : tambours
Boîte de vitesses : automatique, 3 rapports	
Vitesse de pointe : 200 km/h	

coques se montraient plus légères et plus rigides mais aussi, au moins au début, plus sensibles à la corrosion. La publicité les présenta sous le nom de *Unibody* (carrosserie unitaire). C'est également en 1960 que le groupe introduisit sa « compacte » : la Plymouth Valiant, avec un nouveau six-cylindres de 2,8 litres. Cette année fut la dernière pour la marque De Soto. Son usine avait été reprise en 1955 par Imperial, devenu une marque à part entière. Elle restera en activité jusqu'à ce que la crise de l'énergie entraîne sa fermeture en 1975.

Tex Colbert dut à son tour démissionner en juillet 1961, un an seulement après son retour au fauteuil présidentiel, à la suite précisément de critiques concernant son rôle dans l'affaire Newberg. Il fut remplacé par Lynn A. Townsend, ancien administrateur et vice-président. Comptable de profession, Townsend avait commencé par travailler pour les contrôleurs financiers de Chrysler. En 1957, K.T. Keller avait fait appel à lui pour supprimer quelques anomalies dans les rouages financiers du groupe. En s'inspirant des méthodes appliquées par la GM et Ford, il avait nettement amélioré la gestion du groupe tout entier.

Townsend prenait les commandes à une époque cruciale pour Chrysler. L'économie américaine se trouvait en pleine euphorie. Les voitures continuaient à être chaque année plus longues et plus puissantes que l'année précédente, et Chrysler poursuivait cette politique qu'elle avait elle-même contribué à lancer dans les années 50. Townsend décida également que Chrysler devait prendre pied en Europe, à l'exemple de Ford et de la GM. Dès 1958 Chrysler avait acquis 25 % des actions de Simca en France. Cette part fut portée à 63 % en 1963. En 1964 Chrysler racheta 30 % des actions anglaises du groupe Rootes, qui se trouvait alors bien mal en point. Trois ans plus tard, la firme américaine prit le contrôle complet de cette firme.

Déficitaire au début des années 60, Chrysler redevint bénéficiaire en 1963 et 1964. À ce moment Townsend fit dessiner un nouvel emblème pour le groupe : une étoile blanche à cinq branches sur fond bleu, symbolisant la renaissance de la firme.

Chrysler était resté fidèle aux ailerons, plus longtemps que les autres Grands de Detroit. En 1962 ils furent sérieusement rognés. Ce fut la dernière année de Virgil Exner comme chef styliste de Chrysler. Il fut remplacé à ce poste par Elwood Engel, qui venait de chez Ford. Exner comptait quelques réussites exceptionnelles à son actif, mais aussi plusieurs réalisations discutables. Il quittera Chrysler deux ans plus tard. L'influence du tandem Exner-Colbert continua pourtant à se

CI-DESSUS La dernière De Soto sortit en décembre 1960. Ces modèles 1961, construits en petite quantité, étaient soit des berlines, soit des coupés comme celui montré ici, tous équipés du V8 de 5,9 litres. L'usine De Soto fut ensuite affectée à la fabrication des Imperial.

A DROITE Plus petite et plus légère, mais avec cependant un aspect massif et rassurant, la nouvelle carrosserie « R » de Chrysler se retrouvait sur la luxueuse New Yorker Fifth Avenue. Ce modèle de prestige, vendu $ 10 026, n'était pas le moyen de transport idéal en pleine crise de l'énergie, après 1979.

CHRYSLER NEW YORKER (1979-1981)
MOTEUR
Cylindres : 8 en V
Alésage et course : 86 × 104 mm
Cylindrée : 3 687 cm³
Distribution : soupapes en tête, poussoirs et culbuteurs
Taux de compression : 8,4 à 1
Alimentation : 1 carbu. inversé
Puissance : 110 ch à 3 600 tr/mn
Boîte de vitesses : automatique, 3 rapports
CHÂSSIS
Construction : autoporteuse
Empattement : 3,01 m
Voie avant : 1,549 m
Voie arrière : 1,574 m
Suspension avant : roues indépendantes, barres de torsion
Suspension arrière : essieu rigide, ressorts à lames
Freins : disques à l'avant
Vitesse de pointe : 150 km/h

CHRYSLER

faire sentir jusqu'en 1965, car il fallait mener à bien les projets déjà lancés. En 1961 les deux hommes avaient lancé la Newport, qui allait être pendant dix ans le cheval de bataille de Chrysler. Elle avait sous son capot un V8 de 5,9 litres, dont la cylindrée fut portée en 1965 à 6,3 litres. La voiture expérimentale à turbine Engelbird ne fut, quant à elle, construite qu'à 50 exemplaires pour juger des réactions des clients. Fabriquée chez Ghia en Italie, elle servit surtout à donner de Chrysler une image flatteuse, la faisant apparaître comme une entreprise dynamique et tournée vers l'avenir.

Hélas, c'était loin d'être la vérité. En fait tout au long des années 60 Chrysler construira des voitures vastes et puissantes, mais tout à fait classiques, et destinées à une clientèle ni jeune ni exigeante. On n'y voyait aucune trace de la vitalité de Ford, ni le dynamisme de Buick ou de Pontiac, s'efforçant de séduire la génération des clients nés depuis la guerre. Quand Chrysler sortait de son immobilisme, ce n'était le plus souvent que pour répondre à une initiative de la concurrence. Bref, il n'y avait rien de changé. Ceci dit, Townsend parvint tout de même à porter la part de Chrysler dans le marché américain de 10 % en 1962 à plus de 18 % en 1968. Cette année et la suivante marquèrent une époque faste pour la marque. En 1969 la Town and Country, qui n'était jusque-là qu'une variante de la Newport, redevint un modèle à part entière.

La 300, dont la décadence avait commencé dès la fin des années 50 avait été finalement supprimée en 1966. En 1970 Chrysler présenta le coupé Cordoba basé sur la berline Newport, et proposé avec le plus gros des V8, 7,1 litres de cylindrée. Ce fut aussi l'année du retour de la 300 sous la dénomination 300H, de même conception que la Cordoba, mais moins luxueuse, avec des roues et une peinture spéciales.

En 1967 Lynn Townsend abandonna son siège de président pour devenir *chairman*. Il fut remplacé par Virgil Boyd qui lui-même dut céder la place dès 1970 à John Riccardo. Les temps s'annonçaient durs pour Chrysler, resté fidèle au concept de la grosse voiture et qui se trouva de ce fait sans défense à l'arrivée de la crise de l'énergie en 1973. Les modèles de l'année suivante étaient toujours aussi vastes avec des moteurs de 6,5 ou 7,1 litres de cylindrée. Les ventes de Chrysler baissèrent de 25 %, mais Dodge et Plymouth se défendirent mieux.

L'histoire se répéta en 1975. Townsend préféra réduire son personnel, plutôt que ses prix. Résultat : Chrysler se retrouva en janvier avec 300 000 voitures invendues. Plymouth obtint cette année-là ses plus mauvais résultats depuis 1962. Lynn Townsend dut alors abandonner son poste de *chairman*. Il fut remplacé par John Riccardo, tandis que Eugene A. Cafiero devenait le nouveau président de la Chrysler Corp. Pour 1976 les gros V8 furent équipés d'un dispositif électronique réduisant la consommation. Les ventes marquèrent quelques progrès, mais le seul modèle montrant des signes de vitalité était la Cordoba, basée sur la Dodge Charger avec un V8 de 5,2 litres. C'était à peu près le seul atout de la marque dans cette période de marasme.

En 1976 Dodge et Plymouth présentèrent leurs nouveaux modèles Aspen et Volare, mais ils présentaient des problèmes de corrosion, qui n'améliorèrent pas la réputation de Chrysler aux yeux du public. Une compacte de luxe, la Chrysler Le Baron vit le jour en 1977, avec un six-cylindres de 3,7 litres. Elle se vendit bien, de même que son homologue la Dodge Diplomat. Plus importante sans doute pour l'avenir du groupe

fut l'arrivée des « sub-compactes » Dodge Omni et Plymouth Horizon. Ces modèles étaient à traction avant mais, faute de disposer d'un moteur convenable, Chrysler dut les équiper d'un quatre-cylindres Volkswagen de 1 100 cm³.

La crise de l'énergie obligea néanmoins Chrysler à se décharger de ses filiales européennes. Elles furent reprises par Peugeot, devenu du jour au lendemain le plus important constructeur français. Au printemps 1979 les remous politiques en Iran amenèrent un redoublement de la crise. Chrysler, qui avait enregistré un déficit de 205 millions de dollars en 1978, perdit 1,1 milliard l'année suivante. Le groupe fut le seul des trois Grands à être déficitaire cette année-là. John Riccardo résolut alors de demander l'aide du gouvernement. Le président Carter annonça cependant que cette aide consisterait simplement en une garantie officielle pour des emprunts privés.

À ce moment Chrysler avait déjà en réserve un nouveau président : en novembre 1978, Lee Iacocca avait rejoint le groupe. Nous verrons les détails de sa carrière dans le chapitre consacré à Ford. Il suffit de savoir qu'après son départ brusqué de chez Ford, en juillet 1978, Iacocca reçut la proposition de prendre la place de Riccardo à la présidence de Chrysler. Dès son arrivée il mit à la porte la plupart des dirigeants pour les remplacer par des anciens de chez Ford (dont quelques-uns étaient déjà en retraite).

La crise de l'OPEP faillit porter le dernier coup à Chrysler. Il y eut de sérieuses réticences de la part du gouvernement fédéral pour apporter une garantie officielle aux emprunts effectués par le groupe. Mais l'énergie de Iacocca eut finalement raison de tous les opposants. Chrysler obtint une aide gouvernementale de 3,5 milliards de dollars.

La nouvelle arriva en décembre 1979, après la présentation des modèles 1980. On y remarquait une nouvelle Cordoba, plus courte et plus légère que la première du nom. Les véritables nouveautés n'apparurent cependant qu'en 1981. Il s'agissait des voitures « K », à traction avant et moteur de 2,2 litres à arbre à cames en tête. Elles étaient vendues sous les noms de Plymouth Reliant et Dodge Aries. C'était les premières quatre-cylindres construites par Chrysler depuis 1928. Les ventes de la première année restèrent en deçà de l'objectif : 410 000 voitures au lieu des 600 000 espérées, mais c'était quand même un bon départ. On vit réapparaître en même temps l'Imperial, disparue depuis 1975, maintenant basée sur la Cordoba, avec une nouvelle version à injection du V8 de 5,2 litres, et toujours de ce fait à propulsion arrière. Elle n'eut qu'un maigre succès avec 7 225 exemplaires vendus pour

CHRYSLER

CI-DESSUS En 1978 Chrysler évoqua le souvenir des légendaires Town and Country, au profit du break Le Baron. Ces modèles, proposés avec les moteurs six-cylindres ou V8, n'eurent pas particulièrement la faveur des clients. L'idée fut reprise en 1983, avec un cabriolet sans doute mieux réussi.

EN HAUT Chrysler revint au cabriolet en 1982 avec le modèle Le Baron, puis les Dodge 400 et 600, dont on voit ici la version 1986 : c'est une traction-avant à moteur quatre-cylindres de 2,2 ou 2,6 litres, avec ou sans turbocompresseur.

CI-DESSUS Chrysler conclut des accords avec Mitsubishi pour vendre sous son nom, aux États-Unis, des modèles de la firme japonaise. C'est ainsi que le break Mitsubishi Chariot à quatre roues motrices est commercialisé par Chrysler sous la dénomination de Plymouth Colt.

cette première année.

En 1982 Chrysler présenta une nouvelle Le Baron, basée elle aussi sur la voiture K Aries-Reliant, mais avec une suspension modifiée et un équipement plus luxueux. Les subcompactes recevaient, elles aussi, leur part d'améliorations. Cette année-là Chrysler fut malheureusement aussi obligé de céder à la General Dynamics sa très profitable filiale construisant des chars d'assaut. C'est une opération que Iacocca exécuta bien à contre-cœur et qui montrait que Chrysler était encore loin d'être tiré d'affaire. Ce n'est qu'en 1983, une fois remboursés (avant les délais) les prêts gouvernementaux, que Iacocca put annoncer un bénéfice qui s'élevait au chiffre record de 925 millions de dollars, le plus élevé dans l'histoire de la corporation. Chrysler n'a pas cessé depuis lors d'être bénéficiaire.

Les modèles actuels comprennent les Le Baron, Laser, New Yorker et Executive, tous à traction avant, la luxueuse Fifth Avenue étant la dernière tenante de la propulsion arrière. Le *minivan* présenté en 1982 rencontre un grand succès, au point de susciter des imitations chez Ford et Chevrolet. 62 ans après sa fondation, malgré des hauts et des bas, Chrysler fait encore partie du club très fermé formé par les trois « Grands » de Detroit.

FORD

Bien des Américains sont persuadés que c'est Henry Ford qui a inventé l'automobile. Ils n'ont pas tout à fait tort. Si le monde c'est l'Amérique aucun homme, plus que Henry Ford, ne peut prétendre avoir mis « le monde sur roues ». Dès 1906 il vendait plus de voitures que n'importe quel autre constructeur aux États-Unis. En 1908, il « tape dans le mille » avec sa Modèle T, bientôt surnommée *Tin Lizzie*. Destinée avant tout à l'homme de la rue ou de la campagne, elle fera la conquête du marché américain et sera vendue dans à peu près tous les pays du monde. En 1913, Henry Ford invente la fabrication à la chaîne. Le prix de la « T » descend de plus en plus bas et sa production monte de plus en plus haut. En 1922, elle surpasse pour la première fois le million d'exemplaires construits dans l'année. Ce chiffre est pratiquement doublé l'année suivante ! La production faiblit ensuite peu à peu et finit par s'interrompre en 1927, après que 16 561 000 exemplaires aient été construits dans le monde entier en 19 ans. L'usine Ford ferme alors ses portes pendant sept mois, pour préparer l'arrivée de son successeur : le modèle « A ». Entre-temps la General Motors avait pris de l'avance et Ford ne put jamais vraiment retrouver son ancienne suprématie. Aujourd'hui Ford continue à satisfaire les besoins de l'automobiliste américain.

Comme la plupart des acheteurs de son Modèle T, Henry a des origines paysannes. Il naît à Dearborn dans le Michigan près de Detroit, le 20 juillet 1863. Son père, William, avait quitté son Irlande natale en 1847, parmi les nombreux émigrés fuyant les effets de la Grande Famine. William Ford avait suivi son père John qui débarqua au Québec, puis passa aux États-Unis où il travailla d'abord dans les chemins de fer du Michigan avant de prendre un emploi dans la ferme d'un compatriote, Patrick Ahern. William Ford se maria avec Mary, fille adoptive de Ahern, et fit souche à Dearborn, construisant sa maison de ses propres mains et se faisant fermier. Henry fut leur premier enfant, et ils en eurent sept autres. Mary Ford mourut peu après la naissance de son huitième enfant qui ne vécut pas. Henry était alors âgé de 12 ans.

Le cabriolet Ford Thunderbird de 1957.

Henry Ford passa son enfance dans un milieu campagnard, rude sans être misérable. Très tôt il dut aider son père, ramassant les pommes de terre et cueillant les fruits. Mais le travail à la ferme n'était pas de son goût. Il fut certainement ravi d'être envoyé à l'école, à l'âge de 7 ans. Henry s'aperçut pourtant qu'il ne serait jamais un bon élève. Très tôt il avait montré son goût pour la mécanique. Il devait se rappeler plus tard : « Ma mère disait que j'étais né pour être mécanicien ». Tous les types de mécanisme le passionnaient, particulièrement les montres qu'il démontait et remontait sans se tromper. Il se constitua lui-même une collection d'outils, fabriquant ses tournevis avec des aiguilles à tricoter. Comme il le dira plus tard : « Les outils étaient mes seuls jouets ». Il sut en faire bon usage.

En 1876, alors qu'il avait douze ans, il fit la rencontre qui devait décider de son existence. Il se trouvait avec son père dans une voiture à cheval quand ils croisèrent un tracteur à vapeur. C'était le premier que voyait le jeune garçon et, avant que son père puisse le retenir, il sauta à terre et engagea avec le mécanicien une conversation passionnée. Cette expérience lui fit un tel effet que bien des années plus tard, alors qu'il était devenu le plus puissant industriel du monde, il conservait dans son bureau une photo de la machine à vapeur, « car c'était elle qui lui avait apporté la révélation de l'automobile ».

Henry dut peu après quitter l'école pour aider son père dans la ferme familiale. Mais le travail agricole l'intéressait moins que jamais. Régulièrement il couvrait à pied les 13 km qui le séparaient de Detroit pour compléter son outillage d'horloger, ou bien observer une mécanique quelconque. En 1879, âgé de seize ans, il décida qu'il deviendrait mécanicien et prit ses quartiers chez sa tante qui habitait à côté de Detroit. Il eut d'abord un emploi à la Michigan Car Company qui fabriquait des tramways. Il n'y resta que six jours avant d'être mis à la porte, probablement à cause de sa curiosité excessive. Il eut plus de chance avec son deuxième employeur qui le garda neuf mois : la James Flower and Company, spécialisée dans la fonderie et l'usinage du bronze et du cuivre. En août 1880, le jeune Henry reprit sa liberté pour entrer aux Detroit Dry Dock Works, les plus importants constructeurs de bateaux de la ville.

C'est là qu'un ami lui prêta une revue anglaise intitulée *World of Science* (Monde de la Science). Il put y lire un article de Nicholas Otto sur le cycle à quatre temps dans les moteurs à gaz, qui posait les bases du moteur à combustion interne tel qu'il sera utilisé dans les automobiles. Ford aussitôt lut tout ce qu'il put trouver sur ce nouveau type de moteur. Il se plongea dans le *Scientific American* et rechercha les vieux numéros du *World of Science*. Aux Detroit Iron Works il impressionna ses collègues en se montrant capable de réparer un moteur à gaz « sur lequel personne dans la ville ne savait rien ». Il suivit aussi des cours à l'école commerciale de la ville, ce qui dut lui poser quelques difficultés.

Nanti d'une solide formation mécanique, Henry retourna en 1884 à la ferme familiale. Non pas, comme il l'avoua plus tard, qu'il ait décidé de devenir fermier : il était désireux, maintenant qu'il était un mécanicien accompli, de passer au stade expérimental. Son père lui concéda 16 hectares de terrain que Henry défricha avant de construire dessus une maison en rondins, en ayant soin de ne pas oublier l'atelier. Il vendit le reste du bois abattu et s'installa comme fermier pendant les sept années qui suivirent. Ceci nous amène en 1891 : il prit alors un emploi à $ 45 par mois comme mécanicien à la Edison Illuminaging Company de Detroit (Compagnie d'éclairage Edison). Il s'était marié en 1888 avec Clara Bryant, son amie d'enfance. Le couple aura un fils, Edsel, en novembre 1893.

Henry et Clara louèrent dans Bagley Avenue, à Detroit,

une maison qui avait séduit Henry à cause de son appentis en brique. Tout en gagnant sa vie à la Compagnie Edison, Henry consacrait tout son temps libre à la fabrication d'un moteur expérimental à combustion interne, qui fonctionna pour la première fois la veille de Noël 1893. Henry Ford se lança alors dans la construction d'une voiture complète. Ce ne fut pas une tâche facile, car il devait fabriquer à peu près toutes les pièces à la main. Il lui fallut trois ans pour la mener à bien. Quand sa première voiture fut finalement prête à prendre la route, il dut démolir le mur de son atelier pour la sortir !

LA PREMIÈRE FORD

La première automobile Ford avait un moteur bicylindre de 0,75 HP. Il accomplit avec elle environ 1 500 km, puis la revendit à un habitant de Detroit. Ce fut la première voiture vendue par Henry Ford. L'argent de la vente fut réinvesti dans la construction d'une seconde voiture, terminée en 1898. Ford, à ce moment, songeait déjà à devenir constructeur d'automobiles. Il manquait cependant de temps pour expérimenter ses idées. Le fait d'avoir construit deux automobiles en état de marche lui permit d'obtenir le soutien financier de William H. Murphy, qui s'était enrichi dans le commerce du bois et les transactions immobilières. Henry était encore à ce moment un employé de la compagnie Edison. Comme il le dit plus tard : « Le 15 août 1899 je quittai mon emploi pour devenir constructeur d'automobiles ». Malheureusement cette première tentative commerciale ne fut pas un succès. La Detroit Automobile Company, c'était son nom, ne produisit qu'une poignée de voitures, car Ford perfectionnait sans arrêts ses conceptions. Pour faire parler un peu de sa firme, Ford construisit une voiture de course bicylindre de 26 HP, ce qui

FORD

n'empêcha pas la Detroit Automobile Company d'être dissoute. L'éphémère Henry Ford Motor Company, qui lui succéda en 1901, eut le même sort. Selon ses propres termes : « En mars 1901 je donnai ma démission, bien décidé à ne plus subir les ordres de qui que ce soit ». Les dirigeants, désireux de récupérer leur investissement, s'adressèrent à Henry Leland et la Cadillac Automobile Company s'éleva des cendres de l'ancienne Ford Company (voir le chapitre consacré à Cadillac).

Pendant ce temps Ford avait trouvé un nouveau commanditaire en la personne d'Alexander Malcolmson, le plus important négociant en charbon de Detroit. En 1902 Ford construisit d'abord deux voitures de course, baptisées *Arrow* et *999*, dotées d'un monstrueux quatre-cylindres de 16,7 litres. Au volant de l'*Arrow*, Henry Ford établit lui-même en janvier 1904 ce qu'il pensait être un nouveau record du monde de vitesse à 147 km/h. Mais la tentative ayant eu lieu sous le contrôle de l'American Automobile Association, qui n'était pas reconnue par l'ACF, ce record ne fut pas homologué officiellement. Quoi qu'il en soit, Ford fit suffisamment parler de lui avec ses voitures de course pour pouvoir fonder, le 16 juin 1903, la Ford Motor Company. Notre homme tenait déjà prêt un nouveau modèle de voiture de tourisme, qu'il avait étudié avec la collaboration de Childe Harold Wills, dessinateur publicitaire aux talents divers, qui employait ses loisirs à étudier la métallurgie, la chimie et la mécanique. Le prototype de la Ford modèle A à moteur bicylindre de 1,7 litres avait été terminé dès novembre 1902.

Le capital prévu pour la nouvelle compagnie était de $ 100 000, mais il n'y eut que $ 28 000 de souscrits. Les investisseurs étaient sans doute tenus à distance par l'échec de la précédente tentative commerciale de Ford. L'annonce du modèle A n'attira d'abord aucun client. En juillet 1903, la firme n'avait plus que $ 223 40c en banque. Presque tout le capital avait été absorbé dans la sous-traitance des pièces qui constituaient la voiture. La petite usine de Mack Avenue à

A GAUCHE Conflit des générations : Henry Ford et son fils Edsel. Leur bonne entente n'était qu'une façade. En fait Henry Ford resta le seul maître de ses usines dans les années trente. On les voit ici visitant une aciérie en cours de construction, à Rouge River.

CI-DESSOUS Le modèle A de 1903-1904. Son moteur avait deux cylindres horizontaux d'une cylindrée de 1,7 litre.

Detroit n'était en effet rien de plus qu'un atelier de montage. Enfin, le 15 juillet 1903 le docteur E. Pfennig, de Chicago, passa commande d'un modèle A au prix de $ 850. Ford avait dès lors le pied à l'étrier. En avril 1904, il avait vendu 658 voitures. Le succès parut assez encourageant pour justifier la construction de nouveaux ateliers à l'angle des avenues Beaubien et Piquete. C'est là que furent transférées les activités fin 1904.

À ce moment Ford avait cessé de s'entendre avec son associé Malcolmson. En novembre 1905 il créa la Ford Manufacturing Company, théoriquement pour la fabrication de pièces des voitures de la firme, mais en réalité pour se débarrasser du marchand de charbon, ce qui fut fait. Pendant ce temps la gamme des modèles Ford avait commencé à s'étendre. Le modèle B de 1904 avait le premier quatre-cylindres de la marque (de 4,5 litres de cylindrée). En 1906 arriva le modèle K six-cylindres de 6,8 litres, modèle de luxe qui n'eut pas de succès et dégoûta définitivement Ford de cette configuration. Les modèles N, R et S heureusement se vendirent mieux, avec leur quatre-cylindres de 2,5 litres, et permirent à Ford de devenir la marque la plus vendue aux États-Unis en 1906.

C'est la même année que Ford commença l'étude du modèle qui devait succéder à la N. Cela se passait dans un coin du troisième étage de l'usine, où l'on avait cloisonné un espace juste assez grand pour Ford et son équipe. On y voyait un tableau noir, où les croquis de Ford étaient mis au net par Joseph Galamb, ingénieur d'origine hongroise, Childe Harold Wills et Ed « Spider » Huff, un collaborateur de la première heure. Henry dirigeait leur travail, installé dans l'ancien fauteuil à bascule de sa mère. C'est ainsi que naquit la Ford T.

L'élément le plus remarquable du modèle T était son moteur. C'était un quatre-cylindres de 2,9 litres, dont la conception bouleversait les normes de l'époque. Jusque-là les mo-

La légendaire Ford T aux allures d'araignée se montra d'une étonnante robustesse. Elle resta en fabrication de 1908 à 1927, et dépassa les quinze millions d'exemplaires vendus sans modification essentielle.

FORD MODÈLE T (1908-1927)
MOTEUR
Cylindres : 4 en ligne
Alésage et course : 95 × 101 mm
Cylindrée : 2 884 cm³
Distribution : soupapes latérales
Alimentation : 1 carbu. droit
Puissance : 20 ch à 1 800 tr/mn
Boîte de vitesses : épicycloïdale, 2 rapports
CHÂSSIS
Construction : longerons et traverses en U
Empattement : 2,540 m
Voie avant : 1,422 m
Voie arrière : 1,422 m
Suspension avant : essieu rigide, ressorts à lames
Suspension arrière : essieu rigide, ressorts à lames
Freins : tambours
Vitesse de pointe : 65 km/h

Ford

Vue de l'usine Ford de Highland Park, à Detroit, illustrant la grande innovation de Henry Ford : la fabrication en chaîne, qui a débuté en 1914. La photo a été prise depuis la plate-forme surélevée qui alimente la chaîne en radiateurs. Les châssis viennent de recevoir leur tablier.

teurs étaient construits à partir de deux éléments principaux : le carter de vilebrequin en alliage léger, et le ou les blocs-cylindres. Le moteur de la T, pour simplifier sa fabrication, avait un bloc-cylindres d'un seul tenant avec le carter de vilebrequin, coulé en fonte. Pour faciliter le rôdage des soupapes, qui à l'époque s'imposait périodiquement, Henry Ford eut l'idée révolutionnaire de rendre la culasse détachable (à l'époque les blocs-cylindres étaient « borgnes »). A Spider Huff revient l'adoption du volant magnétique pour l'allumage. La classique boîte de vitesses Ford à planétaires était accolée au moteur, là encore pour simplifier la fabrication.

Le compact ensemble moteur-boîte était installé dans un châssis très simple avec suspension à ressorts à lames, transversaux à l'avant comme à l'arrière, l'essieu avant étant maintenu par des bielles triangulées et le pont arrière par un tube de poussée. Une fois terminée, la Ford T pesait exactement 760 kg : pour être à la fois plus solide et plus léger (donc moins cher à fabriquer), un maximum de pièces étaient façonnées en acier au vanadium. Pour la première sortie, Ford prit avec lui George Holley, qui avait dessiné le carburateur de la voiture, et ils descendirent tous les deux à Detroit passer sous les fenêtres d'Alexander Malcolmson en signe de triomphe.

Ford considérait sa T comme la voiture universelle. Elle entra en fabrication le 1er octobre 1908. Pour souligner sa vocation mondiale, sa présentation officielle eut lieu au Salon de Londres, en novembre 1908. La T eut aussitôt un tel succès, bien qu'elle fût loin d'être bon marché à $ 950, que dès 1909 Henry Ford décida d'abandonner tous les autres modèles pour concentrer ses efforts sur la T. Le directeur commercial de Ford, James Couzens, avait commencé par être le chargé d'affaires de Malcolmson. Couzens savait que la vraie place de la T était dans le marché de la voiture économique, avec un prix d'achat ne dépassant pas $ 600. Le problème était que la T n'était pas une voiture économique à fabriquer : il fallut même porter son prix de vente à $ 900 en 1909. Ford ne voulait pas transiger sur la qualité. Pour baisser son prix, il n'y avait qu'un seul moyen : trouver une nouvelle manière de la fabriquer.

Heureusement, en 1910 la croissance de Ford Motor Company fut telle qu'il fallut construire une nouvelle usine sur un terrain de 24 hectares, au Highland Park de Detroit. Cette usine allait devenir une des merveilles du monde automobile. C'est là, en avril 1913, qu'une première mesure fut prise pour accélérer la fabrication de la T, en mettant en place un convoyeur dans l'atelier de montage du volant magnétique. L'expérience fut si bien couronnée de succès, que Ford et son équipe appliquèrent la même méthode au châssis tout entier du modèle T.

LE DÉBUT DE LA CHAÎNE

À cette époque, la T était construite selon les méthodes traditionnelles, sur un emplacement stationnaire. Il fallait dans ces conditions 12 heures et 28 minutes pour assembler une voiture complète. On tenta une expérience en tirant simplement avec une corde et un treuil un châssis à travers les ateliers. Les résultats se montrèrent suffisamment encourageants (le temps de montage était diminué de moitié), pour que Ford mette en place la première chaîne de montage du monde. Elle

À GAUCHE Une Ford T de 1914 : l'importante garde au sol lui permettait de rouler sur les chemins sillonnés d'ornières, qui étaient encore de règle à l'époque. Le décoratif radiateur en laiton fut remplacé en 1917 par un modèle en tôle peinte, plus économique à construire.

À DROITE La Ford T céda, enfin, la place en 1927 à la Ford A. Contrairement au précédent le nouveau modèle était de conception très classique, avec des freins sur les quatre roues et une boîte de vitesses à trois rapports. Cette berline était désignée *Fordor*, c'est-à-dire quatre-portes. Son prix était fixé à $ 600.

entra en fonctionnement début 1914, et le temps de fabrication fut réduit à 1 heure 33 minutes. La production s'élevant, le prix tomba à $ 450 et, par la suite, malgré quelques augmentations momentanées, descendit régulièrement jusqu'à atteindre son minimum absolu en 1925 avec $ 290, ce qui était certainement une bonne affaire pour l'acheteur.

C'est la fabrication en chaîne qui donna à la *Tin Lizzie* sa couleur noire. En effet, l'accélération spectaculaire du processus de fabrication ne laissait plus aux peintures traditionnelles le temps de sécher. Seule la laque noire du Japon se montra capable de suivre les nouvelles cadences de production, ce qui donna l'occasion à Henry Ford d'exprimer sa formule la plus fameuse : « Le client peut avoir la voiture de la couleur de son choix, pourvu qu'elle soit noire ». Cette règle resta en vigueur jusqu'en 1926, quand la technologie de la peinture put s'adapter à la vitesse de défilement de la chaîne de fabrication. Ford offrit le choix entre plusieurs couleurs, et la Lizzie s'éclaircit enfin.

Avec ses 248 307 modèles T construits en 1914, Ford avait fabriqué plus de voitures que tout le reste de l'industrie américaine réunie. Il était ainsi devenu le plus grand, et de loin, constructeur du monde. L'un de ses problèmes était cependant que son personnel était en constant renouvellement. C'est pour le retenir qu'il porta d'un seul coup leur salaire, sur la suggestion de James Couzens, à $ 5 par jour (au lieu de $ 2 30 c) et réduisit la journée de travail à huit heures (au lieu de dix). Cette augmentation permettait du même coup aux ouvriers d'acheter... une Ford. Les ouvriers affluèrent à Detroit de tous les coins des États-Unis, pendant que son initiative valait à Ford une publicité flatteuse.

S'étant ainsi assuré une main-d'œuvre plus stable, Ford put avec confiance agrandir ses usines et améliorer sa production. En 1916 celle-ci totalisa 533 921 modèles T, plus du double du chiffre de 1914. Plus étonnant encore, le total de 1917 atteignait 751 287 voitures. Ce résultat bénéficiait cependant de l'entrée en guerre des États-Unis. Ford au début n'avait pas caché ses tendances pacifistes, mis en bon patriote il mit ses énormes ressources à la disposition de la nation. Des milliers de voitures et d'ambulances sortirent de chez Ford, de même que des moteurs d'avion Liberty V12.

Les installations de Highland Park étaient déjà impressionnantes mais celles de Rouge River, commencées en 1916, se montraient encore plus vastes, avec leurs propres quais, leurs hauts-fourneaux et leurs fours à coke. La fonderie, à elle seule, couvrait 12 hectares et était annoncée comme la plus grande du monde. Le rôle du complexe de Rouge River était la fabrication, à partir du minerai amené par bateau, des pièces détachées du modèle T, qui partaient ensuite pour le montage à Highland Park.

À la fin de la Première Guerre mondiale, en 1918, Henry Ford était devenu un héros populaire américain, place qu'il devait conserver jusqu'à sa mort : parti d'une cabane en rondins, il était devenu un des plus grands industriels du monde. En 1919 il devint seul maître de son domaine, après avoir racheté pour 100 millions de dollars les parts de ses co-directeurs. Il avait fait cette manœuvre pour riposter aux frères Dodge qui lui avaient intenté un procès et l'avaient gagné, pour obtenir 19 millions d'arrérages de dividendes, après que Ford eut arbitrairement cessé les paiements en 1914.

L'année 1920 fut difficile pour Ford, comme pour l'industrie tout entière. L'euphorie d'après-guerre s'était vite envolée. En septembre, le prix de la T fut réduit de $ 575 à $ 440. Il y eut pourtant un prêt banquaire de 75 millions de dollars à rembourser début 1921. Ford répliqua en livrant 125 000 voitures à ses concessionnaires et en fermant ensuite ses usines pendant six semaines. Les concessionnaires furent obligés de les payer, bon gré mal gré, et leur argent permit à Ford de traverser sans autre dommage le plus dur de la crise. En juin 1921 le prix du torpédo fut réduit à $ 355. L'année suivante, Ford produisit près d'un million de modèles T et les bénéfices s'élevèrent à 119 millions de dollars. C'est aussi en 1922 que Henry Ford racheta Lincoln (voir chapitre suivant).

La T était le seul modèle construit par Ford, mais elle évoluait progressivement. En 1917 le beau radiateur original en laiton avait cédé la place à une calandre en tôle peinte. Les lignes avaient également évolué dans le sens de la modernisation. Les carrosseries furent surbaissées une fois de plus

FORD MODÈLE A (1927-1931)	
MOTEUR	CHÂSSIS
Cylindres : 4 en ligne	Construction : longerons et traverses en U
Alésage et course : 98 × 106 mm	Empattement : 2,616 m
Cylindrée : 3 277 cm³	Voie avant : 1,422 m
Distribution : soupapes latérales	Voie arrière : 1,422 m
Alimentation : 1 carbu. droit	Suspension avant : essieu rigide, ressorts à lames
Puissance : 40 ch à 2 200 tr/mn	Suspension arrière : essieu rigide, ressorts à lames
Boîte de vitesses : 3 rapports	Freins : tambours
Vitesse de pointe : 100 km/h	

en 1923 avec l'arrivée d'une berline quatre-portes s'ajoutant à la torpédo, au coupé, au *runabout* et à la berline deux-portes qui figuraient déjà au catalogue. Cette gamme fut reconduite en 1924, et les bénéfices restèrent aux alentours de 100 millions de dollars, soit $ 50 par voiture. En 1925 apparurent les désignations *Tudor* (*two-door* : deux-portes) et *Fordor* (*four-door* : quatre-portes) pour les berlines.

Henry Ford était convaincu sans aucun doute que sa *Tin Lizzie* serait éternelle. Mais ce qui avait été une conception révolutionnaire en 1908 commençait à être dépassé par des créations plus récentes. La menace la plus grave venait de Chevrolet, que dirigeait avec compétence « Big Bill » Knudsen, qui avait été un brillant directeur de la production chez Ford, avant de passer à la GM en 1921. Alfred Sloan, devenu en 1923 président de la General Motors, avait décidé de faire de Chevrolet le fer de lance de sa stratégie contre Ford. En prévision de cet assaut, Edsel Ford (devenu président en 1919) avait bien préparé un prototype six-cylindres, mais lorsqu'il l'avait présenté à son père, celui-ci pour toute réponse avait frappé la voiture à coups de hache... En dépit de cet épisode, Henry devait bien admettre que la T commençait à montrer son âge. En 1925 les ventes fléchirent légèrement, avec 1,9 million d'exemplaires, bien que cette année-là le prix du torpédo ait atteint son minimum absolu avec $ 290.

C'est ainsi qu'en 1926 la vieille demoiselle subit une cure de rajeunissement. Une nouvelle gamme de carrosserie fut présentée. Le châssis avait été surbaissé en réduisant la hauteur des ressorts. Les conduites intérieures, le coupé et les berlines offraient enfin le choix entre plusieurs couleurs, bleu, gris ou beige, au lieu de l'inévitable noir. Ces améliorations n'empêchèrent pas pourtant la Lizzie de perdre sa popularité. La production tomba à 1,6 million d'exemplaires. La T eut encore un sursis d'un an. Les modèles 1927 se reconnaissaient à leurs roues à rayons métalliques au lieu du traditionnel bois de hickory. Tous les modèles étaient disponibles en plusieurs couleurs, qui comprenaient en plus le vert ou le marron. Il fallut pourtant que l'intraitable Henry admette l'inévitable : officiellement la « dernière » Ford T fut fabriquée le 31 mai 1927. En fait, 477 748 exemplaires supplémentaires furent

construits au cours de l'été suivant. La modèle T avait été de loin la voiture la plus vendue dans le monde. Elle conserva ce titre jusque dans les années 70, quand elle fut détrônée par la Volkswagen.

Si Henry Ford avait choisi ce moment pour se retirer de sa firme (il avait alors 64 ans), sa gloire serait restée indiscutée et l'Histoire l'aurait salué comme le plus grand constructeur du monde. Malheureusement Ford décida de continuer : en vieillissant, sa personnalité montra ses limites ; elle allait amener finalement sa firme jusqu'aux bords de la ruine. Il commença par faire une extraordinaire erreur en fermant la gigantesque usine Ford pendant sept mois, le temps de préparer le successeur du modèle T. Chevrolet put prendre alors de l'avance et occupa la première place en 1927 et 1928. Ford l'emporta en 1929 et 1930, mais Chevrolet reprit la tête en 1931 et, à quelques exceptions près, l'a toujours conservée.

LA FORD A PREND LE RELAI

La Ford A qui succéda au modèle T était une quatre-cylindres, plutôt que la six-cylindres préconisée par Edsel. Sa conception était beaucoup plus classique que celle de son aînée. Son moteur à soupapes latérales avait une cylindrée de 3,3 litres. La boîte de vitesses était du type classique à trois rapports. Le châssis avec ses ressorts transversaux n'était pas très différent de celui de la T mais, pour la première fois sur une Ford, il y avait des freins aux quatre roues (la Lizzie n'en avait jamais eu à l'avant). La première Ford A fut construite le 20 octobre 1927. D'autres exemplaires suivirent à petite cadence pendant le mois de novembre. Il y eut les inévitables retards de mise au point, mais la célèbre vedette de cinéma Mary Pickford reçut le premier exemplaire de série fin 1927. Il faudra cependant attendre 1928 pour que la fabrication démarre pour de bon. En 1929 la production de Ford dépassa 1,5 million d'exemplaires, chiffre qu'elle ne surpassera que 20 ans plus tard, en 1949, quand la firme aura été complètement restructurée.

La Ford A était proposée en cinq types de carrosserie :

coupé, torpédo, *roadster,* et berline à deux ou quatre portes. Les lignes, où se lisait l'influence d'Edsel, montraient une similitude avec celles des Lincoln, dont la marque avait été rachetée par Ford en 1922. La « A » avait un aspect nettement plus civilisé que la « T », avec son allure dégingandée. Le millionième exemplaire sortit le 4 février 1929. Le succès du modèle s'affirma alors avec une telle vigueur que le second million fut atteint dès le 24 juillet suivant, c'est-à-dire 18 mois seulement après que la fabrication ait débuté. Tous les espoirs semblaient permis, mais en octobre 1929 il y eut le Krach de Wall Street. De plus la concurrence de la six-cylindres Chevrolet et de l'économique Plymouth se faisait menaçante, et Ford commença à perdre du terrain. Henry dut trouver une nouvelle parade.

Abandonnant la politique d'immobilisme appliquée à la T,

Ford

Ford adopta celle utilisée avec une si belle efficacité par la GM, qui renouvelait régulièrement les carrosseries de ses modèles. C'est ainsi que les lignes de la A furent agréablement mises au goût du jour pour 1930. Les formes étaient plus arrondies et les roues plus petites. En 1931 la Ford fut dotée d'une nouvelle calandre. Mais la position de Chevrolet sur le marché devenait de plus en plus solide. Ford comprit le danger : en juillet 1931 il ferma 25 de ses 36 usines de montage aux États-Unis, et licencia 75 000 ouvriers. Il fallait trouver une solution rapide pour redresser la balance des ventes, dans un climat économique aussi hostile. Henry Ford avait cependant un atout dans sa manche.

Un nouveau modèle était en cours de préparation et il espérait bien qu'il rendrait à Ford sa suprématie perdue. Pendant l'été 1930 ses plus brillants ingénieurs avaient commencé l'étude d'un moteur V8, suffisamment économique à fabriquer pour connaître une très large diffusion. Il ferait une révolution sur le marché de l'automobile américaine comme l'avait fait la T. Cadillac avait démontré les avantages du V8 dès 1914. Mais les moteurs de cette configuration avaient été réservés aux voitures de luxe comme le Lincoln, la prestigieuse Rochester ou la Cunningham, fabriquée à New York. Les V8 étaient normalement construits en trois éléments : deux blocs-cylindres assemblés sur un carter de vilebrequin en alliage léger. Pour réduire les coûts de fabrication, Ford avait décidé de couler en une seule pièce l'ensemble bloc/carter, comme il l'avait fait en 1908 pour le moteur de la T. Peut-être savait-il, ou ne savait-il pas, que l'Oaklands 1930 de la GM avait déjà un V8 présentant ce type de construction, tout comme le V12 Packard qui verra le jour en 1932.

Ford cependant était Ford, et il voulait faire avant tout une automobile bon marché. Le bureau d'études travaillait dans un curieux décor qui était une reconstitution du laboratoire de Thomas Edison à Menlo Park, dans le musée de Greenfield Village créé par Ford. La première Ford V8 tomba des chaînes le 9 mars 1932 et le modèle fut présenté pour la première fois au public le 2 avril. Le châssis, avec ses archaïques ressorts transversaux, venait en droite ligne de la A, mais les carrosseries étaient entièrement nouvelles, avec pas moins de 14 modèles différents. Le moteur lui-même, un V8 de 3,6 litres, était un chef-d'œuvre d'ingéniosité dans les techniques de fonderie. Ce serait l'ultime innovation technique d'importance apportée par Henry. Les prix allaient de $ 450 à $ 650. La Ford V8, appelée modèle 18 dans la nomenclature de la marque, ne rencontra pas tout de suite la faveur de la clientèle. Le moteur eut d'abord la réputation d'être gourmand en

A GAUCHE La dernière grande innovation de Henry Ford : un moteur V8 de grande diffusion, présenté en 1932.

EN BAS, A GAUCHE Henry Ford penché sur son V8. Les coûts de fabrication avaient été radicalement abaissés, en coulant le bloc-cylindres en une seule pièce.

CI-DESSOUS Une Ford V8 de 1937. Il s'agit d'un des premiers *station-wagon* américains construit sur les modèles de l'*estate-car* anglaise. Les modèles 1937 se reconnaissaient à leur nouvelle calandre en V, et à leurs phares intégrés aux ailes. La suspension à ressort transversal et les freins à commande mécaniques étaient maintenus.

huile. Les blocages n'étaient pas inconnus, et le bloc pouvait se montrer poreux. Ceci n'empêcha pas la V8 de se vendre quatre fois mieux que la quatre-cylindres, rebaptisée modèle B. Mais du fait de la crise, les résultats pour 1932 furent les plus mauvais depuis 1914 avec une production de 232 125 voitures « seulement ». Ce fut une année sombre.

Pour 1933 le V8 reçut quelques améliorations indispensables. Les culasses furent désormais en alliage léger. L'allumage et le refroidissement furent modifiés. Il devint nettement plus endurant et sa puissance passa de 65 ch à 75 ch. Le châssis devint plus rigide grâce à un renfort cruciforme. Les carrosseries furent également redessinées. Le quatre-cylindres fut rebaptisé modèle 46, mais ce sera sa dernière année de production. Le V8 de Ford et les six-cylindres des marques concurrentes l'avaient condamné à disparaître, mettant ainsi en évidence l'erreur commise dès l'origine, en faisant de la Ford A une quatre-cylindres.

Les années 30 furent une période difficile pour la Ford Motor Company. Aux difficultés commerciales provoquées par la crise, s'ajoutait le vieillissement de Henry Ford qui tombait de plus en plus sous l'influence de Harry Bennett, ancien boxeur qui avait su gagner sa confiance en exploitant sa crainte pour la sécurité de ses petits-enfants, au moment de l'enlèvement du bébé Lindbergh. Bennett prit la tête du *Service Department* qui ne représentait pas beaucoup plus que des troupes de choc pour faire respecter les règlements de l'usine et réprimer brutalement toute tentative d'activité syndicale. La General Motors avait reconnu en 1937 un syndicat des ouvriers de l'automobile, mais Ford attendit 1941 pour faire de même. Bennett profitait aussi de toutes les occasions pour entretenir la mésentente entre Henry et son fils Edsel, qui tentait vainement de faire comprendre à son père les dangers représentés par la concurrence combinée de Chrysler et de la GM.

Les voitures, de leur côté, continuaient à évoluer. Le V8 était désormais le seul modèle de Ford. Il devint en 1934 le modèle 40A et le modèle 48 en 1935. La suspension fut adoucie et la voiture devint plus confortable, mais les freins à commande mécanique insuffisants furent conservés, alors que la concurrence avait déjà adopté les freins hydrauliques.

Malgré tout, grâce à l'élégance de ses nouvelles carrosseries Ford parvint en 1935 à dépasser les ventes de Chevrolet, pour la première fois depuis 1929. La situation se retourna dès l'année suivante, où Ford fut battu non seulement par la GM, mais aussi par Chrysler dont la Plymouth relégua Ford en troisième position du classement national.

En 1937, Ford présenta une version réduite du V8, le modèle 74, de 2,2 litres de cylindrée. Avec bien du retard, Ford commençait à diversifier ses produits. Cette tendance se confirma en 1939 avec l'apparition de Mercury, première marque dérivée de Ford destinée à occuper l'intervalle subsistant entre les Ford V8 et la Lincoln Zephyr. Comme bien des initiatives chez Ford pendant les années 30, celle-ci venait d'Edsel. La Mercury était équipée d'une version portée à 3,9 litres de cylindrée du fidèle V8. Les freins hydrauliques y faisaient enfin leur apparition mais les ressorts transversaux, venus en droite ligne de la T, étaient toujours là.

En dépit d'une crise cardiaque, en 1938, Henry Ford âgé de 75 ans se cramponnait à la direction de la compagnie. Bennett de son côté faisait de son mieux pour stimuler l'animosité entre le père et le fils. Le vieux Ford finit pourtant par accepter que sa firme produise une six-cylindres. Elle vit le

A DROITE Le fils aîné d'Edsel Ford prouva que bon sang ne pouvait mentir en prenant la succession de son grand-père, avec le titre de « Henry Ford II ».

CI-DESSOUS Une Ford de la nouvelle génération d'après-guerre : le cabriolet Custom de 1950, dont le prix était fixé à $ 1 948.

Ford

A GAUCHE Triomphe du gadget : la Ford Fairlane Skyliner de 1957 à pavillon rétractable. Ce modèle haut-de-gamme, vendu $ 2 942, resta au catalogue jusqu'en 1959.

CI-DESSOUS La Fairlane, avec son caractéristique paraphe chromé sur les ailes, est apparue en 1955. Nous voyons ici le coupé Crown Victoria qui pouvait recevoir au choix le six-cylindres de 3,7 litres ou le V8 de 4,5 litres.

jour en 1940. Sa cylindrée de 3,7 litres était plus importante que celle du V8, qui poursuivait sa carrière avec une capacité de 3,6 litres. Telle était la situation chez Ford lors de l'entrée en guerre des États-Unis fin 1941.

FORD ET LA GUERRE

En dépit de son déclin progressif après la disparition de la T, la Ford Motor Company restait au début de 1942 une des plus puissantes entreprises américaines. Elle reçut donc une part importante de contrats militaires. En plus des moteurs, camions et jeeps, Ford appliqua les techniques de la fabrication en chaîne au bombardier Liberator, dans une usine de plus de 1 km de long à Ypsilanti (Willow Run), dans le Michigan. En 1944, ces gigantesques quadrimoteurs étaient produits à la même cadence que la T en 1914 : un par heure.

Malheureusement les succès des années de guerre furent assombris par la mort d'Edsel Ford en 1943, emporté par un cancer à l'âge de 49 ans. Les difficultés de ses rapports avec son père avaient certainement abrégé son existence. À la consternation générale le vieil Henry, alors âgé de 80 ans, décida de le remplacer à la présidence de la compagnie. Le gouvernement américain rappela alors le fils aîné d'Edsel, Henry Ford II, alors enrôlé dans la Navy, pour qu'il ramène à la raison son grand-père. Le petit-fils d'Henry se heurta naturellement à Harry Bennett, mais il trouva une alliée en la personne de sa grand-mère, Clara Ford, et de sa mère. Cette

dernière menaça de vendre ses actions de la compagnie si Henry ne cédait pas. Ford abandonna enfin le contrôle de l'entreprise en septembre 1945, et Henry Ford II devint président à sa place. À ce moment la Ford Motor Company se trouvait dans une situation désespérée, perdant de l'argent au rythme de 10 millions de dollars par mois. Harry Bennett fut mis à la porte, le jour même où Henry Ford II prit ses fonctions.

Le nouveau président appela à ses côtés dix anciens officiers de l'US Air Force. Âgés de 26 à 34 ans, ils furent surnommés les « petits génies » *(Whizz Kids)*. Deux d'entre eux, Robert S. McNamara et Arjay Miller deviendront par la suite présidents de la compagnie. Henry Ford II attira également auprès de lui Ernest R. Breech, qui avait travaillé pendant 22 ans à la GM. D'abord vice-président, puis président, Breech restera chez Ford jusqu'en 1959, quand il sera sommairement congédié.

Cette nouvelle équipe, qui renouvelait complètement la structure chancelante de la firme, allait permettre à Ford de relever enfin le défi de la GM. Comme sa rivale, Ford se contenta cependant de ressortir en 1946 ses modèles 1942. La cylindrée du V8 fut simplement portée à 3,9 litres, tandis que le six-cylindres restait inchangé.

Le vieux Ford rendit le dernier soupir le 11 avril 1947, à l'âge de 83 ans, à 11 h 40 du soir. Ses derniers moments furent éclairés par la flamme tremblante d'une lampe à pétrole, car une tempête avait mis hors d'usage la centrale électrique. Ainsi mourut le plus grand industriel du monde qui, en dépit de ses erreurs, ne disparaîtrait pas de la mémoire des hommes.

FORD

Henry Ford ne vécut donc pas assez longtemps pour voir la sortie des modèles 1949 présentés en 1948. Si les moteurs restaient les mêmes six-cylindres et V8, les carrosseries étaient entièrement nouvelles. Elles avaient été dessinées par Richard Caleal, ancien employé de Studebaker, ce qui expliquait leurs points communs avec les modèles de South Bend. Elles furent bien accueillies du public et en 1949 Ford vendit plus de voitures que Chevrolet, pour la première fois depuis 1935. Les ressorts transversaux chers au vieil Henry Ford cédaient enfin la place à une suspension avant à roues indépendantes. Le tube de poussée était de même supprimé. À partir de 1951, Ford proposa une transmission automatique à deux rapports, sous le nom de Ford-O-Matic.

Chevrolet ayant repris l'avantage en 1950, les carrosseries furent complètement redessinées pour 1952. Le vieux V8 à

| FORD THUNDERBIRD (1955-1957) ||
MOTEUR	CHÂSSIS
Cylindres : 8 en V	Construction : plate-forme à caissons
Alésage et course : 93 × 83 mm	Empattement : 2,844 m
Cylindrée : 4 785 cm³	Voie avant : 1,422 m
Distribution : soupapes en tête, poussoirs et culbuteurs	Voie arrière : 1,422 m
Taux de compression : 8,5 à 1	Suspension avant : roues indépendantes, bras triangulés
Alimentation : 1 carbu. inversé	Suspension arrière : essieu rigide, ressorts à lames
Puissance : 195 ch à 4 400 tr/mn	Freins : tambours
Boîte de vitesses : 3 rapports	
Vitesse de pointe : 170 km/h	

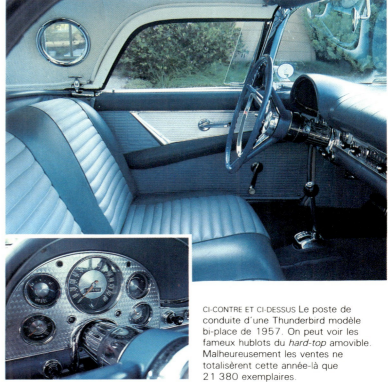

CI-CONTRE ET CI-DESSUS Le poste de conduite d'une Thunderbird modèle bi-place de 1957. On peut voir les fameux hublots du *hard-top* amovible. Malheureusement les ventes ne totalisèrent cette année-là que 21 380 exemplaires.

soupapes latérales restait fidèle au poste, mais un nouveau six-cylindres à soupapes en tête de 3,5 litres voyait le jour. Ce n'est qu'en 1954 que le vénérable V8, apparu en 1932, céda la place à un nouveau V8 à soupapes en tête.

Ford poursuivit malgré tout son effort. La grande nouveauté de 1955 fut la Thunderbird, élégant cabriolet deux-places équipé du V8 de 4,8 litres de la Mercury. Conçue au départ pour lutter contre les voitures de sport importées d'Europe, la Thunderbird avait en fait un caractère plus luxueux que sportif. Malgré tout son charme elle ne séduisit que 16 155 clients la première année. La nouvelle gamme Fairlane, du nom de la propriété familiale des Ford, obtint par contre un très grand succès. La cylindrée du V8 avait été portée pour la circonstance à 4,5 litres.

Les lignes des modèles 1956 reprenaient pour l'essentiel celles de l'année précédente. La Thunderbird bénéficiait d'une roue de secours extérieure, dans le style de la Lincoln Continental, et aussi d'un V8 de 5,1 litres.

A GAUCHE En 1958 la Thunderbird subit une complète métamorphose, pour devenir un coupé ou un cabriolet quatre-places. La progression des ventes prouva que Ford avait eu raison.

La lutte avec Chevrolet était désormais bien engagée. En 1957 Ford présenta des carrosseries entièrement renouvelées, deux ans à peine après les précédentes, qui lui permirent de vendre 170 000 voitures de plus que sa rivale. La nouveauté de l'année fut la *Skyliner,* apothéose du gadget avec son pavillon qui se repliait pour être « avalé » dans le coffre. C'est le modèle qui fit le plus parler de lui, mais à $ 2 942 il coûtait très cher, et il ne trouva que 20 766 clients.

L'année 1957 fut aussi la dernière pour la Thunderbird dans sa version originale à deux places, pourtant plus jolie que jamais avec ses discrets ailerons et son *hardtop* amovible à hublots. Ses ventes marquèrent un léger progrès – 21 380 exemplaires –, mais ne suffirent pas à la sauver : le modèle subit une métamorphose complète pour 1958, en devenant un massif coupé quatre-places. Robert McNamara, qui était à l'origine de cette mutation, put constater qu'il avait eu raison : les ventes de la nouvelle « T Bird » atteignirent 35 758 exemplaires. Malgré l'introduction d'une nouvelle génération de V8 (de 5,4 et 5,8 litres), les ventes de Ford furent battues de 90 000 voitures cette année-là par celles de Chevrolet. Il lui faudra attendre 1961 pour reprendre l'avantage.

UN FIASCO : L'EDSEL

En 1955 avait pris forme chez Ford le projet de créer une nouvelle marque, comme on l'avait fait pour Mercury avant la guerre. On lui donna le nom du père d'Henry Ford II : *Edsel.* Elle visait le marché lucratif de la classe intermédiaire occupée par Buick, Pontiac ou Dodge. L'Edsel fit ses débuts en 1958. Les modèles Ranger et Pacer avaient le même empattement que les Ford ; les Corsair et Citation disposaient

Ford

d'un empattement plus long. Les deux premières versions, plus économiques, avaient une cylindrée de 5,9 litres, les deux autres, plus luxueuses, de 6,7 litres. La carrosserie, dessinée par Roy Brown, montrait un effort d'originalité avec sa calandre verticale et ses feux arrière horizontaux, au rebours de ce qui se faisait généralement à l'époque. Les détails étaient plus intéressants que l'ensemble, assez disgracieux. La clientèle fut

A GAUCHE Les Edsel 1958 comprenaient les Ranger, Pacer, Corsair et Citation. Voici la berline quatre-portes Ranger, à moteur V8 de 5,9 litres. La marque disparut après 1960. Il faut admettre qu'elle ne fit guère honneur à la mémoire d'Edsel Ford.

EN BAS En 1960 la Falcon fut la riposte de Ford à l'invasion grandissante des voitures européennes aux États-Unis. Son nom devint par la suite Falcon Futura. C'est celui que porte ce cabriolet de 1963.

CI-DESSOUS La berline Falcon 1960 à moteur six-cylindres de 2,4 litres surclassa nettement les ventes de ses rivales, la Chevrolet Corvair et la Chrysler Valiant.

réticente, d'autant que l'économie américaine traversait une période de stagnation. Les ventes de l'Edsel ne comptèrent que 50 000 voitures en 1957, et seulement 26 563 en 1958. On était loin des 100 000 exemplaires annuels escomptés. La seule solution était de supprimer la marque, qui disparut en 1960 après avoir coûté 350 millions de dollars au groupe.

Il n'y eut pas de changement notable en 1959. Par contre en 1960 arriva la riposte de Ford aux « compactes » importées. Il s'agissait de la Falcon. Contrairement à la « compacte » de la GM, la Chevrolet Corvair, la Ford Falcon était de conception très classique avec sous le capot un six-cylindres de 2,4 litres. Elle obtint un net succès et resta en fabrication jusqu'en 1970. La Thunderbird, de son côté, reçut le V8 de 7 litres de Lincoln. La Galaxie, futur cheval de bataille de Ford dans les années 60, fit également ses débuts en 1959.

Le médiocre succès de la Corvair permit à Ford de dépasser Chevrolet en 1961. La GM reprit sa place au sommet l'année suivante, en dépit de l'introduction de la Ford Fairlane dotée d'un V8 de 3,6 litres. Pour 1963 Ford offre des moteurs plus puissants et une gamme plus étendue de modèles. C'était un lever de rideau approprié pour l'entrée en scène, en 1964, d'une des plus belles réussites commerciales de l'après-guerre : la Mustang.

UN CERTAIN LEE IACOCCA

Un homme a mérité d'être appelé « le père de la Mustang ». Son nom est Lee Iacocca. Ce fils d'un émigré italien, né en 1924, avait passé son enfance à Allentown, en Pennsylvanie. Attiré dès son plus jeune âge par l'industrie automobile, il obtint un diplôme d'ingénieur en mécanique à Princeton. Entré au service commercial de la Ford Motor Company, il montra très vite des qualités exceptionnelles.

Iacocca visa tout de suite le sommet de la hiérarchie. Il inscrivit dans un de ces petits carnets noirs qui ne le quittaient jamais qu'il voulait être vice-président de Ford à l'âge de 35 ans. Il dépassa légèrement cet objectif car c'est en 1960, 18 jours après son 36e anniversaire, que Henry Ford lui

CI-DESSUS Pour ses débuts, en 1959, la Ford Galaxie pouvait bénéficier du pavillon rétractable Skyliner, supprimé dès l'année suivante. Cette version ne fut vendue qu'à 12 915 exemplaires.

CI-DESSUS Lee Iacocca, directeur général de Ford en 1960, est considéré comme le « père » de la Mustang.

Une belle écurie de Mustang ! De haut en bas : la GT-350, due à Carroll Shelby, construite de 1965 à 1967 ; la Mustang originale dans sa version coupé quatre-places *hardtop*, qui fut de loin la plus répandue ; le prototype Mustang 2 de 1963, qui annonçait le modèle de série ; enfin la Mustang 1 de 1962, voiture de sport à moteur central, avec le V4 de la Ford Taunus : ce modèle qui offrait des idées intéressantes resta sans suite.

FORD MUSTANG (1965-1970)	
MOTEUR	**CHÂSSIS**
Cylindres : 6 en ligne	Construction : autoporteuse
Alésage et course : 93 × 79 mm	Empattement : 2,743 m
Cylindrée : 3 277 cm³	Voie avant : 1,407 m
Distribution : soupapes en tête, poussoirs et culbuteurs	Voie arrière : 1,422 m
Taux de compression : 9,2 à 1	Suspension avant : roues indépendantes, bras triangulés
Alimentation : 1 carbu. inversé	Suspension arrière : essieu rigide, ressorts à lames
Puissance : 120 ch à 4 400 tr/mn	Freins : tambours
Boîte de vitesses : 3 rapports	
Vitesse de pointe : 150 km/h	

Ford

A GAUCHE Le cabriolet Mustang apparut dès les débuts du modèle, en même temps que le coupé *hardtop* et avant le coupé *fastback*. Il poursuivit sa carrière jusqu'en 1973, mais à ce moment ses ventes étaient descendues à 11 000 exemplaires annuels. Cela explique pourquoi il n'y eut pas de cabriolet Mustang II.

EN BAS Le coupé Mustang *fastback* fut présenté fin 1964, après les versions cabriolet et coupé *hardtop*. Cet exemplaire a été photographié devant une Mustang moderne.

EN HAUT, A DROITE La légendaire Ford GT 40 reçut d'abord un V8 de 4,8 litres et ensuite un V8 de 7 litres, qui dans sa dernière version développait 500 ch à 5 000 tr/mn.

A DROITE, EN BAS Le coupé Mustang *hardtop* fut de loin la version la plus appréciée de la Mustang originale de 1964-1966. C'était aussi la moins chère, à $ 2 372.

offrit la place de McNamara, après que celui-ci fut devenu Secrétaire d'État à la Défense de l'administration Kennedy.

Entré en fonction, Iacocca constata que les enfants nés du « baby boom » après la guerre seraient bientôt en âge d'avoir une automobile et que rien n'était prévu pour eux dans la gamme Ford. Il se souvenait des regrets laissés par la Thunderbird originale et constatait la progression des voitures de sport importées. À ce moment les rares voitures de sport américaines, comme la Corvette, approchaient des $ 4 000. Tous ces facteurs l'entraînaient à penser qu'une voiture de sport bon marché serait gagnante à tous les coups.

Une première étude fut lancée, dont sortit la Mustang 1, deux-places découverte à moteur central, qui montra à Iacocca ce qu'il ne fallait pas faire : elle était trop complexe et trop coûteuse pour une voiture de grande série. En 1963, ce fut le tour de la Mustang 2, coupé d'allure sportive, avec un long capot et un coffre court, dont les lignes étaient une création de Joe Oros. C'était exactement ce que Iacocca voulait. Le projet reçut le feu vert et on prépara la fabrication en série sur la base de 100 000 exemplaires par an. Juste avant le lancement du modèle, en avril 1964, Iacocca porta les prévisions à 240 000 exemplaires par an ; à juste titre, car les 100 000 premières Mustang furent vendues en 4 mois, et les 240 000 en 7 mois. En décembre 1965 on comptait le chiffre record de 680 992 exemplaires vendus. Le millionième sortit en mars 1966, et Ford une fois de plus dépassa Chevrolet.

Le modèle était proposé en trois versions : un coupé *hard-top* (trois volumes) qui était de loin le plus répandu, un coupé 2+2 dit *fastback* (à arrière fuyant comme les berlinettes italiennes qui étaient, pour les Américains, l'expression même de

la vitesse), et enfin un cabriolet qui fut supprimé à la fin de 1973. Au départ la Mustang était équipée du six-cylindres de 2,8 litres ou du V8 de 4,3 litres, déjà montés sur les Falcon. En septembre 1964 ces cylindrées furent portées respectivement à 3,3 litres et 4,7 litres. La Mustang ne reçut plus ensuite de modification notable jusqu'en 1969, quand la carrosserie fut redessinée. Elle permit à Ford de dépasser pour la première fois en 1965 les deux millions de voitures construites dans l'année.

L'arrivée de la Mustang coïncida avec un regain d'intérêt de Ford pour la compétition. La marque de Dearborn revint sur les circuits du NASCAR. En 1965 le nom de Ford fut associé à des victoires à Sebring et Indianapolis. Enfin les

Une GT 40 aux couleurs du consortium pétrolier Gulf Oil, telles qu'elle les porta à partir de 1966. La participation de Gulf avait une ampleur inhabituelle puisque cette société, non seulement finançait le programme de compétition, mais aussi était propriétaire des voitures.

fameuses GT40 remportèrent les 24 Heures du Mans en 1966, 1967, 1968 et 1969. Le slogan de Ford, *Total Performance,* devait être pris au sérieux.

La fin des années 60 parut plutôt calme après l'invasion des Mustang. Une nouvelle Fairlane apparut en 1966. En 1968 fut présentée la Torina, dont le succès fut immédiat.

En 1970, Lee Iacocca devint président de la Ford Motor Company. Il succédait à « Bunkie » Knudsen, ancien de la GM qui n'avait tenu que 19 mois avant d'être congédié. La même année, la vieillissante Falcon fut remplacée par la Maverick. En 1971 Ford présenta la Pinto, qui avait pour mission de lutter contre les importations japonaises. Cette *subcompact* avait le premier quatre-cylindres Ford depuis 1933, de 1 600 cm³ de cylindrée.

UNE MUSTANG RENOUVELÉE

L'année 1971 fut aussi celle de la présentation d'une nouvelle Mustang, plus grosse et plus lourde de sa devancière. Cette voiture, qui s'éloignait de l'original tel que l'avait voulu Iacocca, était essentiellement l'ouvrage de « Bunkie » Knudsen avant son départ brusqué. Dès 1974 elle fut remplacée par la Mustang II, à moteur quatre-cylindres de 2,3 litres qui revenait à la conception primitive de la *ponycar*. En dépit du climat économique hostile, la demande s'éleva la première année à 400 000 voitures. Ce succès fut pourtant de courte durée, et dès l'année suivante les ventes commencèrent à faiblir. Le modèle fut malgré tout conservé jusqu'en 1979, quand une version un peu agrandie lui succéda.

En 1975 fut annoncée la Granada, destinée à remplacer la Maverick, avec le six-cylindres de 3,3 litres. Les deux modèles coexistèrent jusqu'en 1977, quand la Maverick fut finalement supprimée. La production annuelle, qui avait atteint en 1973 le chiffre record de 2,3 millions de voitures, dégringola à 1,5 million en 1975 : c'était le moins bon résultat depuis 1962. En 1979 la production remonta à 1,9 million, mais Chevrolet restait en tête.

C'est en août 1978, quelques jours après la présentation des modèles 1979, que Lee Iacocca fut brutalement congédié.

EN HAUT, A GAUCHE Première Ford à vocation « mondiale » depuis le modèle T, l'Escort apparut en 1981. C'est une traction-avant à moteur transversal quatre-cylindres à arbre à cames en tête. Nous voyons ici la version GT. L'Escort est fabriquée aux États-Unis et aussi en Allemagne, au Brésil, en Espagne et en Afrique du Sud.

CI-DESSUS Une nouvelle Mustang a vu le jour en 1979, et en 1983 on a vu reparaître le cabriolet. La même année, l'avant de la carrosserie fut redessiné avec une nouvelle calandre améliorant la finesse aérodynamique. Ce modèle 1984 peut recevoir au choix un quatre-cylindres de 2,3 litres ou un V8 de 5 litres.

Ford

Cette décision provoqua la stupeur générale, aussi bien chez Ford qu'ailleurs, mais nous avons vu que Henry Ford II était coutumier de ce genre d'exécution sommaire.

La firme, touchée par une aggravation de la crise du pétrole en 1979, ne produisit que 1,1 million de voitures en 1980, en dépit de l'arrivée d'une nouvelle Thunderbird, toujours en coupé deux-portes, avec un V8 de 4,2 litres. En 1981 Ford présenta sa première traction-avant, l'Escort, avec un moteur de 1 600 cm³ à arbre à cames en tête. Une voiture de sport deux-places, dénommée EXP, en dériva, mais comme la première « T Bird », ses ventes se montrèrent décevantes. 1982 vit aussi la présentation du premier moteur V6 de la marque. Il avait une cylindrée de 3,8 litres et pouvait équiper la Thunderbird et la Granada. La Thunderbird 1983 se montrait mieux profilée et pouvait recevoir un quatre-cylindres de 2,3 litres. Elle était toujours à propulsion arrière, mais la présentation de la Tempo en 1984 montrait que la firme s'engageait résolument sur la voie de la traction-avant.

LINCOLN

En 1917 Henry Leland a 74 ans et il quitte la Cadillac Motor Company dont il est le fondateur. Va-t-il prendre un repos bien gagné ? Non : en 1920 il crée la marque Lincoln. Mais la nouvelle firme s'endette rapidement et dès 1922 elle est rachetée par Ford. Leland doit bientôt s'en aller et la Lincoln devient la marque de prestige de Ford, rivalisant avec Cadillac de la GM. Grâce au soutien de Ford, Lincoln survécut à la crise de 1929. Il lui faut pourtant étendre sa clientèle pour subsister. Lincoln présente alors un modèle plus économique : la Zephyr, qui donnera elle-même naissance en 1940 à la Continental, dont la carrosserie sera un modèle d'élégance discrète et de bon ton. Après la guerre Lincoln soutient sa réputation de luxe exclusif, sans parvenir pourtant à détrôner Cadillac.

Henry Leland, le « Maître de la Précision », avait fondé en 1902 la marque Cadillac et bâti sa réputation sur le fait que ses pièces étaient immédiatement interchangeables, sans ajustage préalable. Cadillac fut racheté en 1909 par la General Motors Company, contrôlée par Billy Durant qui laissa Henry Leland et son fils Wilfred diriger la firme, « comme si c'était la leur ». Cadillac continua donc à prospérer, bien que Durant ait été mis à la porte de la GM en 1910. En 1915 la marque présenta une de ses plus belles réussites : le modèle 51, qui allait convertir au V8 l'industrie automobile américaine. En 1916 Durant reprit le contrôle du groupe, mais c'est l'entrée en guerre des États-Unis en avril 1917 qui allait finalement provoquer le départ des Leland. Ardents patriotes, ils voulaient se lancer dans la fabrication de moteurs d'avion pour participer à l'effort de guerre. Durant, qui avait des opinions pacifistes, s'y opposa. C'est ainsi qu'en août 1917 Henry et Wilfred Leland durent quitter la firme qu'ils avaient fondée. Ils créèrent alors la Lincoln Motor Company, destinée à la fabrication de moteurs pour les autres constructeurs. Elle devait son nom à Abraham Lincoln, idole de Henry Leland dans sa jeunesse (aux présidentielles de 1864, alors qu'il votait pour la première fois, Leland avait choisi Lincoln). Pour le moment il s'agissait de fabriquer des moteurs d'avion. La Lincoln Company fut fondée le 29 août 1917 et deux jours plus tard Henry Leland signait un contrat pour la fabrication de 6 000 moteurs.

Le V12 selon Lincoln, un modèle KB de 1934.

Leland avait emmené avec lui un certain nombre de techniciens qualifiés de Cadillac. Une nouvelle usine fut construite en quatre mois à Detroit. La fabrication du moteur d'avion Liberty débuta en mars 1918. En juin les moteurs quittaient l'usine au rythme de 50 par jour. La guerre prit fin en novembre, mais la production se poursuivit jusqu'en janvier. À ce moment Lincoln avait fabriqué 6 500 moteurs, autant que Packard et plus que tous les autres constructeurs.

Initialement, les Leland devaient se cantonner dans la fabrication de moteurs, qui furent bien vite oubliés dans l'euphorie de l'après-guerre. Il était bien tentant de donner une rivale à la Cadillac. H.M. Leland aurait pu donner son nom à la voiture, comme on l'en sollicita. Mais il tenait à rendre hommage à son vénéré Abraham Lincoln. Le projet démarra début 1919. Les deux ingénieurs responsables de la conception s'appelaient Ernest Sweet, directeur technique de la firme, et Frank Johnson, dessinateur de talent qui devint par la suite ingénieur en chef de Lincoln. Tous les deux étaient des collaborateurs de longue date des Leland. La première Lincoln modèle L sortit des ateliers le 14 septembre 1920. Son moteur était, comme on pouvait s'y attendre un V8 à soupapes latérales, comme celui de la Cadillac, mais en V à 60° et non pas à 90°, pour supprimer les vibrations qui affectaient le V8 Cadillac (ce défaut disparaîtra en 1923 grâce à un nouveau vilebrequin aux manetons situés dans deux plans différents ; par la suite tous les V8 seront à 90°, qui est l'angle le plus rationnel). Le V8 Lincoln avait une cylindrée de 5,85 litres. Le modèle L se distinguait aussi par son radiateur à volets commandés par thermostat. La voiture était construite selon les mêmes normes méticuleuses qui avaient fait la réputation de Cadillac. Par conséquent elle coûtait cher : $ 4 000 en châssis, ce qui pouvait amener le prix de la voiture complète jusqu'à $ 8 000.

La Lincoln était d'une qualité indéniable, mais sa présentation eut lieu dans un climat économique incertain. La firme avait débuté avec 8 millions de dollars en banque ; en mars 1921, à la réunion annuelle des actionnaires, elle se trouvait au bord de la faillite. Leland avait prévu de vendre 6 000 Lincoln la première année, mais à la fin de 1920 la firme n'avait construit que 674 voitures. Début 1921, elle dut réduire son personnel. En février les ventes n'atteignirent que 78 voitures.

La situation financière continua à se détériorer au fur et à mesure que l'année s'avançait. Pendant le seul mois d'août les pertes totalisèrent $ 131 000. La firme avait un besoin urgent de capitaux. Il était hors de question de solliciter l'aide de la GM, qui avait d'ailleurs ses propres problèmes. Une démarche auprès de Ford, en juillet 1921, n'eut pas de succès. En dépit de cette fin de non-recevoir, madame Wilfred Leland écrivit directement à la femme de Henry Ford, Clara, en lui demandant son appui. L'idée avait également l'approbation du fils de Ford, Edsel, qui mit de son côté plusieurs dirigeants de l'usine. Lincoln ne risquait pas d'enlever des clients à la T, tout en permettant à Ford d'ajouter une corde à son arc. Entre-temps Lincoln était tombé entre les mains du liquidateur. C'était en novembre 1921 et Ford, avec son astuce paysanne, décida d'attendre la mise en liquidation pour entrer en scène. C'est en décembre qu'il fit, dans les formes, une offre de cinq millions de dollars pour le rachat de Lincoln. La vente n'eut lieu en fait qu'en février 1922. C'est alors que le juge fédéral Tuttle leva la barre à 8 millions, pour sauvegarder les intérêts des créanciers et des actionnaires. Ford accepta ce nouveau chiffre, et Lincoln fut à lui.

Les Leland furent d'abord soulagés. Ils étaient persuadés que Ford, comme l'avait fait Durant, les laisserait diriger leur firme « comme si c'était la leur ». Très vite pourtant il y eut des frictions qui trouvèrent leur dénouement le 13 juin 1922 quand Wilfred Leland fut mis à la porte de l'usine, ce qui

A GAUCHE Henry Leland, fondateur de Cadillac, quitta la General Motors en 1917. Il se consacra alors à la fabrication du moteur d'avion Liberty, puis créa en 1920 la marque Lincoln. Malheureusement, les difficultés économiques de l'après-guerre permirent à Ford de la racheter dès 1923.

A DROITE Les publicités Lincoln des années vingt se signalaient par leur goût et leur sobriété. On les rencontrait dans des revues de luxe comme *Country Life* ou *Vanity Fair*. Celle-ci souligne le caractère exceptionnel des Lincoln et la qualité de leurs carrosseries.

provoqua aussitôt la démission de son père. Edsel Ford devint alors président de Lincoln, tandis que la fonction de vice-président était prise par le gendre de Henry Ford, Ernest Kanzler. Ces événements coïncidèrent avec un renouveau économique qui permit de construire 5 626 Lincoln pour la seule année 1922, alors que les Leland pendant toute la durée de leur administration n'avaient construit que 3 746 voitures.

FORD PREND LES COMMANDES

Les Ford perpétuèrent cependant la tradition du travail méticuleux instaurée par les Leland. Le moteur du modèle L bénéficia de certaines retouches, comme une nouvelle culasse en 1922, et des pistons en alliage léger. Edsel Ford reprit aussi la politique déjà adoptée par Henry Leland, de faire habiller les châssis Lincoln par les plus célèbres carrossiers de l'époque. Ford conclut en 1923 un accord avec Raymond Dietrich, un des fondateurs des Carrosseries Le Baron à New York. En commandant les carrosseries par centaines, il devenait possible de les facturer nettement moins chères que si elles étaient construites à l'unité. D'autres carrossiers comme Brunn, Locke, Fleetwood ou Judkins, travaillèrent comme Le Baron spécialement pour Lincoln.

La production atteignit 7 875 voitures en 1923. C'est cette année-là que le conseil municipal de Detroit décida la création d'une police spéciale pour lutter contre le regain de criminalité provoqué par la Prohibition depuis 1920. Dix constructeurs proposèrent alors leurs voitures, mais c'est Lincoln qui sortit vainqueur de la compétition. Les Lincoln spéciales police se distinguaient par leur moteur poussé et leurs freins avant, caractéristique qui n'apparut sur les modèles de série qu'en 1927.

Les caractéristiques du modèle L restèrent sans changement en 1924. Les ventes marquèrent un léger fléchissement avec 7 053 voitures. Elles remontèrent à 8 451 en 1925. Cette année-là les radiateurs furent couronnés d'une élégante mascotte représentant un lévrier bondissant. D'abord montée sur demande, elle devint bientôt l'emblème de la marque. Le modèle le plus vendu en 1925 fut la berline cinq-places d'usine, reflétant la vogue croissante des conduites intérieures. Nouveau progrès en 1926 avec 8 787 voitures vendues. L'année suivante, le V8 subit la première modification importante depuis ses débuts en 1920. L'alésage fut porté à 88 mm, ce qui lui donnait une cylindrée de 6,3 litres. Les ventes baissèrent malgré tout à 7 149.

En 1928 les Lincoln commençaient à paraître un peu démodées à côté des Packard ou des Cadillac, d'autant que ces dernières bénéficiaient maintenant des talents du styliste maison, Harley Earl. Les lignes furent alors quelque peu rajeu-

Four Passenger Coupe

Every Lincoln body is a custom creation of some master body builder. It is designed as a fit companion piece for the Lincoln chassis. Its distinctive lines unmistakably suggest Lincoln quality. The Four Passenger Coupe is the work of Le Baron. The matchless performance of the Lincoln, its ease of control, its velvety smooth motor, its instantly responsive brakes and superb riding qualities are best of all appreciated in the owner-driven personal car.

LINCOLN MOTOR COMPANY
Division of Ford Motor Company

nies sans empêcher la production de tomber à 6 362 voitures. Des carrosseries plus séduisantes redressèrent la situation en 1929, dans une certaine mesure. L'usine habillait alors 75 % des châssis, avec d'excellents résultats. Les carrossiers indépendants n'assuraient plus que 25 %, les plus appréciés étant Willoughby, Le Baron et Brunn.

En 1930, le modèle L arriva enfin au terme de sa longue carrière. Il était alors complètement dépassé et, les effets de la crise aidant, ne totalisa que 3 212 exemplaires vendus pour sa dernière année de fabrication, le chiffre le plus bas depuis les jours sombres de 1921.

Une nouvelle Lincoln, le modèle K, fut présentée en 1930. Elle avait de qui tenir : celui qui avait présidé à sa conception n'était autre que Frank Johnson, qui avait déjà joué un rôle important dans la création du modèle L. Johnson avait d'abord quitté la firme lorsqu'elle avait été reprise par Ford. Il avait été remplacé par Thomas Lite. Quand ce dernier partit chez Marmon, Edsel Ford persuada Johnson, qui se trouvait alors chez Cadillac, de revenir chez Lincoln. Le modèle K reprenait, avec quelques raffinements supplémentaires, le V8 du modèle précédent, avec la même cylindrée de 6,3 litres ; mais le reste du châssis était entièrement nouveau. Le catalogue offrait 23 modèles différents, dont 14 exécutés par des carrossiers indépendants approuvés par la marque.

En 1932 Lincoln riposta à la présentation des Cadillac, V12 et V16, par la Lincoln KB à moteur V12 de 7,3 litres. Le V8 poursuivait sa carrière sur un châssis plus court avec la désignation KA. Une importante diminution des prix (un modèle de $ 4 600 ne valait plus que $ 2 945) permit de vendre 3 523 voitures en 1932, une des années les plus sombres de la Crise. Ce fut pourtant la dernière année du V8, et en 1933 Lincoln ne proposait plus que des V12. La KA à châssis court

recevait un nouveau V12 de 6,24 litres, où ne figuraient plus les bielles à fourche chères aux Leland. L'élégante calandre en V, apparue en 1931, fut en même temps inclinée pour suivre la mode.

Le V12 de 7,3 litres fut supprimé en 1934, mais celui de la KA eut une cylindrée portée à 6,78 litres pour donner la même puissance que son prédécesseur : 150 ch. Le taux de compression était devenu relativement élevé : 6,28 à 1. Les culasses étaient en alliage léger. La production se releva un peu avec 2 411 unités construites, mais la marque ne survivait que grâce au soutien de la Ford Motor Company. Sans cette solide garantie, il est probable que Lincoln aurait suivi le même chemin que Pierce-Arrow, Marmon ou Duesenberg. La situation s'aggrava encore en 1935, quand la production des V12 se réduisit à 1 401 voitures. Il devenait urgent de trouver une solution pour renflouer la marque, c'est-à-dire mettre en fabrication un modèle plus économique.

C'était également l'opinion d'un certain Walter O. Briggs, dont l'entreprise de carrosserie avait pris un grand développement après avoir obtenu des commandes de Ford. Au début des années 30 Ford trouvait pourtant que Briggs tournait un peu trop souvent les yeux vers sa nouvelle rivale, la Chrysler Corp. (qui devait d'ailleurs racheter finalement la firme en 1953). Briggs se justifiait en montrant qu'il avait fait avec Ford un bénéfice très faible. Il commença cependant à chercher comment augmenter la part de ses activités pour la Ford Motor Company. Son attention se tourna alors vers Lincoln, dirigé par Edsel Ford, le fils de Henry. Briggs développa son action sur deux niveaux. Il demanda à un ami d'Edsel, Howard Bonbright, d'étudier les aspects financiers de l'affaire. En même temps il chargea un jeune styliste hollandais, John

LINCOLN

Tjaarda, de dessiner une voiture capable de séduire le président de Lincoln.

Tjaarda était arrivé en Amérique en 1923. Il avait d'abord travaillé pour le carrossier Locke, puis était passé au département *Art and Colour* de la GM. Vers 1929-1930 il avait créé une série de dessins pour une automobile futuriste à moteur central arrière. Il quitta peu après la GM, ayant obtenu des fonds suffisants pour construire cette voiture qu'il baptisa Sterkenburg (son nom complet était Tjaarda von Sterkenburg). Présentée en 1931, elle avait une carrosserie profilée avec une dérive arrière. La voiture, très admirée, incita Walter Briggs à engager Tjaarda, comme styliste en chef des carrosseries Le Baron qu'il avait rachetées en 1928.

Walter Briggs avait compris que la Sterkenburg pouvait servir de base pour une Lincoln de moyenne catégorie, qui pourrait lui rapporter un fructueux contrat avec Ford. Edsel Ford, qui avait du goût, apprécia les premières esquisses, et Tjaarda reçut le feu vert pour aller de l'avant. Il travaillait à peu près seul dans un bureau d'études du cinquième étage, où Edsel lui rendait visite de temps à autre pour voir où il en était. Les relations étaient alors particulièrement tendues entre Ford, père et fils. Le travail pouvait avancer de cette façon, sans être troublé par le vieil Henry. Tjaarda restait fidèle à son idée de moteur arrière et envisageait l'utilisation du Ford V8. Quand Edsel Ford put examiner le résultat du travail de Tjaarda, il approuva les lignes de la carrosserie, mais jugea la conception de la voiture irréalisable. Le moteur arrière et la suspension à quatre roues indépendantes furent rejetés : le moteur serait à l'avant, la suspension à essieux rigides et ressorts transversaux, et les freins à tringles dans la plus pure tradition du modèle T.

A GAUCHE Raffinement hors du commun, un torpédo ponté Lincoln de 1929. Son moteur était un V8 de 5,9 litres. C'était l'époque où le V8 restait l'apanage des voitures de grand luxe.

CI-DESSOUS Lincoln adopta le V12 en 1932, mais le moteur original de 7,3 litres fut bientôt remplacé par un V12 plus simple de 6,8 litres, qui équipe cette KB de 1934.

UN V12 POUR LA ZEPHYR

En dépit de ces spécifications, Tjaarda termina son prototype à moteur arrière qui figura sur le stand Briggs à l'exposition *Un Siècle de Progrès* de Chicago. Il en fut de même l'année suivante, mais cette fois il s'y ajoutait une version à moteur avant, avec des ouïes de refroidissement dans les ailes et le capot. Tjaarda travaillait alors en équipe avec Frank Johnson, ingénieur en chef de Lincoln. Le nouvel emplacement du moteur avait imposé un autre dessin de tout l'avant de la voiture. Lincoln ne voulait à aucun prix créer une nouvelle Chrysler Airflow.

Il fallait aussi donner un moteur à la voiture. On avait pensé d'abord à une version plus poussée du V8 Ford, mais cette solution se révéla impraticable. Johnson décida alors de poursuivre la tradition du V12 établie par Lincoln, en créant un V12 économique à partir du V8 Ford. Le moteur ainsi obtenu se ramenait à une fois et demie un V8, avec une cylindrée de 4,375 litres. Insuffisamment mis au point, il avait des qualités décevantes à bas régime, mais sa puissance était suffisante pour emporter la voiture à plus de 140 km/h.

CI-DESSUS Le modèle qui a sauvé Lincoln : la Zephyr, présentée en 1935. C'est la première voiture américaine à carrosserie profilée qui ait obtenu un succès commercial.

A DROITE Le moteur de la Zephyr : un V12 de 4,4 litres développant 110 ch. En 1940 sa cylindrée fut portée à 4,8 litres. Il resta en fabrication jusqu'en 1948.

A L'EXTRÊME DROITE L'emblème de la Zephyr était, lui aussi, « en goutte d'eau », comme sa carrosserie.

LINCOLN ZEPHYR (1935-1941)

MOTEUR	CHÂSSIS
Cylindres : 12 en V	Construction : autoporteuse
Alésage et course : 69 × 95 mm	Empattement : 2,895 m
Cylindrée : 4 375 cm³	Voie avant : 1,397 m
Distribution : soupapes latérales	Voie arrière : 1,422 m
Alimentation : 1 carbu. inversé	Suspension avant : essieu rigide, ressorts à lames
Puissance : 110 ch à 3 900 tr/mn	Suspension arrière : essieu rigide, ressorts à lames
Boîte de vitesses : 3 rapports	Freins : tambours
Vitesse de pointe : 145 km/h	

LINCOLN

La nouvelle Lincoln fut baptisée *Zephyr*. Elle fut présentée en novembre 1935 en version deux ou quatre-portes, vendue respectivement $ 1 275 et $ 1 320, c'est-à-dire nettement moins cher que le modèle K qui valait $ 4 700 dans sa forme la plus économique, et restait cependant au catalogue. La Zephyr peut passer pur la voiture qui a sauvé Lincoln. C'est aussi la première voiture profilée à avoir obtenu un succès commercial. Son nom était emprunté à un train aérodynamique qui avait figuré, lui aussi, à l'exposition *Un Siècle de Progrès* en 1933. 14 994 exemplaires de la Zephyr furent vendus en 1936, contre 1 515 modèles K. Une version coupé vit le jour l'année suivante, et les ventes montèrent à 29 997 voitures. Lincoln avait cette fois le vent en poupe.

En 1938, l'avant de la Zephyr fut redessiné avec une calandre en deux parties qui n'était pas moins élégante que la précédente. Ce dessin fut repris pour 1939. Le modèle K poursuivait sa carrière, mais sa production diminuait chaque année. Elle fut inférieure à 1 000 en 1937, en dépit de la carrosserie modernisée. Elle tomba à 416 unités en 1938. Le modèle resta au catalogue jusqu'en 1940, mais les ventes étaient alors devenues à peu près nulles. Cette même année 1940, les lignes de la Zephyr furent subtilement retouchées

La classique et coûteuse Lincoln Model K resta en fabrication à côté de la Zephyr jusqu'en 1940, mais en nombre de plus en plus faible. Ce coupé 1938 a le moteur V12 de 6,8 litres (encadré à gauche) et sur le capot le lévrier mascotte apparu en 1925 (encadré à droite).

pour rendre les carrosseries plus spacieuses et augmenter la surface vitrée. La cylindrée du moteur fut également portée à 4,785 litres. Les ventes accusèrent pourtant un certain fléchissement : 22 000 voitures dans l'année. Mais le grand événement de 1940 fut l'arrivée de la Continental.

Cette célèbre voiture avait son origine dans un modèle hors-série spécialement exécuté pour Edsel Ford. Il avait été dessiné par Eugene Gregorie, styliste en chef de Ford. Ses lignes étaient basées sur celles de la Zephyr 1939, avec une roue de secours apparente à l'arrière. C'était un cabriolet deux-portes. Edsel le prit avec lui pour son séjour annuel à Palm Beach, pendant l'hiver 1938-1939. Il eut un tel succès, dans ce milieu où l'argent coulait à flot, que le jeune Ford décida de fabriquer le modèle en série. Son prix n'était pas excessif : $ 2 916 pour le cabriolet et $ 2 783 pour le coupé. La Continental couronnait la gamme des Zephyr, tout en restant nettement moins cher que le modèle K, dont c'était la dernière année. En dépit de son élégance, la Continental n'obtint pas un succès particulier, avec seulement 404 exemplaires fabriqués en 1940.

Les ventes de la Continental furent meilleures en 1941 : 1 250 exemplaires. Les modèles Custom Zephyr virent le jour cette même année. Ils étaient plus grands que les modèles ordinaires qui restaient inchangés. La Zephyr fut malheureusement enlaidie l'année suivante : l'avant était plus plat avec une calandre horizontale destinée à faire paraître la voiture plus large et plus basse qu'elle ne l'était réellement. Sous cette nouvelle façade, on trouvait un V12 porté à 5 litres en élargissant une fois de plus l'alésage. Lincoln proposait aussi une transmission semi-automatique, baptisée Liquimatic, qui obtint immédiatement une détestable réputation de fragilité et n'équipa d'ailleurs qu'un très petit nombre de voitures. La production du modèle 1942, qui fut interrompue en février 1942, ne compta que 6 547 unités : 6 098 Zephyr, 336 Continental et 113 modèles Custom.

Lincoln consacra ensuite tous ses efforts aux commandes militaires : moteurs de chars d'assaut et carrosseries de Jeep. La firme subit un coup dur en 1943, avec la mort d'Edsel Ford, âgé de 49 ans. Son flair esthétique avait donné aux Lincoln leur élégance et leur personnalité. Après sa disparition la marque, abandonnée à elle-même, ne recommencera à faire parler d'elle qu'à la fin des années 50.

La désignation Zephyr ne fut pas reprise après la guerre : il n'y avait plus que des Lincoln et des Lincoln Continental. À part cela, la gamme 1946 était identique à celle de 1942, sauf que la calandre avait reçu une lourde décoration chromée. La demande en automobiles était telle que Lincoln fit pourtant une année record en 1946 avec 16 179 voitures vendues. Les modèles furent maintenus jusqu'en 1948. En octobre de cette année la marque fut réunie à Mercury, pour former une nouvelle division du groupe (la marque Mercury était apparue en 1938 pour boucher le créneau subsistant entre la populaire Ford et la luxueuse Lincoln). Par la même occasion, la Continental était supprimée et avec elle le V12 que Lincoln avait conservé plus longtemps que toutes les marques américaines.

Les nouveaux modèles ne virent le jour que pour 1949. Ils comprenaient un coupé, une berline quatre-portes et un cabriolet aux lignes entièrement nouvelles, en version normale ou *Cosmopolitan* plus luxueuse. Un V8 de 5,5 litres, qui avait fait ses débuts avec les camions Ford de 1948, prenait la succession du V12. Avec ses soupapes latérales, il pouvait difficilement soutenir la comparaison avec les nouveaux V8 culbutés à haute compression de Cadillac ou Oldsmobile. Lincoln proposait le montage sur demande de la transmission Hydra-Matic de la GM : Ford, n'ayant ni le temps ni les moyens de mettre au point son propre dispositif, était obligé de s'adresser à son principal rival.

Ces modèles furent conservés sans changement notable en 1950 et 1951. Une carrosserie nouvelle apparut en 1952. La Cosmopolitan devenait le modèle normal. Le modèle de luxe portait le nom de *Capri,* qui désignait auparavant une variante de la Cosmopolitan. Plus important sans doute était l'arrivée d'un nouveau V8 à soupapes en tête, le premier de Ford, de 5,2 litres de cylindrée. En dépit de cet effort les ventes de Lincoln n'approchèrent pas de celles de Cadillac, avec 27 271 exemplaires contre 90 259 pour sa rivale de la

LINCOLN

CI-DESSUS Lincoln a présenté l'élégante Continental en 1940. Ce modèle dérivé de la Zephyr était remarquable surtout par sa carrosserie très réussie, dessinée par Eugene Gregorie. Mais, à $ 2 783 ce coupé n'a trouvé que 350 clients, l'année de son apparition.

A GAUCHE Eugene Gregorie est également l'auteur de la carrosserie de la Zephyr 1939, avec un avant redessiné et des marchepieds dissimulés derrière les portières.

A DROITE Fin d'une lignée : ce cabriolet Continental est sorti en 1948, dernière année de fabrication de la Continental originale et du moteur V12 apparu en 1935.

À GAUCHE La Lincoln Cosmopolitan fut, en 1949, le premier modèle véritablement nouveau présenté par la marque après la guerre. Le moteur était un V8 de 5,5 litres. La berline deux-portes montrée ici était proposée à $ 3 186.

CI-DESSOUS La Continental Mark II de 1956 ne portait pas la marque Lincoln : le nom Continental était devenu une marque à part entière. Ce coupé, en dépit de sa frappante sobriété, était vendu $ 9 695. Il ne trouva que 1 325 acheteurs pour sa première année de fabrication, et 444 seulement en 1957.

GM. Les modèles furent maintenus sans modification importante jusqu'en 1955.

LE RETOUR DE LA CONTINENTAL

Nous voici en 1956, grande année pour les admirateurs de Lincoln puisque ce fut celle du retour de la Continental, sous la forme d'une Continental Mark II conçue dans l'esprit du modèle original. C'est William Clay Ford, le petit frère de Henry Ford II qui avait été chargé en juillet 1952 de créer une nouvelle Continental, digne de la mémoire de leur père. Le projet aboutit en avril 1955 à la création de la Continental Division de la Ford Motor Company. La carrosserie avait été dessinée par le styliste maison, John Reinhardt. Le responsable des aménagements intérieurs n'était autre que le fameux Gordon Buehrig qui avait à son actif la Cord 810/812 (voir premier chapitre). Les premières esquisses de Reinhardt furent rejetées par Henry Ford II, et le travail fut confié à des stylistes indépendants. En fin de compte 13 études différentes furent présentées. Mais lors d'une réunion tenue en avril 1953 par des dirigeants de Ford, c'est une proposition du bureau de style interne qui fut finalement retenue. Il était prévu au

CONTINENTAL MARK II (1956-1957)	
MOTEUR	**CHÂSSIS**
Cylindres : 8 en V	Construction : cruciforme en caissons
Alésage et course : 102 × 91 mm	Empattement : 3,200 m
Cylindrée : 6 030 cm³	Voie avant : 1,473 m
Distribution : soupapes en tête, poussoirs et culbuteurs	Voie arrière : 1,524 m
Taux de compression : 9,25 à 1	Suspension avant : roues indépendantes, bras triangulés
Alimentation : 1 carbu. inversé	Suspension arrière : essieu rigide, ressorts à lames
Puissance : 149 ch	Freins : tambours
Boîte de vitesses : automatique, 3 rapports	
Vitesse de pointe : 180 km/h	

LINCOLN

départ de constituer une gamme complète de modèles pour rivaliser avec celle de Cadillac. Il devait y avoir par exemple un coupé à pavillon rétractable, mais le dispositif équipa pour finir la Ford Skyliner de 1957. Un cabriolet fut construit qui resta unique de son espèce. Une berline quatre-portes fut dessinée, mais seul le coupé deux-portes devait être fabriqué en série.

La Continental Mark II ne portait pas la marque Lincoln. Ses lignes étaient d'une remarquable simplicité, à une époque où tous les excès étaient de règle. Elle poussait la fidélité au modèle original, jusqu'à avoir la forme de la roue de secours en relief sur le coffre. Le pare-brise avait une forme particulièrement enveloppante. La mécanique était identique à celle des Lincoln 1956, avec un V8 de 6 litres dont le montage avait fait l'objet de soins particuliers. Il était accouplé à une transmission automatique à trois rapports Multi-Drive. Le plancher surbaissé avait permis d'abaisser l'ensemble de la voiture. Le prix de la Continental Mark II était aussi remarquable que ses spécifications : $ 9 695, c'était le double de la plus chère des Cadillac et $ 2 000 de plus que la Chrysler

sion améliorée du V8 de 6 litres. En 1957, l'avant et l'arrière des carrosseries furent redessinés avec moins de bonheur, pour y inclure les doubles phares et les ailerons dont c'était alors la vogue.

Les modèles 1958 furent gigantesques et lourdement décorés, pour battre Cadillac sur son propre terrain. Dotés d'un nouveau V8 de 7 litres, qui se retrouvait également dans les Mercury et les nouvelles Edsel, ils étaient proposés en version limousine, berline et coupé. La Continental IV, qui se plaçait au sommet de la gamme, était disponible aussi en version cabriolet. Les mêmes carrosseries furent conservées pour 1958. Elles ne séduisirent guères les clients : les ventes ne totalisèrent que 15 780 voitures, le total le plus faible depuis 1948. Les lignes furent revues pour 1960, mais ce fut la dernière année pour la gamme apparue en 1958. Lincoln devait trouver mieux.

En 1961, tous les modèles furent supprimés pour ne laisser que la Continental. Le styliste Elwood Engel dessina des carrosseries simples et bien proportionnées qui permirent de vendre 25 164 voitures dans l'année, la berline sans montant

CI-DESSUS Cette Lincoln *Premier Landau* de 1959 compte parmi les plus belles réussites des stylistes américains des années 50. Son moteur était un V8 de 7 litres.

A DROITE Si l'on ne tient pas compte de l'éphémère version 1958, il faudra attendre 1968 pour voir arriver une Continental Mark III. Son prix, $ 6 585, était nettement inférieur à celui de l'aristocratique Mark II des années 50.

Imperial, fabriquée à l'unité chez Ghia. En dépit de tous les soins dont sa fabrication faisait l'objet, la Continental Mark II n'eut pas plus de succès que la première du nom, avec 1 325 exemplaires vendus en 1956 et seulement 444 en 1957. En 1958 la Continental Mark III avait une carrosserie plus voyante et un prix réduit à $ 6 000. Les ventes furent légèrement en progrès, mais ce fut la dernière année de Continental en tant que marque individuelle. La prochaine Continental serait une Lincoln.

Les lignes des modèles Lincoln ordinaires étaient une indéniable réussite. La Capri était devenue le modèle de base. Le modèle de luxe était la Premier, qui bénéficiait en série d'une direction assistée. Les deux modèles était équipés d'une ver-

central étant le modèle le plus apprécié. Le V8 de 7 litres poursuivait sa carrière. C'était le plus gros moteur d'automobile de l'époque, et il restera en fabrication jusqu'en 1965. Le progrès fut encore plus marqué en 1962 avec 31 061 voitures vendues dans l'année, alors que les modèles étaient à peu près inchangés. La partie arrière fut redessinée pour 1963 et le chiffre des ventes fut à peu près identique. En 1964 c'est la partie avant qui fut renouvelée, et en même temps le coffre fut agrandi. Les ventes montèrent alors à 36 297 exemplaires. Les carrosseries furent maintenues sous cette forme en 1965 et 1966. Cette dernière année vit cependant arriver certaines modifications. La Continental s'allongeait un peu plus et recevait un V8 porté à 7,57 litres. La production marqua un net progrès avec 54 755 voitures vendues. Les modèles restèrent inchangés pour 1967 et les ventes ne comptèrent que 45 667 exemplaires. En 1968 il y eut quelques modifications mineures à la calandre et au système d'éclairage. Ford tenait cependant en réserve une nouveauté plus significative.

Il s'agissait de la Continental Mark III, présentée en avril 1968. Cette voiture, sur laquelle Henry Ford II avait veillé personnellement, était pour l'essentiel une Ford Thunderbird, avec un châssis allongé et une carrosserie identique à quelques détails près. Le V8 de 7,5 litres provenait lui aussi de la Thunderbird et prenait la succession du vieux V8 Lincoln de 7 litres. Cette Continental troisième du nom se distingua de ses devancières par son succès commercial. Elle ne fut construite qu'à 7 770 exemplaires en 1968, mais elle était présentée comme un modèle 1969 et cette année-là elle trouva 23 088 acheteurs. Pendant la même période, la GM vendit 24 258 Eldorado. C'est-à-dire que Ford était enfin parvenu à créer un modèle aussi apprécié que ceux de sa vieille rivale. En fait Cadillac conservait une avance confortable avec une production totale de 223 237 voitures contre... 38 290 Lincoln.

En 1970 la Lincoln Continental reçut une nouvelle carrosserie, la première depuis 1961. Bien que de dimensions presque identiques, elle était plus légère de 150 kg. Le moteur était toujours le V8 de 7,5 litres. La Continental, et la Mark III (il faut se souvenir qu'il s'agit de deux modèles distincts), ne subirent pas de modifications pour 1971. L'année suivante vit par contre l'apparition de la Mark IV, plus large et plus basse que le modèle précédent. Il était proposé avec un moteur plus puissant : 224 ch, alors que la Continental se contentait de 212 ch. Les ventes firent une progression spectaculaire : 94 560 exemplaires en 1972, et 128 073 en 1973. En 1974, la Continental subit quelques retouches de carrosserie, mais les modèles restèrent inchangés pour l'essentiel.

UNE PETITE LINCOLN

La crise du pétrole n'empêcha pas l'apparition en 1977 de la Continental Mark V. Sous un aspect différent, c'était toujours la même voiture, mais le V8 n'avait plus que 6,55 litres de cylindrée. Cette même année cependant Lincoln présenta sa première « compacte » : la Versailles, basée sur la Ford Granada et rivale directe de la Cadillac Seville, avec un V8 de 5,75 litres. Ses ventes furent décevantes, la Seville conservant toujours l'avantage. Le succès obtenu par la Continental et la Mark V permit malgré tout à Lincoln de battre son record de production en 1977.

Le Continental resta le modèle le plus vendu en 1978. En 1979 Lincoln eut une nouvelle année record avec 189 546 voitures vendues, mais le total de Cadillac s'élevait alors à 383 138...

L'aggravation de la crise en 1979 réduisit la production de Lincoln à 74 908 voitures, en dépit de l'introduction d'une nouvelle Continental et d'une berline quatre-portes Mark VI. Les modèles 1981 ne comprenaient plus que la Town Car, qui succédait à la Versailles, et la Mark VI, toutes les deux à moteur V8 de 5 litres. La Continental reparut en 1982, mais elle n'était plus que l'ombre d'elle-même avec un moteur V6 de 3,8 litres, qui céda d'ailleurs la place, dès l'année suivante, au V8 de 5 litres. En 1985 arriva la Merkur qui rompait avec toutes les traditions de la marque par son moteur V4 de 2,3 litres. Lincoln continue à vivre avec son temps.

EN HAUT, A DROITE Les ventes de la Continental Mark VI se ressentirent de la crise du pétrole. Elle fut présentée en 1980 avec un V8 dont la cylindrée ne dépassait pas 5 litres.

CI-DESSOUS La Lincoln Continental Mark V de 1978 était proposée en une seule version : le coupé *hardtop* montré ici avec le V8 de 6,6 litres. Le prix était fixé à $ 12 318.

EN BAS, A DROITE La Lincoln Versailles présentée en 1977 se posa en rivale de la Cadillac Seville. Équipée à ses débuts d'un V8 de 5,75 litres, elle reçut dès l'année suivante le V8 de 5 litres. Notez la forme du coffre évoquant la roue de secours de la première Continental.

LINCOLN

LINCOLN VERSAILLES (1977-1980)
MOTEUR
Cylindres : 8 en V
Alésage et course : 101 × 76 mm
Cylindrée : 4 950 cm³
Distribution : soupapes en tête, poussoirs et culbuteurs
Taux de compression : 8,4 à 1
Alimentation : 1 carbu. inversé
Puissance : 133 ch à 3 600 tr/mn
Boîte de vitesses : automatique, 3 rapports
CHÂSSIS
Construction : autoporteuse
Empattement : 2,790 m
Voie avant : 1,500 m
Voie arrière : 1,460 m
Suspension avant : roues indépendantes, bras triangulés
Suspension arrière : essieu rigide, ressorts à lames
Freins : disques
Vitesse de pointe : 170 km/h

OLDSMOBILE

Entre 1903 et 1905 la voiture la plus vendue aux États-Unis, et de très loin, fut l'Oldsmobile *Curved Dash* (tablier recourbé), une des premières automobiles du monde construites en grande série. Son créateur, Ransom Eli Olds, abandonna en plein succès la firme qu'il avait fondée et celle-ci déclina ensuite rapidement. En 1908, elle tomba entre les mains de William Durant, qui était en train de constituer la GM. La marque ne fit cependant pas beaucoup parler d'elle jusque dans les années vingt. Une tentative pour lui adjoindre une sous-marque, Viking, se solda par un échec. Oldsmobile survécut malgré tout à la crise économique du début des années trente et progressa ensuite régulièrement jusqu'à la guerre. Les modèles 1940 étaient les premiers au monde à recevoir une transmission automatique. La marque poursuivit après la guerre sa politique d'innovation technique qui trouva son point culminant dans la remarquable Toronado à traction avant de 1965.

Ransom Eli Olds (1864-1947) naquit à Geneva, dans le Michigan. C'était le plus jeune d'une famille de cinq enfants. Il semble que son père était forgeron ou bien qu'il tenait un atelier de mécanique. Ses affaires ne devaient pas être en tout cas très prospères car, en 1870, il s'installa avec sa famille à Cleveland, où il prit un poste de contremaître aux Variety Iron Works. Dès 1874 il quitta cet emploi pour devenir fermier à Palma, à quelques kilomètres au sud de Cleveland. Ransom Eli Olds devait conserver de son enfance à la campagne une aversion définitive pour le métier de cultivateur. Cette expérience fut pourtant de courte durée car, dès 1878, son père était revenu à Cleveland pour y travailler comme modeleur. Enfin, deux ans plus tard, en 1880, Olds père réalisa son rêve en se mettant une nouvelle fois à son compte, à Lansing, dans le Michigan, où il ouvrit un atelier de mécanique.

Le benjamin de la famille eut une éducation sévère, car il lui fallait se lever à cinq heures du matin pour allumer le feu dans les deux cheminées de la demeure familiale. Il se rendait ensuite à l'atelier Olds, pour mettre sous pression la chaudière

---

Berline Oldsmobile Futuramic 98 Deluxe, à moteur V8 de 1949.

du moteur à vapeur qui entraînait les machines-outils. Revenu à la maison, il pouvait prendre son petit déjeuner avant de partir à l'école, mais à quatre heures de l'après-midi il devait être de retour à l'atelier. Il en était de même pour les samedis et les jours de congé.

Au moment où Olds termina ses études, il était devenu un modeleur, fondeur et mécanicien accompli, formation qui lui sera très utile par la suite, pour reprendre l'entreprise familiale. En 1885, à l'âge de 21 ans, il rachète la moitié des parts, et en 1890 il devient le seul propriétaire. Mais ce n'est pas tout : il trouva aussi le temps de suivre des cours de gestion à l'Université de Lansing de sorte qu'en 1887, lorsqu'il commença la construction de sa première automobile, il avait quelques notions commerciales en plus de ses connaissances techniques. L'automobile en question était un tricycle à vapeur, qui fut suivi d'un modèle à quatre roues qui aura les honneurs du *Scientific American,* en mai 1892. L'article sera reproduit quelques semaines plus tard dans *The Hub* (Le Moyeu), organe de l'industrie américaine de la carrosserie. Cette publicité traversa l'Atlantique et une firme de Londres, la Francis Times Company, manifesta l'intention d'acheter le véhicule, pour sa succursale de Bombay ! C'est ainsi que la première automobile américaine exportée partit pour les Indes.

Après 1890, Olds abandonna la vapeur pour les moteurs à combustion interne. La firme fut rebaptisée Olds Gasoline Engine Works (Ateliers des moteurs à essence Olds) pour construire des moteurs stationnaires et des moteurs de bateaux. Olds put alors passer sans effort au stade suivant : la construction d'automobiles à pétrole. En 1897, à l'âge de 34 ans, il fonda la Olds Motor Vehicle Company. Il se plaçait ainsi au premier rang des pionniers américains de l'automobile : ce n'est qu'en 1896, rappelons-le, que Henry Ford avait construit sa première voiture à Detroit. La firme fondée par Olds rencontra cependant très vite des difficultés, du fait du manque de main-d'œuvre qualifiée à Lansing, et de capitaux insuffisants. Olds parvint alors à obtenir l'appui financier de Samuel L. Smith, magnat du cuivre et du bois de charpente. En 1899 les deux hommes fondèrent les Olds Motor Works, non pas à Lansing, mais à 130 km plus à l'est, dans la ville de Detroit, qui était alors, avec 200 000 habitants, la 14e des États-Unis, et dont le taux de croissance n'était surpassé que par celui de Chicago. L'entreprise avait un capital de $ 350 000, sur lesquels 200 000 étaient souscrits, le reste étant un apport de Smith, qui avait position de vice-président alors que son fils Frederick était secrétaire et trésorier. Olds lui-même, dont la participation n'atteignait que $ 400, était président et directeur général.

L'activité principale de la firme était la construction de moteurs stationnaires mais, en 1900, plusieurs véhicules expérimentaux furent construits, dont un électrique. La réalisation qui obtint l'approbation générale fut cependant un *runabout* à moteur monocylindre et transmission à chaîne, qui répondait bien aux besoins du moment, et à l'état encore embryonnaire du réseau routier américain.

C'est pendant l'été ou l'automne 1900 que Ransom Olds décida, après une nuit d'insomnie, que le véhicule expérimental déjà réalisé par la firme ne pouvait faire l'affaire. Ce qu'il fallait c'est un modèle bon marché, dont la fabrication ne revienne pas à plus de $ 300, avec un prix de vente de $ 650. Il ne perdit pas de temps et courut dès le matin à l'usine de Jefferson Avenue, expliquer son idée à un jeune ingénieur du nom de Horace Loomis. C'est ce dernier qui fut responsable de la conception d'ensemble du véhicule qui allait être le fameux *Curved Dash.* Un autre ingénieur, Milton Beck, fit les plans du moteur monocylindre de 5 HP, pendant que Jonathan Maxwell dessinait la boîte de vitesses à planétaires. La petite voiture fut conçue avec une garde au sol très importante pour s'accommoder des profondes ornières et de la boue qu'il lui faudrait affronter le plus souvent, aussi bien en ville qu'en rase campagne. La transmission au pont arrière était à chaîne.

Il n'y avait pas de carrosserie à proprement parler. Les occupants n'avaient rien d'autre devant eux qu'un tablier recourbé qui donnera son nom à la voiture : *Curved Dash.* En novembre 1900, le projet était suffisamment avancé pour que Olds commence à parler de son « runabout léger à pétrole » dont le prix était à ce moment fixé à $ 600. Quand la fabrication fut lancée, le prix était revenu à l'objectif initial de $ 650, où il se maintiendra durant toute la fabrication. En

CI-DESSUS Ransom Eli Olds en personne, du temps où il présidait aux destinées de la marque Reo — qui tirait son nom de ses initiales — à Lansing, vers 1905-1910.

A DROITE Le héros et sa monture : Roy Chapin et son Oldsmobile « Curved Dash », après avoir couvert les 1 300 km séparant Detroit de New York, en septembre et octobre 1901. Roy Chapin deviendra en 1909 directeur de Hudson.

février 1901 une campagne de publicité fut lancée et le runabout retint bientôt l'attention du public. En mars, la firme pouvait déjà compter sur de nombreuses commandes pour son petit véhicule économique.

Ce fut alors la catastrophe : le 9 mars, l'usine fut gravement endommagée par un incendie. Le seul véhicule sauvé fut le Curved Dash, poussé hors des flammes par un héroïque contremaître, James J. Bradley. Olds prétendit par la suite que les plans avaient disparu dans l'incendie et qu'il fallait les redessiner à partir de la voiture survivante. La survie de la firme dépendait maintenant de la mise en fabrication du runabout. Pour ne pas perdre de temps, Olds décida de sous-traiter la fabrication des principaux éléments à des ateliers de mécanique dans la zone de Detroit. C'est ainsi que le moteur monocylindre serait construit simultanément chez Leland & Faulconer et chez Dodge Brothers. Les frères Dodge fournissaient également la boîte de vitesses à planétaires, tandis que la firme Briscoe se chargeait de la carrosserie, ou de ce qui en tenait lieu, puisqu'il n'y avait qu'une banquette à deux places, sans portes ni pare-brise.

Pendant longtemps, le grand incendie de 1901 allait occuper une place de choix dans la légende de la firme Olds. L'historien George S. May, dans un livre publié en 1977 *Olds, pionnier de l'industrie automobile*, fait remarquer que le

La première voiture américaine construite en grande série : l'Oldsmobile Runabout, mieux connue sous son surnom de « curved dash », à cause de son tablier recourbé.

succès du runabout était déjà assuré avant le sinistre : dès le début de mars l'usine avait enregistré 334 commandes. George May révèle aussi que les plans n'avaient pas disparu dans l'incendie, ce qui ôte un peu de sa portée au geste héroïque de James Bradley. De plus, Olds n'avait pas attendu l'incendie pour faire appel aux sous-traitants. Cette version de l'histoire, propagée par Olds lui-même pour dramatiser l'affaire, a fait partie pendant longtemps du folklore automobile des États-Unis.

Un fait reste cependant indiscutable : c'est le succès du Curved Dash. Un exploit mit le comble à sa popularité, en 1901. Un pilote de la firme, Roy Chapin, couvrit en 7 jours et demi les 1 350 km qui séparent Detroit de New York. Les routes étaient abominables et Chapin devait emporter avec lui toutes les pièces détachées dont il pourrait avoir besoin. Chapin arriva à New York, le portier de l'hôtel où se trouvait Olds lui refusa l'entrée, à cause de ses vêtements boueux !

La production de la firme fit des progrès spectaculaires : de 425 en 1901, elle passa à 2 500 en 1902, et 4 000 en 1903. En 1904 le Curved Dash fut construit à 5 508 exemplaires, et la Olds Motor Vehicle Company était devenue la plus importante firme d'automobile, non seulement des États-Unis, mais aussi du monde entier. C'est le succès de Olds qui fit de Detroit la métropole de l'industrie automobile américaine. Les autres constructeurs mettront ensuite leurs pas dans les siens. Et pourtant, la firme sera de retour à Lansing en 1905, un groupement d'hommes d'affaires de cette ville ayant racheté (pour $ 4 800) un ancien champ de foire, pour que Olds puisse s'y installer. À partir de 1902, la firme eut donc deux usines, l'une à Detroit, l'autre à Lansing. En 1905, la firme concentra ses activités à Lansing mais, à cette date, Ransom Eli Olds avait cessé d'y figurer. L'événement s'était produit en 1904, à la suit d'un différend avec Samuel et Frederick Smith. Olds voulait rester dans le secteur de la voiture économique mais les Smith, père et fils, qui détenaient la plus grande partie des capitaux, décidèrent la création d'un modèle plus luxueux. Olds reprit donc sa liberté, mais il n'alla pas loin. On lui offrit une usine à Lansing et des capitaux pour créer une nouvelle voiture. Ce sera la Reo, nommée d'après ses initiales. C'était un modèle dans le style du Curved Dash, qui obtint aussitôt un grand succès : en 1907, Reo était devenu le troisième constructeur américain derrière Ford et Buick. La marque déclina ensuite lentement et finit par abandonner la fabrication des automobiles particulières en 1936, poursuivant cependant la production de camions et d'autobus.

Après le départ de Olds, la firme poursuivit son activité sous la direction de Samuel et Frederick Smith. Les modèles monocylindres furent supprimés en 1907, pour faire place au modèle S, une voiture plus chère et plus luxueuse introduite l'année précédente. Les ventes déclinèrent bientôt. La production de 1906 ne totalisa que 1 600 voitures, et seulement 1 200 en 1907. L'affaire était mûre pour tomber entre les mains de William Durant, ce qui fut fait en novembre 1908, deux mois après la fondation de la GM.

Durant venait d'amener Buick à la seconde place des constructeurs américains, derrière Ford. L'acquisition de la firme Oldsmobile renforçait encore sa position, en dépit de la désastreuse décision des Smith de se retirer du marché de la voiture économique.

OLDSMOBILE REJOINT LA GM

Billy Durant nomma comme directeur général d'Oldsmobile W.J. Mead, en remplacement des Smith. En 1908 Oldsmobile avait présenté une nouvelle six-cylindres, la Z-KR. En 1909 la marque proposa un modèle plus économique, au prix de $ 1 250 : le modèle 20, qui fut de loin le plus vendu de l'année, avec un total de 5 325 exemplaires. C'était en fait une version agrandie de la Buick, créée à l'initiative de Bill Durant.

En 1910 arriva la monstrueuse six-cylindres Limited avec un moteur de 11,6 litres. Elle méritait bien son nom, car elle ne fut construite qu'à 325 exemplaires en 1910, et seulement 250 en 1911. La quatre-cylindres 36 HP Special fut présentée en 1910 avec la Limited, mais elle céda la place dès l'année suivante à la 40 HP Autocrat de plus grosse cylindrée. Du point de vue de la rentabilité, Oldsmobile n'apparaissait pas comme la meilleure affaire qu'eût faite Bill Durant. Ce fut certainement un des facteurs qui amenèrent son renvoi de la GM en 1911 (voir le chapitre consacré à Chevrolet) ;

Durant céda la place à Charles Nash. Celui-ci délégua sans perdre de temps trois administrateurs de choc, avec pour mission de remettre Oldsmobile sur pied. Jay Hall, D.F. Edwards et Edward Ver Linden comprirent la véritable vocation de la marque. Dès lors Oldsmobile consacra ses efforts à la fabrication de voitures de moyenne catégorie, robustes et sûres.

Les prix de tous les modèles furent baissés. Une nouvelle quatre-cylindres, le modèle 42 vendu $ 1 285, apparut en 1914. Une version plus économique, le modèle 45, la rejoignit l'année suivante. Les six-cylindres furent supprimées en 1916, pour céder la place au modèle 44 à moteur V8. Cette année-là, la production de Oldsmobile totalisa 10 507 voitures. C'était un progrès, mais le meilleur restait à venir.

En 1917, l'arrivée de la nouvelle six-cylindres modèle 37 porta la production à 22 613 voitures. Cette progression fut

OLDSMOBILE

pourtant ralentie par l'entrée en guerre des États-Unis, en avril de la même année. Oldsmobile dut fabriquer également des cuisines roulantes, et une nouvelle usine fut construite pour la production des moteurs d'avions Liberty. La fin du conflit en novembre 1918 amena une brève période d'euphorie économique qui permit à Oldsmobile de vendre 39 042 voitures en 1919. Malheureusement ce chiffre, qui donnait lieu à de nombreux espoirs, plafonna à 34 504 en 1920 et tomba à 19 157 en 1921.

Entre-temps Billy Durant avait été mis à la porte de la GM en novembre 1920, pour la seconde et dernière fois. C'est Pierre Du Pont qui prit sa succession à la tête du groupe jusqu'en 1923, date à laquelle Alfred Sloan devint président de la GM. Ces remous ne furent pas profitables à Oldsmobile, qui se trouva une fois de plus en difficulté. C'est d'abord A.B.C. Hardy qui vint à la rescousse. Président en 1921 de la firme de Lansing, il améliora les modèles 46 et 47 à moteur V8, et réduisit de six à trois le nombre des modèles pour 1922. Il y eut de nouveaux bouleversements en 1923 : les modèles quatre-cylindres et V8 étaient supprimés et un nouveau modèle six-cylindres vendu $ 750 faisait son apparition. C'était le modèle 30b, seul modèle de la marque pour 1923 qui permit de porter la production à 44 854 voitures. En 1925, A.B.C. Hardy passa le relais à Irving J. Reuter. C'est l'année aussi où le chrome fit sa première apparition sur les Oldsmo-

CI-DESSOUS L'ancien et le moderne en 1925 : une berline Oldsmobile Model 30 à côté d'un runabout « curved dash ».

A DROITE Une publicité Oldsmobile de 1915, énumérant en détail les qualités de ces modèles.

bile. En 1927 le total des modèles construits approchait du double de celui de 1923, avec 82 955 voitures.

LA VIKING RATE SON ENTRÉE

Une nouvelle six-cylindres apparut en 1928, de 3,2 litres de cylindrée, vendue au même prix que la précédente : $ 875. La désignation de ce modèle, F-28, devint logiquement pour 1929 F-29. Cette même année, la production totalisa 97 395 voitures. En 1929 également la GM lança une « sous-marque » d'Oldsmobile, de la même manière que Pontiac avait été associé à Oakland et La Salle à Cadillac. Il s'agissait de la Viking, plus chère et plus raffinée que l'Oldsmobile, avec un V8 de 4,26 litres qui se distinguait par ses soupapes horizontales. Malheureusement la Viking arriva en même temps que la crise économique. Ses ventes ne totalisèrent que 6 612 exemplaires en 1929, et seulement 1 390 en 1930. La marque ne reparut pas en 1931.

En 1929, la production d'Oldsmobile avait crevé pour la première fois le mur des 100 000 voitures par an, avec un total de 104 007. Mais ce chiffre fut réduit de moitié dès l'année suivante, quand la crise fit tomber les ventes à 51 384 voitures, en dépit d'une calandre et d'un capot redessinés. Un nouveau modèle vit le jour en 1932 avec un moteur huit-cylindres en ligne de 3,9 litres. En même temps, le six-cylindres était porté à 3,5 litres. Ceci n'empêcha pas la production d'Oldsmobile de descendre au chiffre catastrophique de 19 239 voitures, le plus bas depuis 1921. À partir de 1933, le client eut le choix entre deux longueurs d'empattement qui restèrent en vigueur jusqu'en 1938. En 1934 arriva la suspension avant à roues indépendantes du type Dubonnet, baptisée *Knee Action* (effet de genou !) par la GM. Les carrosseries restaient des variantes des Buick et La Salle, mais avec un avant redessiné qui camouflait bien cette origine.

La production se redressa quelque peu en 1934, avec un total de 82 150 voitures. Les ventes allaient dès lors progresser régulièrement. Les six-cylindres continuaient à avoir plus de succès que les huit, mais les unes comme les autres gagnaient de nouveaux clients. En 1937, Oldsmobile franchit la barrière des 200 000 avec une production de 200 886 voitures. Cette même année, la marque introduisit une innovation d'envergure sous la forme d'une transmission semi-automatique, d'abord réservée aux huit-cylindres puis, à partir de 1938, disponible sur tous les modèles. La conjoncture économique fit retomber les ventes à 99 951 en 1938, mais la remontée fut rapide. La production de l'année-modèle 1940 atteignit 192 692 exemplaires. Une nouvelle génération d'Oldsmobile était apparue en 1939 : les modèles F et G avaient un six-cylindres de 4,2 litres.

Mais c'est en 1940 que la marque frappa réellement un grand coup, en proposant la transmission Hydra-Matic entièrement automatique à 4 rapports, contre un supplément de $ 57 seulement, 23 de moins que la transmission semi-automatique de 1937. C'était une grande première pour la General Motors et pour toute l'industrie automobile américaine.

La présentation de la boîte Hydra-Matic représentait l'aboutissement de nombreuses années de recherche au Département Expérimental de la General Motors. Les travaux avaient commencé dès 1920. Ils avaient porté d'abord sur des dispositifs électriques qui furent abandonnés dès 1923. On étudia alors la possibilité de systèmes hydrauliques. Une transmission à friction fut finalement mise au point. Elle faillit voir le jour en 1932, mais coûtait trop cher à fabriquer. Les recherches qui devaient aboutir à l'Hydra-Matic débutèrent en 1934 chez Cadillac. C'était un retour à la boîte de vitesses classique avec son nombre déterminé de rapports, mais avec la différence que le changement de vitesse s'effectuait automatiquement sous l'effet du couple du moteur (c'est-à-dire la force qui s'exerce sur le vilebrequin).

Des prototypes furent construits, pris en charge par Oldsmobile. Il en sortit d'abord cette boîte semi-automatique proposée par Buick et Oldsmobile en 1938. C'est alors que les techniciens s'aperçurent que la commande d'embrayage devenait superflue, si l'on mettait en place un convertisseur hydraulique. Ainsi naquit la transmission Hydra-Matic qui fit ses débuts sur les modèles Oldsmobile 1940. Cadillac, dont le rôle avait été si important pour l'élaboration du dispositif,

Oldsmobile

EXTRÊME-GAUCHE Ce cabriolet était vendu en 1932 sous le nom de *convertible roadster*. Cette même année le six-cylindres de 3,5 litres céda la place à un huit-cylindres de 4 litres.

CI-DESSUS En 1937 les Oldsmobile avaient la même carrosserie que les La Salle et les Buick, qui faisaient partie également de la GM. La calandre, avec ses barres horizontales nettement espacées, était particulière à la marque.

CI-CONTRE La série des modèles Dynamic Cruiser fut présentée en 1941. Ils pouvaient être équipés des moteurs six-cylindres de 3,9 litres ou huit-cylindres de 4,2 litres.

n'en équipa ses modèles qu'à partir de 1941. Il allait connaître après la guerre un développement extraordinaire.

Grâce à l'Hydra-Matic Oldsmobile battit en 1941 tous ses records de vente avec plus de 270 000 voitures. La gamme aussi s'était développée. Le six-cylindres avait eu sa cylindrée portée à 3,9 litres, mais le huit-cylindres de 4,2 litres poursuivait sa carrière. Le système de désignation des modèles, d'après l'année de fabrication, avait été remplacé par de nouvelles dénominations, d'après l'empattement. La Special sur châssis court pouvait recevoir les moteurs à six ou huit cylindres, de même que les Dynamic et Custom Cruiser sur châssis long. En 1941 Oldsmobile fêta la sortie de sa deux-millionième voiture. En 1942, un troisième modèle sur châssis long fit son apparition, et les carrosseries furent redessinées, avec des dénominations renouvelées : *Sixty* (60), *Seventy* (70) et *Ninety* (90). Au même moment c'est la firme tout entière qui changea de nom : elle cessa de s'appeler Olds Motor Works, pour devenir *Oldsmobile Division of General Motors*.

L'entrée en guerre des États-Unis à la fin de 1941 fit interrompre en février 1942 la fabrication des voitures. Oldsmobile consacra désormais ses efforts à la production de munitions, de canons et de pièces de moteurs d'avion. En 1945 Oldsmobile ressortit, comme les autres, ses modèles 1942. Les véritables modèles d'après-guerre n'apparurent que pour l'année 1949. Sous le nom générique de Futuramic, ces voitures étaient proposées avec les dénominations 76, 88 et 98. Aux habituelles berlines deux ou quatre-portes s'ajoutait un coupé *hardtop* (faux-cabriolet) : le Holiday 98. Le six-cylindres restait fidèle au poste, avec une cylindrée de 4,2 litres. Mais le huit-cylindres en ligne cédait la place à un remarquable V8 de conception moderne, à haute compression (7,25 à 1), soupapes en tête et dimensions « super carrées ». Il développait 135 ch pour une cylindrée de 4 965 cm³. C'était seulement 25 ch de moins que le nouveau V8 Cadillac présenté un peu plus tard la même année, et dont il avait fallu augmenter au dernier moment la cylindrée (passée à 5 063 cm³), précisément pour qu'il ne soit pas surclassé par le nouveau V8 Oldsmobile. Celui-ci avait été dessiné par Gilbert Burrell et était présenté sous le nom de *Rockett Eight*. Il était prévu à l'origine pour équiper le modèle 98 à châssis long, mais on décida finalement d'en faire bénéficier la 88 à châssis court qui devait se contenter au départ du six-cylindres. L'Oldsmobile 88 était toute désignée pour les épreuves de *stock car* (voitures de série). Elle devait dominer les épreuves du NASCAR de 1949 à 1951, jusqu'à l'entrée en scène du redoutable Chrysler « Hemi » de 180 ch.

LES FLAMBOYANTES ANNÉES 50

La gamme Futuramic permit à Oldsmobile de battre une fois de plus son record en 1949, avec 288 586 voitures. La firme de Lansing changea en 1951 de directeur général : Sherrod E. Skinner qui occupait ce poste depuis 1940 fut remplacé par Jack Wolfram, entré chez Oldsmobile en 1928 et devenu ingénieur en chef en 1944.

Le V8 équipa tous les modèles à partir de 1951. En même temps, le nom Futuramic était supprimé. La gamme des modèles se composait alors de la 88, de la Super 88 (avec un nouvel empattement) et de la 98. La carrosserie inaugurée en 1949 fut conservée, avec des modifications de détail, jusqu'en 1953. Cette même année vit la brève apparition du cabriolet Fiesta, qui ne sera fabriqué qu'à 458 exemplaires, au prix de $ 5 517 avec un moteur poussé à 170 ch. Une nouvelle génération de modèles fit ses débuts en 1954, moins élégante que la précédente avec ses lignes alourdies. Simultanément la cylindrée du V8 fut portée à 5,3 litres. Oldsmobile proposait également à ses clients un « œil autronique », c'est-à-dire un

OLDSMOBILE 98 (1952-1953)	
MOTEUR	**CHÂSSIS**
Cylindres : 8 en V	Construction : caissons
Alésage et course : 93 × 86 mm	Empattement : 3,149 m
Cylindrée : 4 965 cm³	Voie avant : 1,498 m
Distribution : soupapes en tête, poussoirs et culbuteurs	Voie arrière : 1,498 m
Taux de compression : 8 à 1	Suspension avant : roues indépendantes, bras triangulés
Alimentation : 1 carbu. inversé	Suspension arrière : essieu rigide, ressorts à lames
Puissance : 165 ch à 3 600 tr/mn	Freins : tambours
Boîte de vitesses : automatique, 3 rapports	
Vitesse de pointe : 160 km/h	

A DROITE Cette berline Oldsmobile 98 de 1953 était apparue sous cette forme l'année précédente. Elle avait un V8 de 5 litres, développant 165 ch.

OLDSMOBILE

dispositif mettant automatiquement les phares en code. La carrosserie de 1954, accomplissant le cycle désormais traditionnel de trois ans, fut maintenue pour 1955 et 1956. L'année 1955 fut particulièrement notable, car elle vit la plupart des constructeurs battre leurs records de production. Oldsmobile prit alors la quatrième place du classement avec un total de 583 179 voitures. La marque devra attendre encore 17 ans, avant de passer à la troisième place.

Les carrosseries furent renouvelées en 1957. La gamme baptisée *Golden Rockett* avait à son sommet la Starfire. Tous les modèles bénéficiaient d'un V8 de 6 litres. L'année suivante les lignes sombrèrent dans les pires excès décoratifs, depuis la calandre à doubles phares jusqu'aux ailes arrière à quadruple bande chromée. En 1959, Oldsmobile fut reléguée à la cinquième place du classement par Pontiac, dont la production surpassa la sienne de 76 voitures (sur 382 940). Le V8 Rockett avait été agrandi une fois de plus (jusqu'à 6,5 litres), pour être installé dans les Super 88 et 89 de haut de gamme. Les carrosseries avaient été redessinées dans un style un peu tourmenté, mais original. 1960 fut l'année de la présentation de la « compacte » d'Oldsmobile : la F-85.

L'Oldsmobile F-85 avait la même carrosserie que son homologue de chez Pontiac, la Tempest. Il en était de même

OLDSMOBILE F-85 CUTLASS (1961-1963)
MOTEUR
Cylindres : 8 en V
Alésage et course : 88 × 71 mm
Cylindrée : 3 523 cm³
Distribution : soupapes en tête, poussoirs et culbuteurs
Taux de compression : 8,75 à 1
Alimentation : 1 carbu. inversé
Puissance : 185 ch à 4 800 tr/mn
Boîte de vitesses : 3 rapports
CHÂSSIS
Construction : plate-forme à caissons
Empattement : 2,844 m
Voie avant : 1,422 m
Voie arrière : 1,422 m
Suspension avant : roues indépendantes, bras triangulés
Suspension arrière : essieu rigide, ressorts hélicoïdaux
Freins : tambours
Vitesse de pointe : 165 km/h

CI-DESSOUS L'Oldsmobile F-85 compacte arriva en 1961. Le coupé deux-portes Cutlass montré ici coûtait $ 2 621.

OLDSMOBILE TORONADO (1966-1970)

MOTEUR	CHÂSSIS
Cylindres : 8 en V	Construction : plate-forme à caissons
Alésage et course : 104 × 100 mm	Empattement : 3,023 m
Cylindrée : 6 964 cm^3	Voie avant : 1,613 m
Distribution : soupapes en tête, poussoirs et culbuteurs	Voie arrière : 1,600 m
Taux de compression : 10,5 à 1	Suspension avant : roues indépendantes avec barres de torsion
Alimentation : 1 carbu. inversé	Suspension arrière : essieu rigide, ressorts à lames
Puissance : 385 ch à 4 800 tr/mn	Freins : tambours
Boîte de vitesses : automatique, 3 rapports	
Vitesse de pointe : 210 km/h	

L'Oldsmobile Toronado de 1966 était la première traction avant américaine, depuis la Cord 810 de 1936. Elle rappelait également sa célèbre devancière par sa carrosserie aux lignes simples, mais frappantes et originales, et aussi par ses phares éclipsables. Son moteur était le V8 Oldsmobile de 7 litres, poussé à 385 ch.

pour son V8 de 3,5 litres que l'on retrouvait dans d'autres modèles de la GM. Il y avait aussi un modèle sport, le coupé Cutlass, qui reçut en 1962 le moteur Jetfire de 215 ch à turbocompresseur, remplacé en 1964 par un V8 de 5,4 litres. La même année la F-85 fut proposée avec un V6 de 3,7 litres. Les gros modèles continuaient à évoluer de leur côté. Le V8 de 6,5 litres poursuivit sa carrière jusqu'en 1964. Il équipait encore cette année-là les nouveaux modèles Jetstar 88, de même que le coupé Starfire apparu deux ans plus tôt.

L'ÉTONNANTE TORONADO

Jack Wolfram se retira de la direction générale d'Oldsmobile en 1964. Son successeur, Harold N. Metzel, lui aussi était précédemment ingénieur en chef de la firme. C'est sous sa présidence qu'allait être présentée une des plus originales voitures américaines d'après-guerre : la Toronado à traction avant qui fit ses débuts en 1966. L'idée originale remontait à 1959, quand les techniciens d'Oldsmobile avaient expérimenté un prototype à traction avant et coque autoporteuse. Son moteur était le V8 Buick qui allait être celui de la F-85, mais disposé transversalement. Ce moteur en alliage léger fut remplacé sur la voiture de série par un V8 en fonte disposé dans le sens habituel, mais avec une transmission séparée en deux éléments distincts. Le convertisseur de couple était installé à sa place habituelle derrière le moteur, mais la boîte automatique était, quant à elle, placée à côté du moteur, sous la rangée gauche de cylindres. Ils étaient reliés ensemble par une chaîne de transmission. Cette disposition inhabituelle avait pour but de réunir en un ensemble compact le groupe moto-propulseur sur l'essieu avant, pour mieux charger les roues motrices.

Le programme de la Toronado était de joindre aux avantages de la traction avant les qualités traditionnelles des puissantes voitures américaines. Le moteur était donc le V8 de 7 litres. Comme il n'y avait plus de place à l'avant pour la suspension habituelle à ressorts hélicoïdaux, ceux-ci furent remplacés par des barres de torsion longitudinales, ancrées vers le milieu de la voiture. On retrouvait à l'arrière des ressorts à lames ordinaires. La carrosserie était aussi originale avec ses flancs lisses où faisaient saillie les arches de roue et la mince calandre horizontale à phares éclipsables. Le modèle était proposé en version normale et De Luxe, cette dernière représentant 34 630 exemplaires sur les 40 963 vendus en 1966. Avec un prix de $ 4 812, la Toronado était la plus chère des Oldsmobile. La cylindrée du moteur sera portée à 7,5 litres en 1968, mais la carrosserie sera en même temps redessinée avec un résultat moins heureux. Le modèle se subsistera que deux ans sous cette forme. En 1977, signe des temps, la cylindrée fut réduite à 6,6 litres et ce n'était qu'un sursis : la Toronado disparut l'année suivante.

En 1972, Oldsmobile réussit à prendre la troisième place de constructeur américain, derrière Ford et Chevrolet. Elle allait réussir à conserver cette position jusqu'à la fin des années 70. L'Omega, dérivée de la Chevrolet Nova n'obtint qu'un médiocre succès. La Starfire issue de la Chevrolet Monza, avec un V6 de 3,8 litres, fut mieux appréciée. Mais le modèle qui fit la réussite d'Oldsmobile pendant les années 70, ce fut la Cutlass.

CI-DESSUS L'ensemble moteur-transmission de la Toronado : la boîte de vitesses est reliée au convertisseur par une chaîne de transmission.

A DROITE Le coupé Regency 1985 reste fidèle à la traction avant. Son moteur est un V6 de 3 litres.

OLDSMOBILE

LA POPULAIRE CUTLASS

La Cutlass apparut au début des années 70 avec un six-cylindres de 4,1 litres, mais la majorité des clients la préféraient avec le V8 de 5,7 litres proposé en deux versions : 250 ch ou 310 ch. Le modèle le plus apprécié fut la berline *Supreme Colonnade,* qui trouva 219 857 acheteurs pendant la seule année 1973. La Cutlass diminua de taille en 1978. La Supreme, désormais offerte également en version coupé, battit tous les records avec 277 944 exemplaires vendus dans l'année. La crise du pétrole de 1979 mit une fin brutale à cette euphorie.

L'autre modèle à succès d'Oldsmobile dans les années 70 fut la Delta, équipée depuis 1968 d'un V8 de 7,5 litres auquel elle resta fidèle jusqu'en 1977, quand il fut remplacé par un V8 plus petit, de 4,3 litres. En 1978, la Delta pouvait recevoir le V8 Diesel de la GM de 5,7 litres. L'année suivante, c'est la Toronado qui fut mise au goût du jour, avec un empattement raccourci de 15 cm et un V8 de 5,7 litres. 1979 vit également les débuts de la luxueuse berline *Ninety-Eight* (98), où l'on retrouvait encore le V8 de 5,7 litres.

Le mouvement de contraction de l'automobile américaine s'accentua en 1982. C'est ainsi que l'Oldsmobile Firenza arrivée cette année-là se contentait d'un quatre-cylindres transversal de 2 litres. En 1985, la Ninety-Eight devint une traction avant avec un V6 de 3 litres.

En 1984 était apparue la Cutlass Ciera qui devint aussitôt la plus vendue des Oldsmobile, soit avec un quatre-cylindres de 2,5 litres soit avec un V6 de 3 ou 3,8 litres. Une nouvelle Toronado a vu le jour en 1986. C'est un élégant coupé à traction avant, avec quatre roues indépendantes et des vitres affleurant la carrosserie, à la manière des Audi. Comme le modèle original de 1966, la Toronado 1986 a des phares éclipsables : ils sont normalement dissimulés derrière des éléments de calandre qui s'effacent quand les phares sont allumés. Ce modèle d'une technique très évoluée reste dans la ligne de l'évolution d'Oldsmobile depuis ses origines.

PACKARD

Pendant plus d'un demi-siècle le nom de Packard est resté synonyme de qualité dans l'industrie automobile américaine. Dès son apparition, en 1899, la marque s'est caractérisée par ses voitures coûteuses mais de fabrication soignée. Cette réputation a été maintenue par ses responsables successifs, Henry Joy qui reprit la firme en 1903, et Alvan Macauley, son successeur de 1916 à 1948. La marque traversa sans encombre la crise économique des années 30 mais succomba finalement dans les années 50, après une désastreuse alliance avec Studebaker.

En 1885 les frères James et William Packard fondèrent la Packard Electrical Company dans la ville de Warren (Ohio), pour la fabrication de fournitures, ampoules, sonnettes et systèmes d'alarme électriques. En 1895 James Packard découvrit en Europe l'automobile. À son retour il fit l'achat d'un tricycle De Dion et s'abonna à *The Horseless Age,* revue consacrée aux voitures sans chevaux.

En 1898, James Packard fit l'acquisition d'une automobile Winton, fabriquée à Cleveland, dans l'Ohio. Les difficultés qu'il rencontra avec cette voiture, surtout avec son équipement électrique, l'incitèrent à réaliser une automobile de sa propre conception. Il débaucha deux mécaniciens de Winton : George Weiss et William Hatcher, et la première Packard fut prête à rouler le 6 novembre 1899. Elle avait un moteur monocylindre de 2,3 litres, monté à l'arrière. Elle avait une boîte de vitesses à deux rapports à planétaires et une transmission par chaîne. Cette voiture, baptisée modèle A, se distinguait par un ingénieux dispositif d'avance automatique de l'allumage et par son levier de vitesse se déplaçant dans une grille en H. Pas moins de cinq voitures furent construites avant la fin de l'année 1899. D'emblée, elles avaient un aspect sérieux et compétent : du travail de professionnel. Les Packard seront dès lors fabriquées à Warren par la Ohio Automobile Company, filiale de la firme d'équipements électriques créée pour la circonstance. Le modèle A amélioré fut suivi du modèle B, puis, en 1901 du modèle C, qui bénéficiait d'une direction à volant, et non plus à « queue de vache », avec un moteur porté à 3 litres.

Une Packard Light Eight Série 900, de 1932.

Trois Packard d'usine prirent le départ en 1901 d'une épreuve d'endurance de 6 jours, organisée par l'Automobile Club américain, sur un trajet de 630 km entre New York et Buffalo. L'épreuve fut interrompue avant la fin, à cause de l'assassinat du président McKinley à l'exposition de Buffalo, mais les Packard étaient alors en tête et toutes les trois restaient en course, alors que la moitié des concurrents avaient déjà abandonné. Ce succès fit connaître la marque dans tout le pays. On raconte que c'est à l'arrivée de cette épreuve que James Packard dit la fameuse phrase qui allait devenir le slogan de la firme : « Demandez à celui qui en a une ».

Packard perfectionnait continuellement ses voitures. Le modèle F de 1902, avec un empattement allongé et une carrosserie plus habillée, avait déjà beaucoup moins l'air d'une « voiture sans chevaux » que le modèle original. En 1901, alors que Packard exposait ses voitures au Salon de New York, se présenta un acheteur pour un modèle B. Il s'agissait de Henry Joy, dont le père avait fait fortune dans les chemins de fer, et qui lui-même s'était enrichi dans l'industrie minière et les raffineries de sucre. Joy avait été séduit par les Packard, en remarquant qu'elles démarraient toujours au quart de tour. Il fut si content de sa voiture qu'il se rendit peu après acquéreur d'une centaine d'actions de la Ohio Automobile Company. Il visita l'usine de Warren et fit la connaissance de James Packard en juillet 1902. Un peu plus tard, la même année, il prit livraison d'une Packard modèle F, qui sera un des premiers succès de la firme avec un total de 179 exemplaires vendus. Par contre, le modèle G à moteur bicylindre ne trouva que quatre clients.

James Packard, entre-temps, avait commencé à se désintéresser de la construction automobile. En juin 1902 il se retira de la présidence de la Ohio Automobile Company, mais resta cependant directeur de l'usine. En octobre la firme changea de nom et devint la Packard Motor Company. Le capital par action fut augmenté et Henry Joy passa sur le devant de la scène en amenant de Detroit des capitaux supplémentaires. Joy avait un plan : transférer la production de Warren à Detroit, qui était en passe de devenir la capitale automobile des États-Unis. Les ateliers de Warren avaient été progressivement agrandis, mais ce qu'il fallait maintenant à Packard, c'était une véritable usine. Joy acheta un terrain de 26 hectares sur le East Grand Boulevard de Detroit. Pour le dessin des bâtiments, il fixa son choix sur un jeune architecte allemand nommé Albert Kahn. L'usine Packard fut la première création industrielle de Kahn, qui allait occuper le reste de sa carrière par de remarquables réalisations pour Ford, Chrysler ou la General Motors.

Pendant qu'avançait la construction de la nouvelle usine de Detroit, un nouveau modèle était en cours d'élaboration à Warren. C'était la première quatre-cylindres de Packard, le modèle K, qui n'eut pas beaucoup de succès, 34 exemplaires seulement trouvant preneur. Le modèle n'avait d'ailleurs pas eu le don de plaire à Henry Joy.

Packard prit possession de l'usine de Detroit en septembre 1903, 90 jours seulement après le début des travaux. Dès la fin de l'année, un nouveau modèle fit son apparition : le modèle L, toujours une quatre-cylindres, avec une cylindrée de 4 litres. Il obtint un bien meilleur succès que le modèle K. C'était aussi la première Packard à avoir le célèbre radiateur aux coins saillants, qui restera pendant 55 ans le signe distinctif de la marque. Ce dessin était apparu d'abord sur les automobiles françaises Mors. Il avait été introduit chez Packard par Charles Schmidt, ancien directeur d'usine de Mors venu travailler aux États-Unis. Il était entré chez Packard en 1902, et sous son influence la marque prendra une physionomie européenne, aussi bien par l'aspect de ses modèles que par leurs caractéristiques.

Le modèle L était vendu $ 3 000. C'était une voiture coû-

teuse, mais d'excellente qualité. En 1905 il céda la place au modèle N, d'un dessin similaire, mais avec une cylindrée de 4,3 litres. Il pouvait recevoir les premières carrosseries fermées montées par Packard. Le modèle S de 1906 était toujours à quatre cylindres, mais avec cylindrée encore plus élevée : 5,7 litres. Son prix allait de $ 4 000 à $ 5 225. La S présentait pour la première fois un signe distinctif qui se retrouvera par la suite sur toutes les Packard : un hexagone en creux sur les moyeux. Simplement décoratif à l'avant, il servait à l'arrière à maintenir l'extracteur pour le démontage du tambour de frein. D'abord peint en noir, l'hexagone devint rouge en 1913 et le resta sur tous les modèles Packard, jusqu'à la disparition de la marque en 1958.

UNE PROGRESSION CONTINUE

La firme était dans une situation florissante. Sa réputation de qualité fut encore renforcée par la *Thirty* (Trente), nommée ainsi d'après sa puissance ; elle avait un moteur de 7 litres et fut présentée en 1907. La Thirty figura au catalogue jusqu'en 1912 et resta pendant cette période le cheval de bataille de la marque, avec 1 800 exemplaires vendus pendant la seule année 1911.

En 1909 James Packard coupa les derniers liens qui l'unissaient encore à la firme portant son nom, en démissionnant de son poste de président en faveur de Henry Joy. Il put alors consacrer tout son temps à son entreprise d'équipement électrique qui devait être reprise par la General Motors en 1932.

Packard poursuivait cependant son expansion et il fallait périodiquement agrandir l'usine de East Grand Boulevard. Henry Joy se mit alors à la recherche d'un directeur général capable d'assurer le fonctionnement quotidien de l'usine. Il trouva l'homme qu'il cherchait en 1910, en la personne de James Alvan Macauley, qui pouvait passer à bien des égards

PACKARD

A GAUCHE Packard présenta en 1915 la première voiture de série à moteur V12 : la Twin Six, dont le prix se tenait entre $ 2 750 et $ 4 200. Le moteur fut pourvu de culasses détachables en 1916.

PACKARD TWIN-SIX (1915-1923)	
MOTEUR	**CHÂSSIS**
Cylindres : 12 en V	Construction : longerons et traverses en U
Alésage et course : 76 × 127 mm	Empattement : 3,175 m
Cylindrée : 6 948 cm³	Voie avant : 1,422 m
Distribution : soupapes latérales	Voie arrière : 1,422 m
Alimentation : 1 carbu.	Suspension avant : essieu rigide, ressorts à lames
Puissance : 88 ch à 2 600/tr/mn	Suspension arrière : essieu rigide, ressorts à lames
Boîte de vitesses : 3 rapports	Freins : tambours arrière
Vitesse de pointe : 120 km/h	

LA PREMIÈRE V12 DU MONDE

Depuis 1912, Packard ne fabriquait plus que des six-cylindres. La marque aurait pu poursuivre dans la même veine ou bien passer au V8 comme Cadillac. Packard préféra brûler les étapes et présenter en 1916 la Twin Six, première V12 de série du monde.

Le créateur de ce célèbre modèle était Jesse Gurney Vincent, devenu en juillet 1912 ingénieur en chef de la firme. Fils d'un fermier de l'Arkansas, il était entré à la fin de ses études primaires comme vendeur chez un marchand de grains de Saint-Louis. Après avoir suivi des cours de mécanique par correspondance il avait pris un emploi à la National Cash Register Company où il put faire la connaissance d'Alvan Macauley. Quand la compagnie s'installa à Detroit, il devint le responsable du parc automobile de Burroughs. En 1910, au moment où Macauley partit chez Packard, Vincent entra chez Hudson comme ingénieur en chef. Deux ans plus tard il rejoignait son ancien patron à l'usine d'East Grand Boulevard.

En 1912, il semblait logique de passer du six-cylindres au V8, mais ce n'était pas l'avis de Vincent. Il avait remarqué qu'un V8, agréable à bas régime, perd de sa douceur aux régimes élevés. Vincent le traitait avec mépris de « double-quatre », affirmant la supériorité du V12 ou « double-six », mieux équilibré et dotant la voiture d'une souplesse et d'un raffinement insurpassables. Vincent reçut le feu vert pour le projet en 1914. La Packard *Twin Six* fut présentée en mai 1915 comme modèle 1916. Son V12 avait 7 litres de cylindrée. Le vilebrequin n'avait que trois paliers, mais les pistons étaient en alliage léger. Le prix de vente était très raisonnable : de $ 2 750 à $ 4 200, alors que celui du modèle 38 six-cylindres, dont il prenait la succession, se tenait entre $ 3 350 et $ 5 150. La Twin-Six prit un bon départ et trouva 7 746 clients dès la première année. Le modèle 1917 bénéficiait de culasses détachables et de roues plus petites, mais sa carrière commerciale fut interrompue par l'entrée en guerre des États-Unis.

Comme on pouvait s'y attendre, la prospérité de Packard suscita des convoitises. Dès 1909, Durant avait projeté de l'inclure à la General Motors, mais son offre fut rejetée. En 1916, Charles Nash et James J. Sorrow, qui avaient quitté la GM à la suite du retour de Durant, proposèrent à Henry Joy de former un groupe rival. Joy accepta, mais il se heurta à l'opposition du conseil d'administration de Packard qui opta pour l'indépendance. La proposition fut repoussée en décembre 1916. L'année suivante, Henry Joy quitta la firme et revendit ses actions. Il avait fait de Packard une des marques les plus respectées de l'industrie américaine. Il appartenait à

pour le client typique de Packard : riche, affable et cultivé. Après des études de droit, il était entré en 1896 comme juriste à la National Cash Register Company de Saint-Louis. Macauley fut un des principaux responsables de l'installation de cette firme à Detroit, où elle prit le nom de Burroughs Adding Machine Company. C'est probablement le président de Burroughs, Joseph Boyer, ancien actionnaire de Packard, qui recommanda Macauley à Henry Joy. Avec un homme comme Macauley à la tête de Packard, Joy pouvait se consacrer plus activement à ses autres intérêts commerciaux, comme les chemins de fer du Michigan ou la Banque Nationale de Detroit.

Au moment où Macauley entrait à l'usine de East Grand Boulevard, Packard était en train de préparer sa nouvelle six-cylindres. L'ingénieur en chef, Russel Huff, entré en fonction en 1905, avait traversé plusieurs fois l'Atlantique pour étudier les meilleures réalisations européennes. La Packard Six fut présentée en 1911 ; c'était une voiture très impressionnante qui confirma la position de la marque parmi l'élite de l'automobile américaine symbolisée par les « trois P » : Pierce-Arrow, Peerless et Packard. La Six avait une cylindrée de 8,6 litres, avec une puissance administrative de 48 HP. Ce majestueux châssis était proposé avec une impressionnante variété de carrosserie. Ce devait être la Packard la plus vendue avant 1914, avec un total de 9 569 exemplaires construits jusqu'en 1915. Une six-cylindres de plus petite cylindrée (6,8 litres), la 38, vint à ajouter en 1913, avec un moteur à culasse en « L » et non plus en « T ». La 38 était également remarquable par sa conduite à gauche. Jusque-là en effet, Packard avait suivi l'usage européen du volant à droite. À la fin de 1913 Henry Joy put enregistrer les meilleurs résultats obtenus par la firme à cette date, avec une production de 3 994 voitures et un bénéfice record de 2,2 millions de dollars.

La Twin Six resta en fabrication au début des années 20. Ce n'est qu'en 1923 qu'elle céda la place à la huit-cylindres à ligne. Ce coupé de ville date de 1920. On voit sur les bouchons de moyeux l'hexagone en creux, qui est une des caractéristiques de la marque. A cette époque, les voitures de luxe américaines pouvaient encore se permettre d'avoir une calandre peinte.

Macauley de poursuivre son œuvre.

Avec l'entrée en guerre des États-Unis, Packard se trouva impliqué dans la fabrication du moteur d'avion Liberty. C'était un V12, qui était pour l'essentiel l'œuvre de Jesse Vincent devenu en 1915 directeur technique, pendant que Osmond Hunt prenait sa succession comme ingénieur en chef. Sur la demande du gouvernement américain, il s'associa avec Elbert John Hall (de la Hall-Scott Motor Company) pour l'étude d'un moteur d'avion dérivé de celui de la Twin-Six.

Packard reprit la construction d'automobiles en 1918 avec une troisième version de la Twin-Six, dont la fabrication se poursuivit jusqu'en 1923 et finit par totaliser 35 360 exemplaires. Packard avait produit pendant la guerre 6 500 moteurs Liberty V12. Cette expérience avait convaincu Macauley que l'avenir appartenait à la production en grande série, à laquelle la Twin-Six se montrait inadaptée. En conséquence Packard présenta en 1921 une nouvelle six-cylindres plus économique : le modèle 116 de 4 litres de cylindrée, qui allait constituer pendant 19 ans le fer de lance de sa production. C'était une voiture de conception très classique, mais de fabrication soignée dans la grande tradition de la marque. Elle n'obtint d'abord qu'un succès modéré. Packard avait projeté d'en vendre 20 000 exemplaires par an, mais à la fin de 1922 la 116 n'avait encore trouvé que 8 800 acheteurs. Il fallut réduire les prix et pourtant Packard enregistra en 1921 un déficit de près d'un million de dollars. Ce relatif échec tenait en fait bien plus au climat économique qu'aux qualités du nouveau modèle. Les ventes progressèrent dès que la crise commença à s'estomper. Packard vendit 18 192 voitures en 1922-1923 et put songer au remplacement de la Twin Six.

LA GRANDE ÉPOQUE DE PACKARD

La voiture qui devait succéder à la Twin Six vit le jour en 1923. C'était la *Single Eight* à moteur huit-cylindres en ligne de 5,85 litres. C'était la première Packard avec des freins sur les roues avant. Vincent restait fidèle à son aversion pour le V8. Il ne fait pas de doute que la nouvelle Packard était plus « onctueuse » que sa rivale, la Cadillac modèle 51, qui souf-

PACKARD

frait d'une période de vibration perceptible vers 65 km/h.

À la fin de 1923 la six-cylindres, dont 35 560 exemplaires avaient déjà été vendus, reçut à son tour des freins sur les roues avant. Les modèles restèrent ensuite inchangés, jusqu'à l'arrivée en 1925 d'une nouvelle génération de six et huit-cylindres.

C'est aussi en 1925 que la production de Packard surpassa celle de Cadillac, par 32 027 voitures contre 22 542 pour sa rivale. Packard allait conserver son avantage jusqu'à la guerre. Cadillac ne reprendra le dessus qu'en 1947. La lutte restera encore incertaine en 1948 et 1949, mais l'année 1950 verra le commencement du déclin de Packard.

Ayant ainsi établi sa suprématie, Packard renforça sa position dans le marché de l'automobile de luxe, en abandonnant en 1928 le six-cylindres pour limiter exclusivement sa fabrication au huit-cylindres. À partir de cette année Packard commença à désigner ses modèles par séries, mais pour la commodité nous continuerons à les désigner par leur année de fabrication. L'apogée atteinte par la firme se refléta dans la production de 1929 qui totalisa 54 992 voitures, alors que les bénéfices atteignaient le montant record de $ 25 912 000.

La Grande Crise fit cependant sentir ses effets sur Packard. Une huit cylindres économique vit le jour en 1932 : la *Light Eight,* rebaptisée simplement *Eight* l'année suivante et ensuite supprimée. À l'autre extrémité de l'échelle des prix apparut en 1932 une nouvelle Twin Six. Ce retour de Packard au V12 avait été provoqué par la présentation en 1930 de l'extravagante Cadillac V16, d'où avait été tirée une V12 un peu plus tard. Packard avait même placé un moment ses ambitions encore plus haut, en préparant une V12 à traction avant, inspirée de la Cord L–29. Un des créateurs de la Cord, Cornelius Van Ranst, était entré chez Packard et un prototype avait été construit. Mais la transmission n'avait pu être mise au point. Comme le temps et l'argent manquaient, une transmission classique à roues arrière motrice fut en fin de compte adoptée.

La Twin Six, deuxième du nom, fut présentée en janvier 1932. Son V12 de 7,3 litres développait une puissance de 150 ch. Les soupapes à l'intérieur du V, étaient disposées presque horizontalement. Le châssis était le même que celui de la Eight. Packard offrait un choix très étendu de carrosseries fermées ou découvertes, sans compter les carrosseries spéciales exécutées par Dietrich. Les prix allaient de $ 3 650 à $ 7 950. Dès 1933 le modèle fut rebaptisé Twelve. Sous ce nom il restera en fabrication jusqu'en 1939. En 1937 il sera doté d'une suspension avant à roues indépendantes système Packard Safe-T-Flex, et de freins à commande hydraulique. La Twelve fut supprimée en août 1939, après avoir été construite à 4 844 exemplaires.

UNE PACKARD POUR LES TEMPS DIFFICILES

La Twelve préservait le prestige de Packard, mais elle contribua très peu à sa prospérité. Le modèle qui véritablement permit à la firme de traverser sans trop de dommage la crise économique fut la *One Twenty* (120), présentée en 1935. Les $ 506 433 de bénéfices enregistrés en 1933 provenaient de bons gouvernementaux détenus par la firme. Il devenait urgent de mettre au catalogue un modèle économique. George T. Christopher ancien de la GM, fut chargé du contrôle de la production. L'usine Packard fut réorganisée en fonction du nouveau modèle qui n'aurait rien de commun avec les précédents. C'est de lui qu'allait dépendre la survie de la marque.

La 120 avait un nouveau châssis cruciforme, de 120 pouces (3,05 m) d'empattement, d'où son nom. C'était la première Packard bénéficiant d'une suspension avant à roues indépendantes, et de freins à commande hydraulique ; la Twelve, rappelons-le, ne les reçut que deux ans plus tard. Le moteur était un huit-cylindres en ligne de 4,2 litres. Le prix de vente se tenait entre $ 980 et $ 1 095. Packard monnayait son prestige, mais l'opération se montra rentable. La 120 trouva 24 995 acheteurs dès la première année. La 120B, qui lui succéda l'année suivante, eut encore plus de succès et totalisa

EN BAS, A GAUCHE Elles n'ont de Packard que le nom : ces monoplaces sont en réalité des Miller (les deux de gauche à traction avant) patronnées par la firme Packard Cable, d'où est sortie la marque Packard. De gauche à droite : Ralph Hepburn, Leon Duray et Anthony Guletta. Ces voitures vinrent en Europe en 1929 où elles firent quelques brèves, mais spectaculaires, apparitions sur les circuits.

CI-DESSOUS Une belle Packard Super Eight de la Série 11 ; elle possédait un moteur huit-cylindres en L, de 6 292 cm³, développant 145 ch. Ce coupé roadster date de 1933, bien qu'il soit de l'année-modèle 1934. Ce fut la première année des Packard équipées de la radio.

ENCADRÉ En 1928, Packard adopta comme emblème le pélican qui figure sur le blason de la famille. A partir de 1932 il prit place sur la calandre des voitures, pendant que le blason lui-même décorait la planche de bord.

CI-DESSUS Avec une cylindrée de 6,3 litres, la Packard Super Eight coûtait nettement plus cher que la Eight de 5,3 litres. Cette décapotable quatre-places était appelée *convertible sedan* (berline transformable) et vendue $ 3 790.

CI-DESSUS, A GAUCHE Le moteur de la Packard Light Eight, Série 900, de 1932, développait 110 ch à 3 200 tr/mn, pour une cylindrée de 5 243 cm³, avec 8 cylindres en ligne.

CI-DESSOUS Quel fabuleux déploiement de métal pour ce cabriolet V12 de 1937. Le pélican est toujours à sa place en haut de la calandre, de même que l'hexagone en creux sur les enjoliveurs. En 1937, la V12 bénéficia d'une nouvelle suspension avant à roues indépendantes, de freins hydrauliques et de portières s'ouvrant vers l'avant.

CI-DESSUS, A DROITE La mascotte « Déesse de la vitesse » décorait le capot des Packard de la Série 900. Introduite en 1926, elle subsista jusqu'en 1950, tout en subissant de nombreuses modifications.

A DROITE Une berline Super Eight de 1937. Après sa vogue dans les années 20, le huit-cylindres en ligne perdit peu à peu sa faveur dans les années 30. Packard n'en construisit que 5 793 en 1937. Le moteur Super Eight avait une cylindrée de 5,2 litres, qui fut portée à 5,8 litres en 1939. Le modèle resta en fabrication jusqu'en 1941.

55 042 exemplaires vendus dans l'année.

Packard poussa encore plus loin dans le même sens, en présentant en 1937 une version six-cylindres de la 120, avec une cylindrée de 3,9 litres et un prix de vente compris entre $ 795 et $ 1 295. Ces deux modèles, la Six et la 120, portaient désormais le nom de Packard Junior, la Super Eight et la Twelve devenant les Packard Senior. Le total des ventes de modèles Junior s'éleva en 1937 à 115 000 voitures, sur les

PACKARD

122 593 construites cette année-là par Packard. En 1938 les Junior eurent une carrosserie redessinée. L'empattement de la 120 fut porté à 127 pouces (3,22 m) ; comme elle ne méritait plus son nom, elle fut rebaptisée Eight.

Le triomphe de 1937 ne se reproduisit malheureusement pas en 1938. Le climat économique des États-Unis se refroidit et les ventes de Packard s'en ressentirent, avec un total de seulement 55 718 voitures dans l'année. Le déficit se chiffra à $ 1 638 317. L'année 1939 fut encore plus mauvaise. La même année Alvan Macauley abandonna son poste de président du conseil d'administration, mais continua cependant à diriger la firme. La six-cylindres fut redessinée pour 1940 avec la désignation *One Ten* (110), et les ventes remontèrent jusqu'à 98 000 voitures. En 1941 les Packard proposaient à leurs clients une peinture deux tons et l'air conditionné, mais ces nouveautés furent éclipsées par l'introduction d'une des plus élégantes Packard d'avant-guerre : la Clipper.

LA CLIPPER PREND LE RELAIS

Les Packard remportèrent dans les années 30 un succès mérité, mais leurs lignes commençaient à dater à la fin de la décennie. D'une part la firme tenait à conserver sa calandre traditionnelle, d'autre part le responsable du dessin était Edward Macauley, fils du président de Packard. La seconde raison perdit de sa force, lorsque Alvan Macauley quitta la présidence du conseil d'administration en 1939. Les dirigeants de Packard décidèrent qu'il était temps de rajeunir les carrosseries. Au début de 1940 un styliste indépendant installé à Hollywood, Howard A. « Dutch » Darrin, reçut un appel de

PACKARD

Packard : il avait exactement dix jours pour dessiner une carrosserie entièrement nouvelle. Darrin releva le défi en demandant $ 1 000 par jour. Packard accepta et Darrin exécuta son contrat, mais il ne devait jamais recevoir un cent : le représentant de Packard lui assura qu'on lui passerait commande de plusieurs carrosseries spéciales. Darrin jugea alors diplomatique de faire cadeau à la firme de ses honoraires, mais il ne devait jamais rien voir venir : les commandes avaient été annulées ! Le dessin créé par Darrin, revu et modifié par l'usine, fut à l'origine d'une des plus remarquables voitures américaines de cette époque.

Sur la Clipper la fameuse calandre Packard se trouvait épurée et stylisée. Les phares étaient intégrés aux ailes. Les marchepieds étaient invisibles, dissimulés par les portes lorsqu'elles étaient fermées. Sous le capot on trouvait un huit-cylindres en ligne de 4,6 litres. Vendue $ 1 420, la Clipper était un modèle intermédiaire qui se plaçait à égale distance des Packard Junior et Senior. Elle obtint un succès honorable pour sa première année de fabrication, avec 16 600 exemplaires vendus. En 1942, le nom Clipper fut étendu à toute la gamme Packard.

La firme dut ensuite consacrer tous ses efforts aux commandes militaires, principalement la fabrication sous licence du moteur d'avion Rolls-Royce Merlin, dont Packard fabriqua 55 523 exemplaires entre 1941 et 1945. Packard produisit également des moteurs marins en quantité appréciable. Pendant les hostilités, le gouvernement américain demanda à la firme si elle voulait vendre les modèles d'emboutissage des carrosseries de ses anciens modèles, périmés depuis l'arrivée de la Clipper. Packard accepta, et ses modèles 1942 virent le jour en 1945 sous l'aspect de la Zis, fabriquée à Moscou.

C'est ainsi que Packard reprit la fabrication d'automobiles en 1946 avec la seule Clipper, proposée avec un six-cylindres de 4 litres, et deux huit-cylindres, de 4,6 et 5,8 litres. Le six-cylindres fut cependant supprimé dès 1948. George Christopher succéda alors à Alvan Macauley. Ce dernier, siégeant toujours au conseil d'administration, ne prit sa retraite qu'en 1948, à l'âge de 76 ans. Un an plus tard, ce fut le départ de Christopher, et c'est Hugh Ferry, comptable entré chez Packard en 1917, qui devint président.

Cette instabilité directoriale n'aurait pu arriver à un plus mauvais moment pour Packard. La Clipper en effet se vendait bien dans l'euphorie commerciale de l'après-guerre mais rien n'était prévu pour faire reparaître ces voitures de prestige qui avaient fait la gloire de Packard. La marque laissait le champ libre à Cadillac qui parvint, pour la première fois depuis 1925, à surpasser les ventes de Packard en 1947, par 61 926 voitures contre 51 086. Packard reprit la tête en 1948 et 1949, mais Cadillac creusa l'écart de façon décisive en 1950 avec une production de 103 857 voitures, alors que Packard n'en comptait que 42 627.

La Clipper fut redessinée en 1948 dans un style discutable avec une calandre basse, mais les ventes répondirent favorablement avec près de 99 000 voitures dans l'année, le meilleur score de Packard depuis le record de 1937. Les carrosseries furent redessinées une fois de plus en 1949, en même temps que Packard offrait sa nouvelle transmission Ultramatic. Il faudra cependant attendre 1951 pour voir apparaître des modèles d'après-guerre dignes de ce nom.

A GAUCHE La Packard One Ten (110), qui débuta en 1940, devint aussitôt le modèle le plus vendu de la firme. Elle coûtait $ 996 en berline quatre-portes. La 110 fut fabriquée au total à 62 300 exemplaires. Son moteur était un six-cylindres de 4 litres.

ENCADRÉ Une berline Packard One Eighty (180) de 1941. Ce modèle fut vendu à 903 exemplaires cette année-là. Le moteur huit-cylindres de 5,8 litres était le même que celui de la One Sixty (160). C'est sur les modèles 1941 que les phares furent intégrés aux ailes.

Il s'agissait des Packard 250, 300 et 400, dont la carrosserie était due à John Reinhart, devenu styliste en chef de Packard en 1947. Malheureusement, la marque offrait toujours son huit-cylindres en ligne, bien que Cadillac et Oldsmobile eussent déjà présenté leur nouveau V8 à soupapes en tête. Malgré ce handicap, les nouvelles Packard furent bien accueillies, particulièrement le modèle 200, dont le prix était fixé à $ 2 616 dans la version De Luxe. Les mêmes modèles furent représentés à peu près sans changement en 1952. En mai de la même année, Hugh Ferry se retira de la présidence de Packard. Il fut remplacé par James Nance, un ancien de la General Electric, alors âgé de 51 ans. Hugh Ferry avait déjà tenté en 1950 de l'attirer chez Packard, mais Nance avait alors refusé. Il avait fait ensuite la connaissance de George Mason, président des automobiles Nash, qui était en train de racheter Hudson. Mason suggéra à Nance de se mettre à tête de Packard pour faire fusionner la firme avec Studebaker. Les quatre marques seraient alors réunies sous le nom d'American Motors, pour former un groupe contre les Trois Grands.

À l'époque ce plan grandiose n'était connu que de Nance, Mason et leurs collaborateurs directs. Il n'y avait qu'un seul point noir : c'était Packard qui, à l'époque où Nance en prit le contrôle, ne fonctionnait qu'à 50 % de ses possibilités. Nance obtint de nouveaux contrats militaires (c'était le moment où la guerre de Corée battait son plein). En 1953 le modèle 200 fut rebaptisé Clipper. En même temps, Packard tenta de ressusciter les gloires passées en présentant le cabriolet Caribbean, rival de la Cadillac Eldorado, au prix de $ 5 210. La Caribbean trouva 750 acheteurs la première année et survécut jusqu'en 1955... Mais Packard restait fidèle à son huit-cylindres en ligne.

UN MARIAGE DÉSASTREUX

En 1954, Nance mit à exécution la première phase du plan combiné avec Mason. Il racheta la firme Studebaker pour créer la Studebaker-Packard Corporation. L'opération fut catastrophique pour Packard, car Studebaker était bien plus mal en point qu'il n'y paraissait, à cause notamment de coûts de fabrication exorbitants. Un autre coup dur survint sous la forme du rachat de la firme Briggs, qui fournissait à Packard toutes ses carrosseries depuis 1941, par la Chrysler Corp. qui s'empressa de notifier à Packard qu'il lui faudrait maintenant faire faire ses carrosseries ailleurs. Nance dut installer des ateliers fort chers, dans une ancienne usine de Briggs à Détroit. Enfin, la même année, George Mason mourut et le projet des American Motors disparut avec lui. Nance se retrouvait livré à lui-même.

Packard n'avait cependant pas dit son dernier mot. En 1955, la marque présenta son nouveau V8 à soupapes en tête, proposé en deux versions : 5,25 litres ou 5,8 litres. Les carrosseries avaient reçu d'astucieuses retouches qui les faisaient paraître entièrement nouvelles, alors qu'elles étaient basées sur celles de 1951. En plus Packard proposait à sa clientèle une révolutionnaire suspension à barres de torsion et correcteur d'assiette à commande électrique, baptisée Torsion-Aire. Malheureusement ce dispositif n'était pas au point. Des problèmes ternirent l'image d'infaillibilité technique préservée

EN HAUT Sous sa carrosserie au goût du jour, la Patrician de 1951 conservait le classique huit-cylindres en ligne de 5,4 litres. Le modèle était vendu $ 3 662. Il faudra attendre 1955 pour que Packard présente son V8, mais il arrivera trop tard pour sauver la firme.

A DROITE Le cabriolet Caribbean conservait encore quelque chose de la vieille distinction qui avait fait le renom de Packard. Il fut présenté en 1953 au prix de $ 5 210. D'abord équipé du huit-cylindres en ligne, il reçut en 1955 un V8 de 5,8 litres, mais disparut dès la fin de 1956.

PACKARD PATRICIAN (1951-1954)	
MOTEUR	**CHÂSSIS**
Cylindres : 8 en ligne	Construction : longerons et traverses en caissons
Alésage et course : 88 × 107 mm	Empattement : 3,225 m
Cylindrée : 5 358 cm³	Voie avant : 1,524 m
Distribution : soupapes latérales	Voie arrière : 1,546 m
Taux de compression : 7,8 à 1	Suspension avant : roues indépendantes avec ressorts hélicoïdaux
Alimentation : 1 carbu. inversé	Suspension arrière : essieu rigide, ressorts à lames
Boîte de vitesses : automatique, 2 rapports	Freins : tambours
Vitesse de pointe : 160 km/h	

PACKARD

Packard

A GAUCHE La berline Patrician ne trouva en 1956 que 3 775 clients, en dépit de l'adoption tardive du V8. Le modèle disparaîtra à la fin de l'année. Sur la même plate-forme, Packard proposait aussi le coupé Four Hundred (400). Le pélican sur le capot, emblème traditionnel de Packard, a disparu.

CI-DESSUS Elle n'a de Packard que le nom : cette berline Hawk de 1958 est en fait une Studebaker. Son moteur est le V8 de 4,7 litres fabriqué à l'usine Studebaker de South Bend. Cette ultime Packard ne fut construite qu'à 1 200 exemplaires. La gamme comprenait aussi une berline deux-portes, un coupé et un break.

jusque-là par la marque. La cylindrée du V8 fut portée à 6,1 litres pour 1956, sans que les modèles Patrician puissent trouver plus de 3 775 clients.

La situation de Studebaker-Packard apparaissait maintenant désespérée. Nance fit alors la tournée des autres constructeurs pour leur proposer de racheter la firme. Il s'adressa ainsi à la GM, à Ford, à Chrysler et aussi à Curtiss-Wright, célèbre constructeur de moteurs d'avion qui avait pris récemment la concession de Mercedes-Benz aux États-Unis. Il n'eut d'abord aucun succès, puis, en mai 1956, Curtiss-Wright fit une proposition, comprenant notamment l'obligation pour les agents de Studebaker-Packard de devenir représentants de Mercedes-Benz, certaines servitudes directoriales et la promesse de contrats militaires. Packard n'avait plus le choix et dut accepter. Nance préféra s'en aller de lui-même. Toute la production fut concentrée à l'usine Studebaker de South Bend et Packard, après 53 ans, dut dire adieu à la ville de Detroit.

Les Packard 1957 étaient essentiellement des Studebaker, aussi bien du côté de la mécanique que de la carrosserie, avec un V8 de 4,75 litres à compresseur développant 275 ch, c'est-à-dire la même puissance que le V8 Packard de 5,8 litres. Ces « Studepackard » furent heureusement supprimées fin 1958, après n'avoir été construites qu'à 1 745 exemplaires. Il ne fait pas de doute qu'une des marques les plus respectées de toute l'automobile américaine méritait une meilleure fin.

PIERCE-ARROW

La marque Pierce-Arrow a disparu voici un demi-siècle, et son nom n'évoque plus rien aujourd'hui, sauf pour les passionnés qui maintiennent son culte. Et pourtant, avant 1914, c'était LA marque par excellence, pour ceux qui avaient du goût et de la fortune. Pierce-Arrow, qui se tenait à l'écart des grands constructeurs de Detroit, était installé à Buffalo, dans l'état de New York. Son succès s'estompa dans les années 20, devant l'émergence de marques comme Cadillac, Packard ou Lincoln. Son association avec Studebaker en 1928 fut rompue cinq ans plus tard. En dépit de quelques belles réalisations dans les années 30, la marque ne retrouva jamais son succès d'avant 1914 et la production cessa en 1938.

La firme avait débuté de façon curieuse en fabriquant des cages à oiseaux, des glacières et autres instruments ménagers, à partir de 1873, quand George Norman Pierce fonda la firme Heintz, Pierce & Munschauer.

George Pierce était né en 1843 à Friendsville, bourg proche de Waverley, dans l'état de New York. Il fit de solides études à l'académie de Waverley et enfin au collège commercial de Buffalo. Son père était fermier et commerçant. Pierce travailla d'abord dans les entreprises industrielles Townsend, puis John C. Javett, où il put acquérir l'expérience dont il avait besoin. Sa propre firme fut bientôt prospère. À partir de 1892 elle produisait des bicyclettes de haute qualité, avec suspension arrière et transmission à chaîne ou à pignons coniques. C'est à ce moment que la marque adopta une flèche (*arrow* en anglais) comme emblème. En 1896, la firme changea de statut et prit le nom de George N. Pierce Company ; Pierce était président, Henry May vice-président et Charles Clifton directeur financier. Clifton, né en 1853, jouera un rôle de premier plan dans la création des automobiles Pierce-Arrow.

Les ventes de bicyclettes se trouvant en plein essor, Clifton se tourna vers le nouveau marché qui s'ouvrait aux automobiles. À la fin du XIXe siècle, le moteur à pétrole était encore

Crépuscule d'une déesse : la Pierce-Arrow Model 43.

CI-DESSOUS La première automobile Pierce, terminée le 1er mai 1901, fut construite à 25 exemplaires. Le moteur était un monocylindre De Dion-Bouton.

CI-DESSOUS Les publicités Pierce-Arrow jouaient à fond la carte du snobisme : posséder une Pierce-Arrow était un signe de réussite sociale. Cette réclame date de 1910.

loin d'avoir supplanté ceux à vapeur ou à électricité. Il n'est donc pas surprenant que Clifton ait essayé d'abord un véhicule à vapeur. Cette machine se montra cependant assez peu convaincante, et Clifton traversa l'Atlantique pour examiner ce qui se faisait en Europe. Il y fut séduit par le célèbre monocylindre De Dion et il fit construire à son retour un tricycle équipé d'un de ces moteurs. Le véhicule se montra instable et on lui ajouta une quatrième roue. Il roula pour la première fois sous cette forme le 24 novembre 1900. La firme manquait cependant d'un ingénieur qualifié, c'est pourquoi Pierce embaucha en février 1901 David Fergusson, qui s'employa aussitôt à mettre au point la petite voiture à moteur De Dion.

Fergusson, d'origine anglaise, s'était familiarisé dans plusieurs ateliers de mécanique avec les moteurs à vapeur ou à pétrole. Il fit alors la connaissance du célèbre Edward Pennington, inventeur un peu mythomane et escroc avec lequel il partit pour les États-Unis en 1899. Les espérances de Pennington pour monnayer ses « inventions » s'étant évanouies en fumée, Fergusson reprit sa liberté et entra chez E. C. Stearns, à Syracuse, dans l'état de New York qui, comme Pierce, s'intéressait alors aux véhicules à vapeur. Peu après, notre homme passa chez Pierce, à Buffalo.

LA PREMIÈRE AUTOMOBILE PIERCE

La voiture achevée par Fergusson fut baptisée Motorette. Son moteur était le mono De Dion de 2 3/4 HP, dont Clifton avait commandé plusieurs exemplaires lors de son passage en France. Pierce ne produisit que 25 voitures en 1902, comprenant aussi une version plus puissante, de 3 1/2 HP, avec une marche arrière, qui faisait défaut au modèle original. La Motorette de 1903 était équipée d'un moteur Pierce de 5 HP, toujours monocylindre. Pierce proposait également un modèle quatre-places, la Stanhope, avec un moteur de 6 HP, puis de 8 HP.

Tous ces modèles restaient fidèles au concept de la « voiture sans chevaux ». Le suivant fut une véritable automobile. Apparu également en 1903, il avait un moteur De Dion bicylindre de 15 HP disposé à l'avant. La barre de direction de la Motorette était remplacée par un volant. Il fut construit à

A DROITE La monstrueuse Pierce-Arrow 66 coûtait $ 5 900 en 1916. Cet exemplaire est carrossé en « runabout » trois-places.

PIERCE-ARROW 66 (1913-1918)
MOTEUR
Cylindres : 6 en ligne
Alésage et course : 127 × 177 mm
Cylindrée : 13 514 cm³
Distribution : soupapes latérales
Alimentation : 1 carbu. droit
Puissance : 80 ch à 1 200 tr/mn
Boîte de vitesses : 4 rapports
CHÂSSIS
Construction : longerons et traverses en U
Empattement : 3,759 m
Suspension avant : essieu rigide, ressorts semi-elliptiques
Suspension arrière : essieu rigide, ressorts semi-elliptiques
Freins : tambours arrière

PIERCE-ARROW

50 exemplaires en 1903, et à 75 exemplaires l'année suivante, bénéficiant d'un moteur avec une course allongée. Ces voitures portaient aussi pour la première fois le nom Arrow, évoquant l'emblème de la marque. En octobre 1903, une de ces Arrow 15 HP remporta une médaille d'or dans une épreuve disputée sur le trajet New York-Pittsburg. En dépit du succès obtenu par le modèle bicylindre, la Stanhope resta en fabrication jusqu'en 1906.

En 1904 la firme présenta sa première quatre-cylindres, la 24/28 HP Great Arrow, dont le moteur avait une cylindrée de 3,77 litres. C'est le modèle qui allait consolider le prestige de la marque. Fergusson, devenu ingénieur en chef de Pierce, avait remplacé le châssis tubulaire, d'inspiration cycliste, par un solide cadre en acier embouti. En 1905, la gamme des quatre-cylindres Pierce se compléta d'une 28/32 HP de 6,1 litres et d'une majestueuse 40 HP qui trouva 25 clients au cours de cette année.

Mais le grand événement de l'année 1904 chez Pierce fut la victoire au premier Glidden Tour. Cette épreuve était une initiative du richissime Charles Jasper Glidden, qui s'était déjà rendu célèbre en faisant le tour du monde à bord d'une automobile Napier. Voyant que la Coupe Vanderbilt était réservée aux voitures de course, Glidden décida de créer un trophée pour « la meilleure voiture de tourisme existante ». L'épreuve attira de nombreuses voitures américaines, anglaises et françaises, et aussi une Pierce 28/32 HP conduite par Percy Pierce, fils du président de la firme. La voiture et son conducteur firent un parcours à peu près sans faute, totalisant 996 points sur un maximum de 1000 et prenant la première place. Cette victoire, qui eut un énorme retentissement, fit beaucoup pour la renommée de la marque. Ce n'était pas le résultat d'un hasard heureux, car les automobiles Pierce allaient remporter le Glidden Tour pendant trois années d'affilée, en 1906, 1907 et 1908.

UNE NOUVELLE USINE

Cette publicité entraîna une demande accrue pour les automobiles Pierce. Pour y répondre, la firme quitta en 1906 ses locaux de la Hanover Street, à Buffalo, pour une nouvelle usine dans le voisinage, à Elwood. George Pierce donna lui-même le premier coup de pelle en avril de cette année et de nouvelles installations surgirent bientôt du sol, avec un laboratoire d'essais et un hôpital. Les quatre-cylindres représentèrent l'essentiel de la production jusqu'à l'arrivée de la première six-cylindres de la marque en 1907 : la Pierce Great Arrow 65 HP, première six-cylindres américaine de série, qui était le résultat d'un voyage en Europe des ingénieurs de Pierce, pour étudier les dernières créations anglaises, françaises et allemandes. La marque allait désormais rester fidèle au six-cylindres jusqu'en 1928. Les quatre-cylindres furent progressivement supprimés. À partir de 1910, le catalogue Pierce ne comprenait plus que ces six-cylindres pour lesquels la marque était réputée.

Une six-cylindres de 40 HP vit le jour en 1908, suivie d'une impressionnante 65 HP. Tous ces moteurs avaient une culasse en T, avec deux arbres à cames latéraux. Le dernier cité devint en 1910 un 66 HP, avec une cylindrée de 11,7 litres. Comme si ce n'était pas suffisant, cette cylindrée fut portée en 1912 à 13,5 litres, ce qui faisait du modèle 66 la plus grosse voiture américaine de série. Ce monstre restera au catalogue jusqu'en 1918, alors qu'il n'était plus que l'extraordinaire survivant d'une époque révolue.

Les voitures de la marque Buffalo tranchaient alors, ne serait-ce que par leurs dimensions, sur le reste des automobiles. Ce n'est qu'en 1909 que la marque devint Pierce-Arrow, sous l'influence sans doute de ces noms composés venus d'Europe, comme Rolls-Royce ou Delaunay-Belleville. Le trait

d'union réservait plus que jamais les voitures de la marque à la clientèle élégante. La même année, George Pierce se retira de la présidence de la firme. Il devait mourir l'année suivante. Son successeur fut George K. Birge, fils de M. H. Birge, magnat du papier peint.

Les Pierce-Arrow se distinguaient aussi à cette époque par le mode de construction de leur carrosserie, en alliage léger, non pas embouti mais coulé (conservant cependant la classique carcasse en bois). Ce procédé avait été mis au point par James R. Way, qui dessinait les carrosseries de la marque. Il était plus coûteux que le procédé habituel de tôle façonnée à la main, mais il demandait une main-d'œuvre moins qualifiée (bien que l'ajustage des différents éléments coulés soit assez délicat). L'ensemble était ensuite riveté. Ce système, adopté en 1904, fut employé chez Pierce jusqu'en 1919. La firme revint ensuite au procédé ordinaire.

En 1913 Pierce-Arrow adopta un signe distinctif sans doute plus évident : les phares montés sur le dessus des ailes avant. C'était une idée de Herbert M. Dawley, ingénieur entré en 1907 chez Pierce-Arrow, également un artiste de talent. Il avait remarqué que les phares, à leur emplacement habituel, se trouvaient exposés aux projections de boue ou de cailloux. En les perchant au sommet des ailes, non seulement ils se trouvaient mieux protégés, mais ils amélioraient la vision et donnaient aux Pierce-Arrow une allure inimitable. Il faudra 20 ans et plus, pour que la leçon soit comprise des autres constructeurs !

C'est également en 1913 que Pierce-Arrow décida de ne plus désigner les modèles par année, mais par série. C'est ainsi que la grosse 66 HP devint la Série A, la 48 devint la Série B et la 38 la Série C. En 1914, le chiffre 2 s'ajouta à ces désignations, mais ce système fut abandonné dès 1919. L'année 1914 marqua le début d'une ère nouvelle pour l'automobile américaine de luxe, avec l'arrivée de la Cadillac modèle 51, qui allait peu à peu convertir au V8 tous les autres

EN HAUT Cette publicité de 1909 met l'accent sur la faveur dont jouissait la marque dans la haute société américaine.

A GAUCHE Pierce-Arrow présenta en 1921 les modèles de la Série 33 à moteur six-cylindres de 6,8 litres. Les phares montés sur les ailes sont une des « signatures » de la marque.

A DROITE Charmante scène des années 20 sur fond de Pierce-Arrow 33.

PIERCE-ARROW

constructeurs. Mais les dirigeants de Pierce refusèrent d'abandonner le six-cylindres à culasse en T qui avait fait la réputation de la marque. Fergusson dut interrompre l'étude qu'il avait entreprise d'un V8 de la même cylindrée que la Pierce-Arrow 38 HP. Cependant Packard allait adopter le V12 dès 1915, et présenter une huit-cylindres économique en 1923.

Pierce-Arrow fabriquait des véhicules utilitaires depuis 1911. Après l'entrée en guerre des États-Unis en 1917, la firme produisit des milliers de camions qui furent utilisés par les armées alliées en Europe. La fin du conflit en 1918 amena la firme à reconsidérer ses modèles. La puissante 66 HP fut supprimée, de même que les modèles 38 et 48 HP, pour faire place à une nouvelle génération de Pierce-Arrow.

UN LENT DÉCLIN

Les modèles supprimés furent remplacés par une 47 HP série 5 avec quatre soupapes par cylindre, et une nouvelle 38 HP qui conservait la distribution classique à deux soupapes. Mais, aussi incroyable que cela puisse paraître, ces nouveaux modèles restaient fidèles à la cuirasse en T, aussi démodée que coûteuse à fabriquer, puisqu'il y avait deux arbres à cames au lieu d'un ! La présentation de ces voitures coïncida avec un renouvellement de la direction. Charles Clifton devenait président du conseil d'administration, et George Mixter président directeur-général. Ils purent constater que Pierce-Arrow commençait à perdre du terrain dans le marché de l'automobile de luxe. C'est à cette époque que les banquiers new-yorkais Seligman & Company prirent une participation importante dans la firme. La grande 48 HP fut supprimée en 1921, mais la 38, sous la désignation Série 33, fut poursuivie jusqu'en 1926. À partir de 1924 elle fut également un des derniers constructeurs américains à adopter la conduite à gauche, ce qui fut fait en 1921. Ces concessions tardives n'empêchèrent pas les Pierce-Arrow d'apparaître de plus en plus démodées au cours des années 20, et leurs ventes diminuèrent en conséquence.

Le départ de Fergusson en 1921 ne fut sans doute pas un événement malheureux pour la firme, du fait de ses conceptions rétrogrades. Son successeur fut d'abord Barney Roos, qui retourna cependant bientôt chez Locomobile où il avait été ingénieur d'essais. Il fut remplacé par Charles Sheppy, qui resta ingénieur en chef de Pierce-Arrow jusqu'à sa mort, six ans plus tard. Mais le déficit continuait à s'accroître et Myron Forbes, qui était jusque-là directeur financier, devint président directeur-général de la firme. Le premier trimestre 1923 permit d'enregistrer un bénéfice de $ 105 000, mais les ventes de la 38 HP restaient médiocres. 1923 fut pourtant la meilleure année pour ce modèle dont 1 669 exemplaires furent vendus. Deux ans plus tard, ce chiffre était tombé à 1 300. En 1926 la 38 fut remplacée par la 36, qui dura jusqu'en 1928.

Il était visible que seul un modèle moderne et relativement bon marché pouvait encore sauver Pierce-Arrow. Cette voiture arriva en 1924, sous le nom de Série 80, avec un six-cylindres « moderne » à cuirasse en L, développant 70 ch et équipé en série de freins sur les quatre roues. Avec un prix qui se tenait entre $ 2 895 et $ 4 045, ce modèle permit à Pierce-Arrow de prendre pied dans un secteur lucratif du marché et de faire monter ses ventes de 5 231 en 1924 à 5 682 l'année suivante, et jusqu'à 5 836 en 1927. Ce relatif succès incita la firme à préparer une version améliorée de la Série 80. Après le décès de Charles Sheppy, c'est son adjoint John Talcott qui devint ingénieur en chef et prit en charge le projet. Grâce à une nouvelle culasse en alliage léger, de même que les bielles et les pistons, la puissance du moteur fut portée à 75 ch. Ce six-cylindres amélioré trouva place dans l'éphémère Série 81 de 1928.

Les problèmes financiers de Pierce-Arrow n'étaient cepen-

La nouvelle huit-cylindres, tant attendue.

dant pas résolus. Les dirigeants de la firme acceptèrent alors une offre d'Albert Erskine, président de Studebaker. Celui-ci convoitait l'usine de Buffalo qui était bien loin de marcher au maximum de ses possibilités (jusqu'à 15 000 voitures par an). L'accord fut conclu en août 1928 et Studebaker investit aussitôt deux millions de dollars dans la firme. Le groupe ainsi formé se trouvait à la quatrième place des constructeurs américains, derrière Ford, la GM et Chrysler. Les Pierce-Arrow étaient toujours construites à Buffalo, mais leurs blocs-moteurs étaient coulés à l'usine Studebaker de South Bend, dans l'Indiana.

Le décès de John Talcott, en 1928, fit engager un nouvel ingénieur en chef en la personne de Karl M. Wise qui venait de chez Chalmers. C'est sous sa direction que Pierce-Arrow allait étudier un nouveau modèle à huit-cylindres en ligne, qui fut présenté le 1er janvier 1929. Cette voiture marquait un net progrès sur les précédentes. Elle était proposée en deux versions, avec un moteur de 6 litres, et permit aux ventes de Pierce-Arrow d'atteindre le chiffre record de 8 422 voitures en 1929. La marque tenait enfin un modèle capable de concurrencer Packard. La même année, Myron Forbes céda à Albert Erskine la présidence de la firme.

PIERCE-ARROW STRAIGHT EIGHT (1930-1935)	
MOTEUR	CHÂSSIS
Cylindres : 8 en ligne	Construction : longerons et traverses en U
Alésage et course : 88 × 127 mm	Empattement : 3,657 m
Cylindrée : 6 325 cm³	Voie avant : 1,473 m
Distribution : soupapes latérales	Voie arrière : 1,549 m
Alimentation : 1 carbu. droit	Suspension avant : essieu rigide, ressort à lames
Puissance : 125 ch à 3 000 tr/mn	Suspension arrière : essieu rigide, ressorts à lames
Boîte de vitesses : 4 rapports	Freins : tambours

Après la fusion de Pierce-Arrow avec Studebaker, la huit-cylindres en ligne arrive, hélas, juste en même temps que la Grande Crise.

PIERCE-ARROW

L'étonnante Silver Arrow de 1933 ne brilla que dans les expositions.

BUFFALO ADOPTE LE V12

Les ventes tombèrent à 6 795 voitures en 1930, alors que la crise économique commençait à s'appesantir, mais Pierce-Arrow enregistra néanmoins cette année-là un bénéfice de $ 461 401. La huit-cylindres était alors proposée en trois cylindrées : 5,6 litres, 6 litres ou 6,3 litres. Cette gamme fut reprise sans changement pour 1932, mais les ventes tombèrent à 4 522 voitures. Malgré tout, Pierce-Arrow présenta l'année suivante un modèle à moteur V12 avec deux cylindrées : 6,5 ou 7 litres. Le huit-cylindres ne subsistait plus que dans sa version de 4,4 litres. Le « petit » V12 fut bientôt supprimé, après qu'on eût constaté que ses performances étaient inférieures à celles du huit-cylindres. En 1933 la cylindrée du V12 fut portée à 7,6 litres, mais la version de 7 litres fut conservée au catalogue, de même que le huit-cylindres. L'année fut cependant désastreuse, avec la vente de 1 776 voitures.

La marque avait pourtant fait un effort inhabituel pour faire parler d'elle. Une V12 pilotée par Ab Jenkins avait tourné pendant 24 heures sur le lac Salé de Bonneville Flats à plus de 180 km/h de moyenne en septembre 1932. L'exploit avait été filmé et abondamment diffusé, mais dans un pays en proie à la dépression économique il n'avait eu aucune répercussion sur les ventes. Ab Jenkins reprit le volant d'une V12 en août 1933 pour battre de nombreux records internationaux, mais là encore les succès eurent peu d'effet sur la clientèle.

Ces démonstrations étaient dues à Roy Faulkner, devenu directeur commercial de Pierce-Arrow à la fin de 1932. C'est lui aussi qui est à l'origine de ces V12 à carrosserie spéciale profilée, présentées dans les salons et les expositions en 1933 sous le nom de Silver Arrow. Ces remarquables voitures aux lignes d'avant-garde avaient été dessinées par Philip Wright, qui avait fait ses premières armes à la section *Art & Colour* de la GM. Cinq exemplaires furent construits entre octobre 1932 et février 1933. Les Silver Arrow suscitèrent beaucoup d'intérêt partout où elles se montrèrent, en particulier à l'exposition « Un Siècle de Progrès » à Chicago, en 1933.

PIERCE-ARROW REPREND SA LIBERTÉ

Malheureusement les problèmes de Pierce-Arrow atteignirent de nouveau une phase aiguë au printemps 1933, lorsque son associé Studebaker fit faillite. L'affaire fut mise entre les mains du liquidateur qui céda Pierce-Arrow à un groupement d'hommes d'affaires de Buffalo, pour un million de dollars.

La firme reçut un nouveau président : Art Chanter. La gamme des modèles fut simplifiée et il n'était plus question de faire des fantaisies dans le style des Silver Arrow. Le client avait toujours le choix entre le V12 et le huit-cylindres en ligne. L'année 1935 ne vit arriver aucun changement, à l'exception des ouïes du capot d'un nouveau dessin pour marquer la différence. Les ventes ne totalisèrent que 1 740 voitures en 1933, et seulement 875 en 1934. La fin semblait proche cette fois, mais Art Chanter parvint, en juillet 1934, à réunir un million de dollars, prêtés par des banques de New York et des personnes de Buffalo. La firme refit surface en mai 1935, sous le nom de Pierce-Arrow Corporation.

Les carrosseries furent entièrement redessinées pour 1936. Le huit-cylindres, avec une cylindrée de 6,3 litres, continuait à être proposé à côté du V12, mais le modèle 1936 ne fut construit qu'à 135 exemplaires. Les voitures avaient des lignes plus arrondies, avec une calandre plus plate qu'auparavant. Côté mécanique, la seule modification notable concernait le boîtier de direction, maintenant disposé en avant de l'essieu, ce qui améliorait nettement la tenue de route. Hélas, Pierce-Arrow ne vendit que 787 voitures en 1936, et 166 seulement en 1937. La production fut interrompue à la fin de cette année. Des modèles 1938 avaient pourtant été annoncés en octobre, mais ils ne trouvèrent que 30 acheteurs avant que l'année se termine, et la marque avec elle.

Pierce-Arrow avait perdu $ 250 000 entre juillet 1936 et novembre 1937. Il fut un moment question de la fabrication d'un modèle de moyenne catégorie, mais la firme fut liquidée en 1938. C'était une triste fin pour une marque qui autrefois annonçait fièrement : « L'acheteur d'un de nos modèles n'a pas à craindre que l'on se trompe sur la marque de sa voiture : tout le monde sait reconnaître une Pierce-Arrow ».

PONTIAC

Pour couvrir tout le marché américain sans laisser de lacune, la General Motors créa dans les années 20 de nouvelles marques, jumelées avec des marques existantes. C'est ainsi que La Salle fut associée à Cadillac, Viking avec Oldsmobile, Marquette avec Buick, et enfin Pontiac avec Oakland. De toutes ces sous-marques, seule Pontiac a survécu, car la marque originale, Oakland, disparut en 1931.

Comme Studebaker, Oakland commença par fabriquer des voitures à cheval. La Pontiac Buggy Company fut fondée en 1893 à Pontiac, dans le Michigan, par Edward M. Murphy, qui n'était pas un technicien, mais un dynamique homme d'affaires. Il fut bientôt attiré par l'automobile. Il acheta à A. P. Brush les plans d'une voiture à moteur bicylindre, que son créateur avait proposée sans succès à Cadillac. C'est ainsi que fut fondée en août 1907 la Oakland Motor Car Company, qui tirait son nom du comté où était située la ville de Pontiac.

Les activités de Murphy à Pontiac attirèrent l'attention de William Durant. Celui-ci avait créé en septembre 1908 la General Motors Company et se trouvait à l'affût de firmes qu'il puisse attirer dans son orbite. Dès janvier 1909, la GM se rendit acquéreur de 50 % des actions de Oakland. Il est probable que Durant convoitait moins l'automobile Oakland, déjà démodée à cette époque, que Murphy lui-même. Malheureusement, Murphy mourut au cours de l'été 1909. La GM racheta pourtant par la suite la totalité des actions d'Oakland.

La marque se développa alors régulièrement, mais sans faire beaucoup parler d'elle. À partir de 1916, ce fut Fred W. Warner, qui fit entrer la firme dans une période d'expansion accrue qui prit fin en 1919, quand la production atteignit le chiffre record de 52 124 voitures. Après ce sommet, les ventes descendirent rapidement. En 1922, le total annuel était tombé à 19 636. Pour y remédier, la GM songea un moment à faire construire par Oakland le tristement célèbre moteur

La Pontiac d'après-guerre : une berline deux-portes de 1947.

Copper Cooled, refroidi par air. Il est probable que la firme ne se serait pas relevée de ce dernier coup. C'est finalement Chevrolet qui hérita de ce cadeau empoisonné. Mais les ventes d'Oakland restaient, en 1925, les plus médiocres de toute la GM.

UNE NOUVELLE SIX-CYLINDRES

L'idée d'un six-cylindres économique était dans l'air depuis quelques années. Alfred Sloan y songeait, avant même de devenir en 1923 le président de la GM. Ce modèle de grande diffusion devrait reprendre un maximum d'éléments de Chevrolet. C'est donc cette dernière firme qui fut chargée de le préparer, sus la direction de l'énergique « Big Bill » Knudsen. Le moteur fut dessiné par Henry M. Crane, tandis que le reste de la voiture était pris en charge par un autre ingénieur de Chevrolet, Osmond Hunt. Les plans furent ensuite repris par Ben Anibal, ancien directeur technique de Cadillac, devenu ingénieur en chef de Oakland.

À ce moment, le modèle était appelé simplement « voiture X », mais on lui avait donné le surnom officieux de Pontiac, en référence à son lieu de fabrication. Il semble bien que ce soit Alfred Sloan qui ait décidé de l'appeler officiellement ainsi. La ville de Pontiac devant son nom à un chef indien qui s'opposa victorieusement aux Anglais au XVIIIe siècle, un profil d'Indien avec ses plumes servit d'emblème à la marque jusqu'en 1955, avec le slogan *Pontiac, Chief of the Sixes,* supprimé évidemment quand la marque adopta le V8...

Pontiac, première marque nouvelle créée par la GM, fut présentée au public en janvier 1926. Elle ne proposait que des conduites intérieures, reflétant la défaveur croissante des carrosseries découvertes auprès de la clientèle américaine. Le modèle le moins cher était la berline deux-portes, vendue $ 825 avec le six-cylindres de 3 litres. Le succès fut immédiat : Oakland vendit 133 604 voitures en 1926, dont 76 742 Pontiac. C'était un bon départ. Il en fut de même en 1927 et 1928, avec des ventes qui dépassèrent les 100 000 voitures par an, bien que les modèles fussent restés à peu près inchangés. La 6-29 de 1929 conservait la même mécanique, mais avec une nouvelle carrosserie plus élégante, où se discernait l'influence croissante de la section *Art & Colour*.

Pontiac supporta mieux les effets de la crise de 29 que

Oakland, qui se trouva bientôt en difficulté, malgré la présentation d'un V8 économique en 1930. La marque fut donc supprimée pour 1932, Pontiac héritant du V8 de 4,1 litres dont la construction monobloc anticipait sur le V8 Ford de 1932. Ce fut le seul modèle proposé par Pontiac cette année-là, mais en 1933 la marque présenta un nouveau huit-cylindres en ligne de 3,8 litres avec une carrosserie renouvelée, auxquels s'ajouta en 1934 une suspension avant à roues indépendantes système Dubonnet.

CI DESSUS La première Pontiac, Série 6-27, a fait son apparition en 1927. Elle était proposée uniquement en conduite intérieure : un coupé deux-places ou une berline deux-portes, cinq-places, vendue $ 825. Le moteur était un six-cylindres de 3 litres à soupapes latérales.

A GAUCHE Pontiac fut d'abord une sous-marque d'Oakland, créateur en 1931 de cette berline à moteur V8 de 4,1 litres, qui eut un médiocre succès. Oakland disparut à la fin de la même année, laissant Pontiac poursuivre seule sa carrière.

PONTIAC

LES TEMPS DIFFICILES

La crise fit malgré tout sentir ses effets sur Pontiac qui ne produisit que 46 594 voitures en 1932. Alfred Sloan, président de la GM, décida alors de regrouper la fabrication des Pontiac avec celle des Chevrolet. De même le réseau de vente fut combiné avec celui de Buick et Oldsmobile, mais cette disposition fut annulée fin 1933. Cette même année, la production de Pontiac remonta à 85 772, mais pour redescendre dès l'année suivante à 79 803. L'année 1935 vit une amélioration spectaculaire des ventes, où il fallait voir les effets des carrosseries *Silver Streak* (traînée d'argent) dont une des caractéristiques était les bandes chromées descendant du capot sur la calandre. Cet effet de style restera, à des degrés divers, une « signature » de la marque Pontiac sur tous ses modèles, jusqu'en 1957. C'était une création du jeune styliste Virgil Exner, qui travaillera ensuite pour Studebaker, puis entrera chez Chrysler, où il fera parler de lui.

Les modèles 1935 inauguraient les carrosseries tout-acier avec le fameux « Turret Top » de la GM, en tôle emboutie d'une seule pièce. Le client avait le choix entre des versions six-cylindres de 3,4 litres ou huit-cylindres de 3,65 litres. Les freins à commande hydraulique faisaient leur apparition. Pontiac prit alors la quatrième place des marques les plus vendues aux États-Unis, en 1935. La marque allait cependant être battue par Oldsmobile, dès l'année suivante. Cette même année 1936 la firme reçut un nouveau président, Henry Klinger, qui occupera cette fonction jusqu'en 1951. Les carrosseries furent renouvelées pour 1937 avec un Silver Streak plus discret. Une version *station wagon*, à carrosserie en bois, fit ses débuts, et la suspension Knee Action fut perfectionnée.

Les Pontiac reçurent pour 1939 une calandre amincie avec un capot « alligator », s'ouvrant par devant. Le levier de vitesses sur la colonne de direction, monté sur demande en 1938,

CI-DESSUS En 1927, quatre Pontiac furent spécialement aménagées pour transporter les visiteurs à travers la nouvelle usine. Chacune pouvait emporter douze personnes. Le deuxième en partant de la gauche, sur la première rangée, est A.R. Glancy, qui fut directeur de Pontiac de 1925 à 1933. Les bâtiments se distinguaient par leur utilisation étendue du verre.

CI-DESSOUS Pontiac présenta en 1937 sa première carrosserie tout-acier, commune aussi aux Oldsmobile, aux La Salle et à certaines Buick. La décoration « Silver Streak » (traînée d'argent), sur la calandre et le capot, restera le signe distinctif des Pontiac. Deux moteurs étaient proposés au choix. Le six-cylindres de 3,6 litres eut plus de succès avec 179 244 exemplaires vendus, que le huit-cylindres de 4,1 litres qui n'en totalisa que 56 945.

En 1952, Pontiac offrait deux modèles : la Chieftain Six à moteur six-cylindres de 3,9 litres, et la Chieftain Eight avec un huit-cylindres de 4,4 litres. Ce dernier modèle était de loin le plus répandu. Nous voyons ici le coupé Catalina, proposé en version De Luxe et Super.

équipait désormais tous les modèles. Les modèles 1940 reprenaient les lignes essentielles de ceux de l'année précédente, mais avec une calandre en deux parties et des phares intégrés aux ailes. Un nouveau modèle occupait le sommet de la gamme : la Torpedo Eight. En 1941, comme les années précédentes, Pontiac offrait le choix entre des modèles six ou huit-cylindres, mais les deux moteurs n'étaient plus séparés que par une différence de $ 25 : les huit-cylindres passèrent de 23 % à 36 % des ventes de Pontiac. Ce fut une bonne année pour Pontiac, comme pour l'industrie automobile tout entière. La production de la firme atteignit le chiffre record de 330 061 voitures. Les carrosseries avaient été renouvelées, avec des chromes plus abondants et une calandre horizontale qui se retrouvent sur les modèles 1942.

L'Amérique n'entra en guerre qu'à la fin de 1941, mais la fabrication d'armements avait commencé chez Pontiac dès le mois de mars, avec des canons anti-aériens Oerlikon pour la Marine. Pendant la guerre Pontiac produisit, entre autres, des canons Bofors et des transmissions pour le char M-5. Quand la firme reprit la fabrication de voitures de tourisme en 1946, les modèles Streamliner, présentés en 1941, eurent plus de succès que les Torpedo. Les ventes des huit-cylindres égalaient désormais celles des six, et les surpassèrent même l'année suivante.

Comme pour les autres marques de la GM, les nouvelles Pontiac d'après-guerre n'arrivèrent qu'en 1949. Les Silver Streak six ou huit-cylindres étaient proposées en version *Starliner* (normale) ou *Chieftain* (de luxe). La nouveauté de 1950 fut le coupé *Catalina*. La même année la cylindrée du huit-cylindres fut portée de 4,1 à 4,4 litres. Ce fut une nouvelle année record pour Pontiac avec un total de 466 429 voitures vendues. Les carrosseries aux lignes renouvelées seront conservées sur cette forme jusqu'en 1953. Depuis 1949 Pontiac montait sur demande la transmission automatique Hydra-Matic sur ses voitures. Il en fut de même pour la direction assistée en 1953. La même année, les inévitables ailerons commencent à pousser sur les ailes arrière. En 1954 apparut le modèle *Star Chief*, plus compact, toujours basé sur la carrosserie inaugurée en 1950, mais avec un arrière allongé.

Entre-temps il y avait eu des changements dans la direction de la firme. Klinger s'était retiré en 1951 et il avait été remplacé par Arnold Lenz, qui, malheureusement, fut tué dans un accident de voiture en juillet 1952. Son successeur, Robert Critchfield, venait d'Allison, division de la GM consacrée aux moteurs d'avion. Cette instabilité au sommet n'empêcha pas Pontiac de battre son record de production en 1955, en même temps que tout le reste de l'industrie américaine. Les carrosseries étaient encore plus longues, plus larges et plus basses, avec le Silver Streak toujours présent sur le capot. La vraie nouveauté se trouvait en dessous : un V8 moderne à soupapes en tête de 4,7 litres, qui mettait enfin à la retraite le vénérable six-cylindres, et permit à Pontiac de vendre 553 808 voitures dans l'année. Ce chiffre restait cependant insuffisant pour surclasser Oldsmobile, qui avait dépassé Pontiac en 1954 et conserva sa position en 1955.

BUNKIE KNUDSEN ENTRE EN SCÈNE

La marque avait visiblement besoin d'une cure de rajeunissement. Sa réputation de classicisme un peu austère et démodé n'était plus un argument de vente suffisant. C'est alors que Semon « Bunkie » Knudsen entra en scène. C'était le fils de « Big Bill » Knudsen, celui qui avait amené Chevrolet à la première place dans les années 30. « Bunkie » avait pour mission de rénover l'image de marque de Pontiac. Son programme se résumait par cette formule : « On peut vendre une voiture de jeune homme à un vieux monsieur, mais pas une voiture de vieux monsieur à un jeune homme ». Bien avant Ford et sa Mustang, Knudsen avait prévu l'importance de la clientèle des jeunes dans les années 60. Grâce à lui, Pontiac

PONTIAC

pourra accéder à la troisième place des constructeurs derrière Chevrolet et Ford, et la conserver pendant toute la décennie.

Knudsen s'employa d'abord à réunir une équipe de collaborateurs capables de le seconder dans son plan de bataille. Une de ses premières recrues fut Elliott « Pete » Estes, précédemment ingénieur en chef d'Oldsmobile, qui avait à son actif l'excellent V8 présenté par la marque en 1948. Il occupera une fonction similaire chez Pontiac, en succédant à George A. Delaney, qui avait lancé la fabrication du V8 de la firme. En septembre 1956, un autre personnage de marque arriva chez Pontiac : il s'agissait de John Z. Delorean, entré à la GM après avoir fait ses premières armes chez Chrysler et Packard.

Knudsen, qui était passionné de compétition, fit préparer une version plus poussée du V8, avec une puissance portée à 317 ch, qui permit à Pontiac de triompher à Daytona en février 1957. Et ce n'était qu'un début : de 1959 à 1962, la marque restera à peu près imbattable dans les épreuves du NASCAR. Knudsen voulait ainsi renouveler l'image de marque de Pontiac. Cette tentative se trouva cependant brutalement interrompue début 1963, quand la GM décida de se tenir à l'écart de la compétition sous toutes ses formes.

Les modèles de série poursuivaient pendant ce temps leur carrière. En 1957 Pontiac présenta le coupé Bonneville avec un V8 de 6 litres et 300 ch, mais aussi une carrosserie où tous les excès décoratifs se donnaient libre cours. Il en fut à peu près de même en 1958, mais cette fois sous tous les chromes et le clinquant se dissimulait un nouveau châssis cruciforme, type Aero.

L'influence de Knudsen sur les Pontiac de série ne commença à être sensible qu'à partir des modèles 1959. Deux caractéristiques, qui marqueront désormais les Pontiac, firent alors leur apparition : la calandre en deux parties, et ce que la firme appelait le *Wide Track Look,* c'est-à-dire une carrosserie élargie pour l'œil par des artifices de style, tels qu'une calandre occupant toute la largeur de la voiture. La cylindrée du V8 était portée à 6,4 litres, avec une puissance allant de 215 à 315 ch. Le public réagit favorablement et les ventes remontèrent jusqu'à 382 940 voitures dans l'année. Pontiac était toujours en quatrième position mais à 1 804 voitures seulement d'Oldsmobile ! Après le succès de la calandre en deux parties en 1959, on eut la surprise de ne pas la retrouver l'année suivante. Elle fit cependant un retour triomphal en 1961 et est restée depuis caractéristique de toutes les Pontiac.

La grande nouveauté de 1961 fut la « compacte » Tempest, qui comportait certaines innovations originales. Étudiée conjointement à l'Oldsmobile F-85 et à la Buick Special, la Tempest était équipée du premier quatre-cylindres apparu dans la GM depuis la guerre. C'était en fait une moitié du V8 de 6,4 litres. Il avait donc une cylindrée de 3,2 litres et était proposé en quatre versions, de 110 ch à 145 ch. La Tempest pouvait également recevoir le V8 Buick de 3,5 litres. Elle se signalait par un arbre de transmission flexible de 15 mm de diamètre, enfermé dans un tube courbe passant sous le plancher sans y produire de saillie. Cette disposition insolite avait été rendue possible par le fait que la Tempest avait une boîte-pont à l'arrière, à la manière de la Lancia *Aurelia* de 1950. L'arbre de transmission mince était autorisé par le faible couple à transmettre. La boîte-pont permettait une répartition à peu près idéale des masses. Une suspension à quatre roues indépendantes complétait le portrait de cette voiture d'une hardiesse insolite dans la production américaine de l'époque. La Tempest fut appréciée par le public, même si la transmission flexible se révélait bruyante à l'usage. En 1964, le quatre-cylindres céda la place à un six-cylindres de 3,5 litres. Le coupé Le Mans était la version la plus répandue.

EN HAUT John DeLorean, qui avait débuté chez Packard, entra chez Pontiac en 1956 et en devint directeur en 1965. Il le resta jusqu'en 1969, puis prit le même poste chez Chevrolet.

EN BAS Dans les années 50, la GM expérimenta des véhicules à turbine, comme cette Pontiac Firebird II qui se distinguait aussi par sa carrosserie en titane et sa suspension hydro-pneumatique.

En 1964, Pontiac rajeunit sa compacte Tempest de 1961. Sous la forme standard, elle possédait un moteur six-cylindres de 3 523 cm³. Mais le modèle GTO avait sous le capot un V8 de 6 374 cm³, développant 335 ch.

CI-DESSOUS La version coupé avec hardtop. On la considère comme la première *Muscle car*.

PONTIAC TEMPEST GTO (1964-1967)

MOTEUR	CHÂSSIS
Cylindres : 8 en V	Construction : plate-forme à caissons
Alésage et course : 103 × 95 mm	Empattement : 2,921 m
Cylindrée : 6 374 cm³	Voie avant : 1,473 m
Distribution : soupapes en tête, poussoirs et culbuteurs	Voie arrière : 1,499 m
Taux de compression : 10,7 à 1	Suspension avant : roues indépendantes, bras triangulés
Alimentation : 1 carbu. inversé	Suspension arrière : essieu rigide, ressorts hélicoïdaux
Puissance : 33 ch à 5 000 tr/mn	Freins : tambours
Boîte de vitesses : 3 rapports	

Vitesse de pointe : 190 km/h

DELOREAN PREND LE POUVOIR

En 1961, Bunkie Knudsen partit chez Chevrolet. Il fut remplacé chez Pontiac par Pete Estes, dont le poste d'ingénieur en chef fut repris par John DeLorean. En 1962 Pontiac présenta le Grand Prix, voiture destinée au jeune cadre supérieur. C'était un coupé classique, dont les formes nettes changeaient agréablement des outrances de style commises pendant la précédente décennie. Pontiac changeait décidément, et en 1962 la marque ravit à Plymouth la troisième place du classement des constructeurs. Pontiac l'occupera jusqu'en 1971.

Une nouvelle Tempest succéda en 1964 au modèle original. Cette fois, c'était une voiture de conception absolument classique, se plaçant à mi-chemin des modèles ordinaires et des « compactes ». Elle pouvait recevoir au choix un six-cylindres ou bien un V8 de 5,3 litres, mais sa version la plus célèbre fut la légendaire GTO, la première des *muscle cars* (voitures « musclées »). C'était Jim Wangers, le chef de publicité de Pontiac, qui avait eu l'idée d'installer dans la petite Tempest le puissant V8 de 6,4 litres. La GTO (qui devait son nom à la Ferrari *Gran Turismo Omologato*) obtint un succès immédiat et Pontiac en vendit près de 100 000 en 1966.

En 1965 Pete Estes rejoignit Knudsen chez Chevrolet et DeLorean put enfin s'asseoir dans le fauteuil présidentiel. Il l'occupera jusqu'en 1969, pour partir aussi chez Chevrolet.

En 1967 Pontiac présenta la Firebird, basée sur la Chevrolet Camaro, riposte de la GM à la Ford Mustang. La Firebird était équipée en série du V8 de 6,6 litres, mais elle pouvait recevoir sur demande un six-cylindres en ligne à arbre à cames en tête de 4,1 litres qui avait fait ses débuts en 1966 sur la Tempest (avec une cylindrée de 3,8 litres). La Firebird était proposée en coupé ou en cabriolet, mais cette dernière version disparut en 1970. Le sommet de la gamme était oc-

CI-DESSUS La Pontiac qui a réussi : la Firebird. Après ses débuts en 1967, elle a été redessinée en 1970, puis remise au goût du jour en 1974, 1977 et 1979. Ce coupé de 1979 est doté d'un V8 de 4,9 litres. L'impressionnant masque avant en uréthane moulé a redonné à la Firebird une nouvelle jeunesse. Un an plus tard, le V8 a cédé la place à un V6 de 3,8 litres.

A DROITE Dans sa version 1984, la Pontiac Grand Prix pouvait recevoir le V6 de 3,8 litres ou bien un V8 de 5 litres, ou même un diesel de 5,7 litres. La transmission automatique était naturellement prévue pour tous les modèles de la gamme.

EN HAUT, A DROITE Les modèles Sunbird à traction avant sont dotés d'un quatre-cylindres de 1,8 litre, avec ou sans turbocompresseur. C'est un bon exemple de cette nouvelle génération de voitures nées de la crise du pétrole.

PONTIAC

cupé par la Trans Am avec un V8 de 345 ch. D'abord construit en petit nombre, ce modèle devint en 1978 le plus vendu de toute la gamme. La Firebird obtint en fait un tel succès que Pontiac n'eut besoin de rajeunir sa silhouette que trois fois en dix ans : en 1970, 1974 et 1977. Elle subit une nouvelle opération de chirurgie esthétique en 1979, aussi réussie que les précédentes.

LES VACHES MAIGRES

Les années 70 furent difficiles pour Pontiac, qui dut céder à Plymouth sa troisième place si difficilement gagnée. La crise de l'énergie n'arrangea pas les choses car Pontiac, qui s'était lancé à fond dans le mouvement de la « voiture musclée », se retrouva en contradiction complète avec les besoins du moment. La production fit une chute verticale en 1974, alors que la firme, en dehors de son six-cylindres en ligne, ne pouvait proposer que des V8. En 1975 Pontiac présenta la « subcompacte » Astre, sœur de la Chevrolet Vega, qui fut surtout appréciée dans sa version Sunbird, basée sur la Chevrolet Monza. Ces modèles étaient dotés d'un quatre-cylindres de 2,3 litres. La Phoenix de 1978 recevait quant à elle le V6 Buick de 3,8 litres. Pour 1982 l'empattement des grosses Pontiac fut réduit à 2,74 m, tandis que la Firebird était offerte avec un V6.

La Pontiac Fiero a été la grande nouveauté de 1984 : la première voiture américaine à moteur central. Elle innove également par sa carrosserie en éléments de plastique boulonnés sur la coque en acier. D'abord équipée d'un quatre-cylindres indigne d'elle, elle a reçu un V6 de 2,8 litres, capable de l'emmener à 180 km/h. La suspension est à quatre roues indépendantes. La boîte de vitesses est soit automatique, soit manuelle à cinq rapports.

Les Pontiac 1985, en dehors de la petite Sunbird, sont restées fidèles à la propulsion arrière. C'est le cas pour les berlines Grand prix, Bonneville et Parisienne qui, toutes, sont équipées au choix du V6 de 3,8 litres ou d'un V8 de 5 litres. La Firebird 1985 est un élégant coupé trois-portes, lui aussi à propulsion arrière, qui peut recevoir une variété de moteurs, en partant du quatre-cylindres de 2,5 litres jusqu'au V8 de 5 litres.

Ces Pontiac paraissent bien différentes de leurs sœurs aînées des années 50. À leur manière pourtant, elles conservent cet air de famille particulier qu'avait voulu Bunkie Knudsen.

STUDEBAKER

En 64 ans, l'histoire de Studebaker a connu des hauts et des bas. La firme a démarré au milieu du XIXe siècle par la fabrication de chariots pour les pionniers qui partaient vers l'Ouest. Elle évolua tout naturellement au tournant du siècle vers la fabrication d'automobiles. Malheureusement ses modèles manquaient souvent de personnalité et la crise de 1929 manqua lui être fatale. Après la guerre, Studebaker étonna l'Amérique par ses carrosseries d'avant-garde. Ce n'était qu'un sursis, la firme ne pouvait subsister longtemps face à la rivalité des Trois Grands de Detroit. Studebaker parvint pourtant à toucher les années 60 et terminer en beauté avec l'élégant coupé Avanti de 1966.

C'est en 1736 qu'un Allemand, du nom de Peter Studebaker, débarqua en Amérique. Son fils John s'installa forgeron en Pennsylvanie. Mais il n'y réussit pas et en mai 1835 il partit avec sa famille vers l'Ouest, dans un chariot qu'il avait construit de ses propres mains. Il s'installa à Ashland, dans l'Ohio, où il reprit son métier de maréchal-ferrant et de charron. Hélas il n'y réussit pas mieux qu'en Pennsylvanie, et les Studebaker repartirent vers l'Ouest, rejoindre des parents qu'ils avaient dans l'Indiana. C'était en 1851 et ils arrivèrent dans un village situé dans une boucle de la rivière St Joseph, appelée South Bend (la boucle du Sud). C'est dans cette localité de l'Indiana que la famille allait enfin connaître la prospérité. En 1852, deux fils de John, Henry et Clem, rachetèrent une entreprise de charronnerie. La première année, ils ne fabriquèrent que deux chariots, mais la demande se multiplia de la part de tous ceux qu'attirait la découverte de l'or en Californie. Un de ceux-là fut John, le troisième des fils Studebaker qui partit vers l'Ouest en 1852 et revint cinq ans plus tard à South Bend, avec $ 8 000 en poche.

Une partie de cet argent lui servit à racheter sa part de l'entreprise à son frère Henry, qui désirait revenir à l'agriculture. Ce fut le début d'une affaire qui allait devenir la plus importante de South Bend. En 1902, Studebaker commença la production d'une voiture électrique, type de véhicule qui resta à son catalogue jusqu'en 1912. Ce n'est qu'en 1904 que la firme proposa sa première automobile à pétrole, sous la marque Studebaker-Garford, le châssis étant fourni par la Garford Company, à Elyria, dans l'Ohio. C'était un « buggy » sans chevaux, avec un moteur bicylindre de 3,5 litres, mais dès 1905 Studebaker proposa un modèle quatre-cylindres.

Signée Loewy : une Studebaker Commander de 1950.

CI-DESSUS Les frères Studebaker, qui créèrent à South Bend la plus importante fabrique de chariots des États-Unis.

A DROITE Une Studebaker Light Six (6 légère) de 1924. Ce modèle, qui débuta en 1920, fut construit à environ 200 000 exemplaires.

D'autres modèles suivirent, toujours à quatre cylindres, mais la production restait faible. C'est pourquoi, en 1908, Studebaker décida d'aborder la construction d'automobiles sur une autre échelle.

Cette même année, la firme acheta une part de la compagnie Everitt-Metzger-Flanders, qui fabriquait à Detroit les automobiles E-M-F. Dès l'année suivante, le groupe E-M-F-Studebaker prenait la troisième place du classement national, derrière Ford et Buick, avec une production de 7 960 voitures. En 1911, il se trouvait en deuxième position, battu seulement par la Ford T, avec 26 827 voitures construites dans l'année. Après avoir pris en 1910 le contrôle de E-M-F Studebaker, à partir de 1913, ne fabriqua des automobiles que sous son propre nom. Son cheval de bataille était le modèle 30, que la firme modernisait et perfectionnait au fil des années.

À partir de 1912, l'ingénieur en chef de Studebaker, James G. Heaslet, fit entrer au bureau d'études Fred M. Zeder. En 1913 Studebaker présenta sa première six-cylindres : la E, avec une cylindrée de 4,7 litres. John Studebaker se retira de la présidence du conseil d'administration en 1915 et mourut deux ans plus tard. Son gendre, Frederick S. Fish, lui succéda, mais le véritable animateur de Studebaker pendant les années qui suivirent fut son directeur général : Albert Russel Erskine.

Pendant la Première Guerre mondiale, Studebaker fournit des automobiles aux armées alliées, mais aussi des harnais de chevaux et des chariots. Ces dernières fournitures ramenaient Studebaker à ses débuts, mais en 1920 la firme liquida son passé en cédant à la Kentucky Manufacturing Company, de Louisville, toute cette branche de ses activités.

Sous la direction de Fred Zeder, devenu ingénieur en chef en 1915, la gamme des modèles fut renouvelée pour 1918. Elle comprenait désormais une quatre-cylindres de 3,1 litres et deux six-cylindres de 4,7 litres et 5,8 litres. En 1920 la quatre-cylindres céda la place à une six-cylindres de 3,4 litres. La même année Fred Zeder quitta l'usine de South Bend, accompagné de Owen Skelton et Carl Breer. Les trois hommes allaient dessiner la fameuse six-cylindres Chrysler présentée en 1924. Zeder fut remplacé chez Studebaker par Guy P. Henry, qui conservera ce poste six ans.

Avec une gamme entièrement composée de six-cylindres, Studebaker se mit à prospérer. La production avait atteint un premier sommet en 1916 avec 69 000 voitures. Elle redescendit à 48 831 en 1920, mais remonta jusqu'au chiffre impressionnant de 133 104 en 1925. Studebaker occupait alors la septième place du classement des constructeurs, derrière toute la troupe des marques de la GM. En 1926, Delmar G. « Barney » Roos devint ingénieur en chef de la firme. Venu de Pierce-Arrow, il sera à l'origine de la fusion des deux marques deux ans plus tard. En 1928 Studebaker présenta sa première huit-cylindres de 5,1 litres, la President, et les six-cylindres furent en même temps baptisées Dictator et Commander.

Suivant l'exemple de la GM, Erskine créa en 1927 une sous-marque de Studebaker à laquelle il donna son nom. C'était une six-cylindres de 2,4 litres destinée surtout à l'exportation. La carrosserie avait été dessinée par Raymond Dietrich, un des fondateurs des carrosseries Le Baron. L'Erskine, à $ 1 000, était cependant assez chère. La crise de 1929 lui donna le coup de grâce et sa fabrication fut interrompue en 1930.

UN VIRAGE DIFFICILE

En 1929 les modèles Commander et Dictator adoptèrent à leur tour le huit-cylindres, respectivement en 3,6 et 4,1 litres. Les six-cylindres restaient cependant au catalogue. Le modèle de prestige était alors la President huit-cylindres de 5,5 litres et 115 ch. Studebaker fut pourtant durement touché par la crise. En 1932 la production était tombée à 25 618 voitures. Cette même année, la firme introduisit une nouvelle sous-marque, Rockne, du nom de l'entraîneur de l'équipe de football locale ! La Rockne était offerte en deux versions : le modèle 65 économique, avec un six-cylindres de 3,1 litres au prix de $ 585, et le modèle 75, plus luxueux, sur un châssis

STUDEBAKER

CI-DESSOUS La Studebaker President Eight de 1931 avait un huit-cylindres de 5,5 litres, donné pour 120 ch. Ce roadster « quatre-saisons » était vendu pour $ 1 900.

EN BAS Présentées en 1946, les Studebaker dessinées par Raymond Loewy purent rester en fabrication jusqu'en 1952, sans modification importante. Ce coupé Commander est de 1950. Son moteur est un six-cylindres de 4 litres. La Champion, moins puissante et plus économique, avait un moteur de 3,7 litres.

A GAUCHE « Le complément indispensable de votre maison à la campagne » : c'est l'ingénieuse Studebaker Suburban dont la carrosserie peut être transformée à volonté.

allongé, avec un moteur de 3,4 litres, qui coûtait $ 735. Malheureusement ces voitures, boudées par la clientèle, ne totalisaient que 36 041 exemplaires construits, quand leur fabrication fut interrompue en 1933.

Le déficit de Studebaker était devenu alors suffisamment grave pour obliger la firme à déposer son bilan. Albert Erskine resta en place, mais il se donna la mort en juillet 1933. Les administrateurs judiciaires nommés en mars 1933 étaient Paul G. Hoffman et Harold C. Vance, de la firme White, célèbre constructeur de camions qui avait failli en 1932 se rattacher à Studebaker. Les deux hommes furent en fait les sauveurs de la marque de South Bend.

Vance et Hoffman commencèrent par couper les liens de Studebaker avec Pierce-Arrow. Ils arrachèrent ensuite aux banques un emprunt de 6,3 millions de dollars. La Dictator, supprimée en 1932, reparut en 1934, sous la forme d'un nou-

veau modèle équipé du six-cylindres de la Rockne. Son prix de vente, compris entre $ 790 et $ 995, lui permit de trouver 45 851 clients en 1932. La gamme fut simplifiée. Elle comprenait encore une Commander à moteur de 3,6 litres, et la President dont la cylindrée avait été réduite à 4,1 litres. Le déficit pour 1935 approcha de 2 millions de dollars, mais la firme n'était plus sous contrôle judiciaire. Elle enregistra un bénéfice en 1936 et 1937, mais l'année 1938 fut défavorable pour Studebaker, comme pour tous les autres constructeurs.

Tout en menant la lutte sur le plan financier, Harold Vance s'efforçait de rendre les modèles de South Bend plus séduisants. En 1936 il chargea un des plus célèbres stylistes du moment de dessiner les carrosseries des futures Studebaker. Il s'agissait de Raymond Loewy, né en France et arrivé aux États-Unis en 1919. Il s'était fait connaître en 1929 en redessinant le duplicateur Gestetner. Il avait ensuite créé les modèles Hupmobile 1932 et connu un des plus grands triomphes de sa carrière en dessinant les locomotives des chemins de fer de Pennsylvanie.

Les premières Studebaker où l'influence de Loewy se fit sentir furent les modèles 1938. La gamme comprenait cette année-là la Commander Six (nouveau nom de la Dictator), la State Commander (3,7 litres, six-cylindres) et la President. Pour les modèles 1939 Loewy créa une nouvelle calandre horizontale sous un capot effilé, avec des phares intégrés aux ailes. Studebaker présentait aussi un modèle entièrement nouveau : la Champion, une six-cylindres de 2,7 litres vendue $ 700, qui obtint aussitôt un succès mérité. Grâce à la Champion, la production de la firme de South Bend totalisa en 1939 106 470 voitures, son meilleur résultat depuis 1928. Les années 1940 et 1941 furent également favorables à Studebaker. Des carrosseries renouvelées permirent à la production de battre tous les records en 1941 avec 119 325 voitures. L'entrée en guerre des États-Unis à la fin de 1941 interrompit Studebaker en plein élan. À partir de février 1942 la firme dut se consacrer à de lucratifs contrats militaires. En 1943 Studebaker put verser à ses actionnaires son premier dividende depuis 1933.

STUDEBAKER ÉTONNE L'AMÉRIQUE

Ses finances étant saines, Studebaker put mettre au point sa stratégie commerciale pour l'après-guerre. Le premier modèle à sortir des chaînes au lendemain de la victoire fut la Champion Skyway, basée sur la Champion 1942 et donc toujours équipée du six-cylindres de 2,7 litres. Mais Studebaker stupéfia le public à la présentation de ses modèles 1947, au début de 1946. Les carrosseries étaient des créations du studio Loewy, et principalement d'un de ses employés, le styliste Virgil Exner, qui devait plus tard entrer chez Chrysler. Leur caractéristique la plus spectaculaire était l'effet de symétrie obtenu en simulant sur le coffre arrière la saillie d'un capot. La lunette arrière enveloppante complétait l'illusion.

Les lignes des Studebaker 1947 avaient une avance suffisante sur leurs rivales pour être maintenues à peu près sans changement jusqu'en 1952. Leur impact sur le public permit à la firme de battre son record de production en 1950, avec 268 099 voitures, remarquable résultat pour un constructeur indépendant. Les modèles de cette année-là avaient un nouvel avant en ogive de fusée, création des studios Loewy. Une nouvelle suspension avant à roues indépendantes avec ressorts hélicoïdaux avait remplacé l'essieu rigide à ressort à lames transversal, qui remontait à 1933. Studebaker restait encore fidèle à son six-cylindres, proposé en deux versions : 2,7 litres pour la Champion ou 3,7 litres pour la Commander. En 1951 la marque présenta un V8 de conception moderne, de 3,8 litres de cylindrée, qui prit place dans la Commander, tandis que la Champion conservait le six-cylindres. En 1952 l'avant de fusée fut remplacé par une calandre plus plate.

L'année 1953 reste aujourd'hui encore marquée par l'arrivée des légendaires coupés Starliner et Starlight. La simplicité de leurs lignes, avec leur capot plongeant et leurs élégantes proportions changeait agréablement des productions américaines ordinaires. Mais il y eut des problèmes de fabrication la première année. Et les versions berline, bien que reprenant les mêmes lignes, étaient moins réussies. Les modèles 1954 étaient à peu près identiques, à l'exception de la calandre qui comportait une grille au lieu d'une simple barrette horizontale. Cette année-là, la production tomba à 82 252 voitures, le chiffre le plus bas depuis 8 ans.

Dès lors, la Studebaker Corporation était retombée en déficit. Paul Hoffman avait quitté la firme en 1948 pour se mettre au service du gouvernement. Harold Vance devait assumer seul la gestion de la firme. Au début des années 50 il se mit à la recherche d'une entreprise qui pourrait prendre en charge Studebaker. Précisément, au même moment, James Nance, président de Packard, songeait à faire fusionner sa firme avec celle de South Bend. C'est ainsi que Studebaker devint en octobre 1954 une division de la nouvelle Studebaker-Packard Corporation. Cette opération, qui devait sauver les deux firmes, en fait accéléra leur ruine.

Les Studebaker 1956 furent simplement dotées d'une nouvelle calandre. La véritable nouveauté fut la Hawk, dérivée du coupé Starlight, avec le six-cylindres porté à 3 litres en version normale, le V8 de 4,2 litres en version Power Hawk, et le V8 Packard de 5,8 litres en version Golden Hawk. Après le sursaut de 1955, qui avait fait monter la production à

CI-DESSUS Studebaker fit encore appel à Raymond Loewy pour l'élégant coupé Commander de 1953. Le modèle 1954 ne reçut que des modifications de détail. Son moteur était un V8 de 3,8 litres. Malheureusement, les difficultés grandissantes rencontrées par Studebaker l'empêchèrent de vendre plus de 30 500 voitures dans l'année.

CI-CONTRE La Silver Hawk de 1958 pouvait recevoir, au choix, un six-cylindres de 3 litres ou un V8 de 4,7 litres. Elle avait reçu ses ailerons l'année précédente.

STUDEBAKER

A GAUCHE La Sky Hawk de 1956 laissait encore voir sous une décoration plus chargée les lignes du coupé original de 1953. Les performances étaient cependant en grand progrès, grâce à un V8 de 4,7 litres développant 190 ch en version normale, et jusqu'à 210 ch avec un carburateur quadruple corps.

113 392 voitures, Studebaker se retrouva en 1956 au niveau de 1954, avec un total de 82 402 voitures vendues dans l'année.

Les modèles 1957 ne reçurent que des modifications mineures. En 1957 le malheureux coupé Loewy fut affublé d'ailerons dans le goût de l'époque qui le dénaturaient complètement. Les clients ne se bousculèrent pas pour autant : en 1957 Studebaker ne vendit que 72 000 voitures. Paradoxalement les Studebaker étaient, mécaniquement parlant, meilleures qu'elles n'avaient jamais été. C'était vrai en particulier pour la Golden Hawk qui avait échangé le lourd V8 Packard contre le V8 Studebaker développant la même puissance, grâce à un compresseur Paxton.

Studebaker semblait alors condamné à court terme. Packard avait abandonné la lutte en 1958. La firme avait été rachetée en septembre 1956 par Curtiss-Wright qui avait nommé comme président Harold Churchill, entré chez Studebaker en 1926. Churchill fit un coup de maître en présentant la « compacte » Lark pour 1959, un an avant celles des Trois Grands. La Lark avait été dessinée par les stylistes de la maison, sous la direction de Duncan McRae. Elle était offerte avec, au choix, le six-cylindres en ligne de 2,7 litres ou le V8 de 4,3 litres. Les ventes de Studebaker remontèrent au chiffre inespéré de 153 823, dont la Lark représentait la plus grande partie. Studebaker enregistra un bénéfice pour la première fois depuis 1953.

En 1960, la Lark subit quelques retouches de carrosserie, et en 1961 le vénérable six-cylindres reçut une nouvelle culasse à soupapes en tête. La Cruiser, qui occupait le sommet de la gamme Lark, bénéficiait quant à elle du même V8 de 4,7 litres que la Hawk.

En 1961, fut nommé un nouveau président, Sherwood Egbert, qui chargea le styliste Brooks Stevens de redessiner d'une façon rapide et économique le coupé Hawk. Partant de la version quatre-portes de la Lark, Stevens créa un superbe coupé dont le style discret et les belles proportions retrouvaient l'esprit du coupé original de Loewy, les ailerons étant supprimés et le pavillon redessiné pour faire de la voiture une

CI-DESSUS La planche de bord « à l'européenne » de l'Avanti, avec ses instruments Stewart-Warner à fond noir qui avaient la particularité d'être éclairés par une lumière rouge.

A GAUCHE L'Avanti présentée en 1962 par ses deux principaux créateurs : le styliste Raymond Loewy (à gauche) et Sherwood Egbert, président de Studebaker de 1961 à 1963. La voiture était vendue $ 4 445. Elle ne suffit pas à sauver la firme qui était déjà en difficulté, et sa fabrication prit fin au bout de 18 mois.

STUDEBAKER

A GAUCHE Le succès de la Lark en 1959 fut un ballon d'oxygène pour Studebaker : il est probable que sans elle, Studebaker aurait déposé son bilan dès la fin de cette année. Cette « compacte », qui arrivait à son heure, donna à la firme de South Bend un nouveau sursis. La berline Cruiser montrée ici resta en fabrication de 1961 à 1966. En 1964, elle abandonna le V8 Studebaker pour recevoir un V8 de la GM.

A DROITE Les Studebaker furent construites à l'usine de South Bend, jusqu'au 20 décembre 1963. La fabrication se poursuivit ensuite au Canada, à Hamilton dans l'Ontario, jusqu'en mars 1966.

CI-DESSOUS Studebaker n'ayant pas les moyens d'étudier un nouveau moteur, l'Avanti dut se contenter du vieux V8 de South Bend, poussé à 240 ch grâce à l'appoint d'un compresseur Paxton avec un arbre à cames spécial et un carburateur quadruple-corps.

véritable quatre-places. Le modèle fut baptisé Gran Turismo Hawk. Son moteur était le V8 de 4,7 litres poussé à 225 ch.

IMMORTELLE AVANTI

Egbert avait encore un autre tour dans sa manche pour stimuler les ventes. Le coupé Avanti fit ses débuts en 1963. Pour cette voiture, Studebaker avait renoué une fois de plus avec Raymond Loewy et lui avait demandé de créer une automobile exceptionnelle, capable de raviver l'image de marque de Studebaker. Loewy et ses collaborateurs n'avaient pas déçu l'attente de leur vieux client. L'Avanti n'a pas réussi à sauver Studebaker, mais c'est une voiture aux lignes sufisamment frappantes et originales pour être encore en fabrication aujourd'hui, 24 ans après sa présentation. Sa caractéristique la plus remarquable est son absence de calandre à proprement parler, la prise d'air du radiateur étant située sous le pare-chocs. L'Avanti était équipée du V8 Studebaker de 4,7 litres avec un compresseur Paxton, un arbre à cames spécial et deux carburateurs quadruple-corps développant 240 ch en version normale, ou bien 290 ch sur demande. Il permettait à la voiture d'approcher 200 km/h. C'était également la première Studebaker à avoir des freins à disque.

Comme sa rivale naturelle, la Chevrolet Corvette, l'Avanti était construite en fibre de verre. C'était moins de l'audace de la part de Studebaker que de l'économie, car une carrosserie coûtait 15 ou 20 fois moins cher à fabriquer en plastique qu'en acier. Cette économie coûta pourtant cher à la firme, car elle retarda la commercialisation du modèle. Un des prototypes fut bien exposé au Salon de New York, mais de sérieux problèmes se déclarèrent ensuite du côté de la Moulded Glassfiber Company, qui devait fournir les carrosseries complètes. La firme de South Bend décida alors de se charger elle-même de ce travail, et les premières Avanti ne sortirent d'usine qu'en juin 1963. Ce retard incita de nombreux clients potentiels à fixer plutôt leur choix sur la nouvelle Corvette Sting Ray. Ce fut une des causes qui firent tomber à 67 918 voitures la production de Studebaker en 1963. Egbert, gravement malade, quitta la firme en novembre de la même année et fut remplacé par Byers Burlingame. Mais en 1963 la firme se trouva incapable d'obtenir de nouveaux capitaux et la production fut interrompue à South Bend. Ce devait être la fin pour l'Avanti, mais la fabrication de la Lark fut poursuivie à l'usine Studebaker de Hamilton, dans l'Ontario, au Canada.

Brooks Stevens eut encore la possibilité de dessiner des modèles 1964 qui furent fabriqués jusqu'en 1966 au Canada, équipés de moteurs Chevrolet six-cylindres en ligne ou V8.

C'était cette fois la fin de Studebaker, mais avec un curieux épilogue qui n'est pas encore terminé à l'heure où nous écrivons ces lignes. En 1965 deux agents Studebaker de South Bend, Leo Newman et Nathan Altman, rachetèrent l'outillage de fabrication de l'Avanti et un bâtiment de l'usine Studebaker. La même année ils présentèrent l'Avanti II, extérieurement identique au modèle original, mais avec un moteur V8 de Chevrolet Corvette, initialement de 5,4 litres et, depuis 1969, de 5,7 litres de cylindrée. L'Avanti II est toujours en fabrication à South Bend. Grâce à elle on parle toujours de Studebaker au présent, dans la ville qui vit naître la firme il y a plus d'un siècle.

STUDEBAKER AVANTI
(1962-1963)
MOTEUR
Cylindres : 8 en V
Alésage et course : 90 × 94 mm
Cylindrée : 4 736 cm³
Distribution : soupapes en tête, poussoirs et culbuteurs
Taux de compression : 9 à 1
Alimentation : 1 carbu. inversé et compresseur Paxton
Puissance : 289 ch
Boîte de vitesses : 3 rapports
CHÂSSIS
Construction : longerons et traverses en caissons
Empattement : 2,768 m
Voie avant : 1,447 m
Voie arrière : 1,422 m
Suspension avant : roues indépendantes, bras triangulés
Suspension arrière : essieu rigide, ressorts à lames
Freins : disques avant
Vitesse de pointe : 190 km/h

Après un quart de siècle, l'Avanti tient le coup : cet exemplaire de 1963 n'est pas très différent du modèle original. Un peu plus tard, la même année, les phares auront des entourages carrés. Un des caractères distinctifs de l'Avanti était l'absence de calandre à l'avant : la prise d'air du radiateur était en fait sous le pare-chocs. Cette disposition, souvent imitée, anticipe sur certaines tendances actuelles.

STUTZ

Les automobiles Stutz sont un vrai produit des années 20 que l'on peut mettre en parallèle avec les Duesenberg, même si elles n'avaient pas tout à fait le même prestige. Les deux marques étaient natives d'Indianapolis, la ville du fameux circuit. La Bearcat, la plus célèbre des Stutz est arrivée en 1914. Dans les années 20 la marque acquit une nouvelle réputation avec ses moteurs huit-cylindres en ligne à arbre à cames en tête. Ils équipaient surtout des voitures de luxe, mais aussi des modèles sportifs qui ont fait des apparitions remarquées aux 24 Heures du Mans où ils obtiennent des résultats restés inégalés par aucune voiture américaine entre les deux guerres. La crise économique porta un coup fatal à la marque, qui produisit sa dernière voiture en 1936.

Harry C. Stutz naquit en 1876 à Ansonia (Ohio), dans une famille de cultivateurs de souche hollandaise. Sa passion pour la mécanique le poussa à l'âge de 18 ans à gagner la ville de Dayton, dans l'Ohio, où il allait ouvrir bientôt un atelier de mécanique. Le retentissement donné aux premières voitures sans chevaux à la fin du XIXe siècle incita Stutz à fabriquer à son tour une automobile. Il termina la première en 1897, et en entreprit une seconde pour laquelle il fabriqua lui-même son moteur. Certains défauts de conception empêchèrent cependant sa construction en série.

Comprenant qu'il lui restait des choses à apprendre en technique automobile, Stutz quitta Dayton pour Indianapolis qui était en train de devenir un centre important de l'industrie automobile naissante. Il entra d'abord chez Lindsay-Russel, spécialisée dans les essieux, où il se familiarisa avec la construction des essieux, mais aussi des châssis et des suspensions. Il prit ensuite un emploi chez Wheeler-Schebler, célèbre fabricant de carburateurs où il apprit certainement tous les secrets pour l'alimentation rationnelle d'un moteur. L'étape suivante de ce voyage d'instruction concernait les pneumatiques. Stutz travailla d'abord pour G & I Tire, puis pour la US Tire Company.

En 1905, Stutz considéra qu'il en avait appris assez pour reprendre la fabrication d'automobiles. Il présenta alors les plans d'une voiture de sa conception à la Motor Car Company d'Indianapolis. Son projet fut favorablement accueilli, au

---

Deux arbres à cames, huit cylindres, trente-deux soupapes :
la Stutz DV32 de 1933.

point que non seulement la fabrication de sa voiture fut résolue, mais qu'il se trouva lui-même nommé ingénieur en chef de la firme. La voiture fut baptisée *Underslung* – « suspendue » – parce que le châssis passait sous les essieux et non pas par-dessus, afin d'abaisser au maximum le centre de gravité. Stutz espérait de cette manière améliorer spectaculairement la tenue de route. Mais pour conserver une garde au sol acceptable, il fallut adopter des roues gigantesques.

Stutz ne fut pas long à aller chercher fortune ailleurs. Il entra à la Marion Motor Car Company, également à Indianapolis. Il y resta jusqu'en 1910 quand il reprit sa liberté à la suite d'un désaccord avec le comptable de la firme. Stutz s'associa alors avec Henry Campbell, dont il avait fait connaissance quand il travaillait chez Marion.

LA PREMIÈRE STUTZ

Les deux hommes fondèrent la Stutz Auto Parts Company, consacrée initialement aux pièces détachées, car Stutz avait dessiné une boîte-pont qui avait toutes chances d'avoir du succès. Mais Stutz voulait aussi créer une voiture de sport portant son nom, sur le modèle de la Mercer ou de la Simplex. Stutz était persuadé qu'il pourrait la vendre moins de $ 2 000. Il eut alors une idée audacieuse pour lancer la nouvelle voiture, en l'amenant au départ de la première édition des 500 Miles d'Indianapolis qui devait avoir lieu en 1911 (le circuit lui-même existait depuis 1909). La Stutz serait alors « la voiture qui s'est révélée en une seule journée » – *The Car That Made Good in a Day*. Cette phrase deviendra effectivement par la suite le slogan de la marque.

Stutz n'avait pas encore les moyens de fabriquer ses propres moteurs. Harry acheta donc simplement un moteur construit par la Wisconsin Motor Manufacturing Company, de Milwaukee. La construction de la voiture ne commença que cinq semaines avant la course, prévue pour le 30 mai 1911. Cette première Stutz était de conception assez classique avec les habituels ressorts à lames, un châssis embouti et naturellement la boîte-pont Stutz. Elle fut dotée d'une très

EN HAUT La plus célèbre des Stutz, la Bearcat, apparue en 1914. Elle existait en version quatre ou six-cylindres. Sa carrosserie était réduite au minimum, à la manière de sa rivale, la Mercer Raceabout.

CI-DESSUS Le quatre-cylindres de 6,4 litres de la Bearcat.

A GAUCHE Les roues arrière de la Bearcat avaient plus de rayons que les roues avant.

A DROITE Une Bearcat de 1916 avec des roues à rayons métalliques et, à l'arrière, le typique réservoir cylindrique avec les deux roues de secours.

simple carrosserie à deux places et elle prit le départ des 500 Miles pilotée par Gil Anderson. Elle portait le numéro 10, et Stutz espérait qu'elle finirait parmi les dix premiers. Il n'avait cependant pas prévu que la voiture userait ses pneus à une telle cadence : elle dut s'arrêter pour en changer onze fois. La Stutz termina pourtant l'épreuve et fut classée onzième, à 109 km/h de moyenne. C'était un excel-

STUTZ

lent début, et Stutz fonda alors la Ideal Motor Company qui annonçait à ses clients : « Achetez pour $ 2 000 une réplique de la voiture qui a couvert 500 miles en 442 minutes, sans toucher à la mécanique ».

Ce premier modèle Stutz, connu sous le nom de Série A, avait comme moteur un massif quatre-cylindres de 6,4 litres à culasse en T. À la différence de la plupart des voitures américaines de l'époque, la Stutz avait la conduite à droite, à l'imitation des voitures européennes, et il en sera de même pour tous les modèles de la marque jusqu'en 1922. En 1913, le modèle de la série B, à moteur six-cylindres de 8 litres, s'ajouta au précédent, remplacé peu après par le nouveau quatre-cylindres série E. Le décor était posé pour l'entrée en scène de la plus célèbre des Stutz : la Bearcat.

LA LÉGENDAIRE BEARCAT

La Bearcat était construite sur un châssis de 3,05 m d'empattement avec un cintrage plus prononcé que d'ordinaire au-dessus de l'essieu arrière, ce qui surbaissait la voiture. Les freins étaient également plus importants qu'il n'était alors d'usage. Le client avait le choix entre les moteurs quatre ou six-cylindres. La carrosserie était réduite à sa plus simple expression : des ailes, un capot, deux sièges baquets, un pare-brise « Monocle », un réservoir cylindrique, et c'était à peu près tout. La Mercer Raceabout, dont la Bearcat sera la rivale directe, n'en offrait pas plus.

La Bearcat était proposée dans tout un choix de couleurs vives, dont un « rouge Mercedes », assez étrange puisque la couleur des voitures de course allemandes est le blanc ! Le nouveau modèle, présenté en 1914, remporta un succès immédiat. La production de Stutz compta 649 voitures vendues en 1914, et ce chiffre monta à 1 079 l'année suivante. Ce total comprenait non seulement la Bearcat, mais aussi les quatre et six-cylindres de tourisme, auxquels s'ajoutait la Bulldog, version quatre-places de la Bearcat, avec une magnéto Bosch à la place de la Splitdorf des autres modèles, et une alimentation d'essence par gravité. La Bearcat Speedster se montra plus rare : elle ne figura au catalogue qu'en 1915, au prix de $ 1 475, construite à 125 exemplaires. Elle avait un empattement de 2,75 m, avec un moteur quatre-cylindres de 3,55 litres.

Le meilleur argument de vente de Stutz à cette époque était constitué par ses succès en compétition. La marque prit les quatrième et sixième places dans l'édition 1912 des 500 Miles d'Indianapolis, malgré la concurrence de modèles ayant nettement une plus grosse cylindrée. Stutz prit également les deux premières places au Trophée d'Illinois, et une troisième place à Indianapolis en 1913. Ces victoires étaient significatives, car il s'agissait de modèles encore très proches de ceux de série, contrairement aux machines européennes, de conception plus évoluée, mais complètement coupées de la production ordinaire. En 1915 cependant, l'Américan Automobile Association réduisit la cylindrée maximum autorisée de 7,4 litres (450 ci) à 4,9 litres (300 ci). Cette décision allait stimuler la création de moteurs à haut rendement de plus en plus différents de ceux de série. Stutz, à ce moment, ne pouvait pas ne pas relever le défi, mais la firme était encore incapable de fabriquer ses propres moteurs. Il lui fallut donc s'adresser à son fournisseur habituel, Wisconsin.

UNE PUISSANTE VOITURE DE COURSE

Ce moteur, dessiné par Harry Stutz en collaboration avec la firme Wisconsin, était un quatre-cylindres de 4,9 litres, avec un arbre à cames en tête, et quatre soupapes par cylindre, à la manière des Mercedes de GP de 1914. Les nouvelles voitures furent prêtes à temps pour la saison 1915. Leur couleur les fit surnommer « l'escadron blanc » de Stutz. Elles disputèrent toutes les épreuves importantes de l'année, mais elles eurent affaire aux voitures européennes qui faisaient alors une seconde carrière aux États-Unis. Les 500 Miles d'Indianapolis furent remportés par la Mercedes de Ralph de Palma, suivie d'une Peugeot. Une Stutz, arrivée troisième, était la première des américaines. Les deux autres finissaient quatrième et septième. Les Stutz eurent un meilleur succès à Sheepshead Bay, où elles prirent les deux premières places. Elles eurent également l'avantage dans les épreuves routières de Point Loma, de Californie, de Minneapolis et d'Elgin. C'est ainsi que Earl Cooper, un des pilotes de Stutz, remporta le championnat national des conducteurs, tandis que la firme prenait de son côté le titre du championnat national de l'AAA. C'était finir

en beauté, car Stutz décida d'abandonner la compétition fin 1915.

La demande toujours accrue pour les modèles de tourisme incita la firme à s'installer dans une nouvelle usine en 1916, toujours à Indianapolis, dans la 10e avenue. Stutz allait enfin pouvoir construire ses moteurs, au lieu de dépendre d'un fournisseur extérieur. En 1917 la firme produisit un quatre-cylindres à quatre soupapes par cylindre, toujours à culasse en T, de 5,9 litres de cylindrée. L'accueil favorable que reçut le nouveau moteur permit à Stutz de supprimer le six-cylindres. Le seize-soupapes trouva place dans les modèles de la Série R. En même temps la Bearcat bénéficia de quelques équipements inédits, tels qu'un pare-brise et des portes rudimentaires ! Le modèle subsista sous cette forme jusqu'en 1919. Il fut alors modernisé encore un peu plus, perdant dans l'opération une bonne part de son charme. Sa fabrication prendra fin en 1924.

Entre-temps, Harry Stutz avait décidé de se retirer de la firme portant son nom. Ce fut chose faite en 1919. Ses parts furent rachetées par Allen A. Ryan, et sa place occupée par W. H. Thompson. Stutz était parti fonder une nouvelle marque, nommée H.C.S. d'après ses initiales. Cette firme d'Indianapolis disparaîtra en 1925 après plusieurs tentatives infructueuses.

Stutz avait battu en 1920 tous ses records de production en vendant 4 000 voitures. Ce brillant résultat attira l'attention de Charles M. Schwab, président de la puissante Bethlehem Steel Company. Avec Eugène Thayer et Carl Schmidlap il racheta les parts de Allen Ryan, mais Thompson conserva son siège de président. Alors que 1921 était une année de vaches maigres pour le reste de l'industrie, Stutz réussit à vendre 3 000 voitures. Par contre les ventes tombèrent à 1 028 l'année suivante, alors que le climat économique devenait plus clément. Ce fut la dernière année pour les moteurs à culasse en T qui remontaient au premier modèle de 1911. La marque offrit enfin à ses clients le bénéfice de la conduite à gauche, d'abord sur demande, et finalement en série.

STUTZ EN PANNE

Schwab et ses associés comprenaient que Stutz avait maintenant besoin d'un moteur moderne. Son étude fut confiée à Charles S. Crawford qui venait de la Cole Motor Company, et en 1926 la marque présenta la Special Six, avec un six-cylindres à soupapes en tête de 4,4 litres. On espérait en construire 10 000 exemplaires, mais les ventes atteignirent à peine le chiffre de 2 100. Les dirigeants de Stutz demandèrent alors à Crawford d'agrandir son moteur. Porté à 4,7 litres, le six-cylindres prit place dans la Speedway Six, qui montrait un tempérament plus sportif, mieux dans la tradition de la marque. Mais ce modèle eut encore moins de succès.

La Special fut supprimée en 1925, mais la Speedway hérita de son châssis qui avait un empattement plus court. La marque Stutz semblait alors en panne sur le bord de la route. C'est alors qu'arriva Frederic Ewan Moskovics. Sa famille, originaire de Budapest, avait émigré aux États-Unis alors qu'il était encore enfant. Il grandit dans un milieu aisé et cosmopolite, faisant ses études des deux côtés de l'Atlantique. Jeune homme, Moskovics se passionna pour les voitures de sport et la compétition. C'était par ailleurs un ingénieur de talent, et il devint vice-président de la firme Marmon, à Indianapolis. Il collabora à la conception de la Marmon modèle 34 de 1916, et obtint aussi pour sa firme une importante commande de moteurs d'avion Liberty. Il quitta Marmon en 1924, parce qu'il n'avait pas pu y imposer un nouveau moteur huit-cylindres en ligne à arbre à cames en tête, dessiné par Charles R. Greuter de la maison Excelsior. Moskovics passa

CI-DESSOUS Une Stutz six-cylindres Series 694.

STUTZ

CI-DESSUS Une Stutz Blackhawk de 1929 à moteur six-cylindres de 4 litres, à arbre à cames en tête.

A GAUCHE L'emblème Stutz qui figurait aussi sur le moteur (voir page 214).

ensuite quelques mois chez Franklin, spécialiste des voitures à moteur refroidi par air. Il entendit alors parler des difficultés de Stutz et songea que ce serait peut-être une occasion pour faire adopter ses idées.

Moskovics quitta Franklin en août 1924 et prit contact avec Eugène Thayer, président de Stutz. Celui-ci entra dans les vues du Hongrois, qui parvint également à convaincre Charles Schwab. C'est ainsi que Moskovics remplaça Thompson à la tête de Stutz où il fit aussitôt entrer Charles Greuter, créateur du huit-cylindres Excelsior, en même temps que Edgar S. Gorrell, un de ses anciens collègues chez Marmon qui eut le titre de vice-président. Il y ajouta W. Guy Wall, ingénieur-conseil qui avait travaillé entre autres pour la National Car Company, la firme voisine de Stutz, avec Herbert Alden, un ancien des roulements Timken, et l'ingénieur belge Paul Bastien, qui avait débuté chez Métallurgique dans son pays natal.

Tous combinèrent leurs efforts pour produire la Stutz Vertical Eight présentée en 1926. Ce modèle renouvelait complètement l'image de la marque qui, de constructeur de voitures de sport, devenait une rivale de Packard ou même de Duesenberg. Son huit-cylindres en ligne à arbre à cames en tête de 4,7 litres était installé dans un châssis dit *Safety* (sécurité), avec un pont à vis à roulements Timken, et des freins aux quatre roues à commande hydraulique. Le client avait le choix entre six modèles de carrosserie, toutes dessinées par la vieille firme Brewster de New York, dans un style discret et classique. La nouvelle Stutz remporta un succès immédiat et trouva 5 069 acheteurs en 1926. Un châssis allongé arriva en 1927, qui eut la faveur des carrossiers.

Le 21 avril 1927, trois Stutz prirent le départ de la Stevens Challenge Cup, offerte par Samuel B. Stevens à la voiture de série la plus rapide sur 24 heures. Ces trois voitures comprenaient une berline à carrosserie souple Weymann (dont Moskovics était le représentant aux États-Unis depuis 1926), une berline en acier et un modèle découvert, qui était en fait le prototype de la Black Hawk. La première eut des problèmes d'allumage qui limitèrent sa moyenne à 108 km/h, alors que la berline en acier, plus lourde, atteignait 110 km/h. La rapide Black Hawk put quant à elle tourner à près de 115 km/h de moyenne. Son moteur avait précédemment montré une tendance marquée à griller ses soupapes. C'est Ettore Bugatti en personne qui avait suggéré des modifications à son ami Moskovics. La nouvelle culasse entra en service en juin 1927 sur un moteur baptisé, comme il convenait, « Challenger ».

LE DUEL STUTZ-HISPANO

Moskovicks était résolu à soutenir la réputation sportive de Stutz. La marque remporta en 1927 le championnat des voitures de série organisé par l'AAA. L'année suivante, une Black Hawk prit le titre de plus rapide voiture de série améri-

STUTZ MODÈLE M (1929-1930)

MOTEUR	CHÂSSIS
Cylindres : 8 en ligne	Construction : longerons et traverses en U
Alésage et course : 82 × 114 mm	Empattement : 3,327 m
Cylindrée : 5 276 cm³	Voie avant : 1,473 m
Distribution : simple arbre à cames en tête	Voie arrière : 1,422 m
Alimentation : 1 carbu. droit	Suspension avant : essieu rigide, ressorts à lames
Puissance : 113 ch à 3 300 tr/mn	Suspension arrière : essieu rigide, ressorts à lames
Boîte de vitesses : 4 rapports	Freins : tambours
	Vitesse de pointe : 110 km/h

La Stutz Model M de 1929 se distinguait par son moteur à arbre à cames en tête et sa boîte de vitesses à 4 rapports.

caine, en parcourant le mile lancé à plus de 170 km/h.

L'événement qui eut le plus grand retentissement fit moins honneur à la marque. Il s'agit du fameux « duel » Stutz-Hispano qui eut lieu sur le circuit d'Indianapolis et se termina par une humiliante défaite pour Stutz. L'affaire avait son origine dans une discussion entre Moskovics et Charles Weymann, après un banquet où ils étaient les invités de William Rootes. Charles Kettering avait déclaré peu auparavant qu'une Cadillac à trois vitesses serait plus rapide sur le trajet Dayton-Detroit qu'une Rolls-Royce à quatre vitesses. Weymann était d'accord pour relever le défi avec une Hispano-Suiza. Moskovics affirma de son côté qu'il était prêt à défendre avec une voiture de sa marque l'honneur de l'automobile américaine. Les deux hommes convinrent alors d'une épreuve de vitesse de 24 heures sur le circuit d'Indianapolis, avec un enjeu de $ 5 000.

Les deux voitures étaient en fait très peu comparables. L'Hispano était avantagée par sa cylindrée (8 litres contre 4,9 litres), mais sa conception remontait à près de 10 ans et elle était présentée par un amateur, qui avait traversé l'Atlantique avec un très petit nombre de pièces de rechange. La Stutz, de son côté, bénéficiait du soutien de la firme et courait pratiquement aux portes de l'usine dont elle était sortie. Cependant la course fut un désastre pour Stutz, dont la voiture fut victime d'une rupture de soupape après seulement 220 km. Les dégâts étaient trop graves pour être réparés correctement dans les limites de l'épreuve. Après 18 heures de course, dont elle avait passé la moitié sur son stand, la Stutz abandonna. Le malheur voulut qu'une semaine plus tard le pilote Frank Lockhart se tuât au volant d'une voiture de record, baptisée Stutz Black Hawk en échange du soutien de la firme, mais qui n'avait aucun rapport avec sa production habituelle. Dans bien des hebdomadaires, ces deux fiascos furent relatés sur la même page, donnant à la marque une publicité dont elle se serait bien passée.

Par contre Stutz fit une remarquable démonstration la

La Stutz Series M à moteur six-cylindres apparut en 1929. Sa mascotte de radiateur figurait Ra, dieu du soleil dans la mythologie égyptienne.

STUTZ

A GAUCHE La Stutz des Anglais Eyston et Watney aux 24 Heures du Mans de 1929, dut abandonner avec un réservoir fendu, alors qu'elle se trouvait à la 4ᵉ place.

A DROITE Une Stutz SV 16 de 1931. Son moteur huit-cylindres de 5,3 litres se contentait de deux soupapes par cylindres.

EN BAS, A DROITE La DV 32 avait une culasse à deux arbres à cames en tête et quatre soupapes par cylindre. Sa puissance atteignait 156 ch. C'était la riposte de Stutz à la vogue du V12, au début des années 30.

STUTZ DV32 (1931-1936)
MOTEUR
Cylindres : 8 en ligne
Alésage et course : 84 × 114 mm
Cylindrée : 5 276 cm³
Distribution : 4 soupapes par cylindre, 2 arbres à cames en tête
Alimentation : 2 carbu. droits
Puissance : 156 ch à 3 900 tr/mn
Boîte de vitesses : 4 rapports (3 à partir de 1932)
CHÂSSIS
Construction : longerons et traverses en U
Empattement : 3,404 m
Voie avant : 1,473 m
Voie arrière : 1,422 m
Suspension avant : essieu rigide, ressorts à lames
Suspension arrière : essieu rigide, ressorts à lames
Freins : tambours
Vitesse de pointe : 130 km/h

même année aux 24 Heures du Mans. La voiture était pilotée par Bloch (coéquipier de Weymann à Indianapolis) et Brisson. Elle termina à la deuxième place, après avoir menacé jusqu'au dernier moment la Bentley victorieuse. Sa moyenne, dans des conditions bien plus difficiles, était presque égale à celle de l'Hispano victorieuse à Indianapolis (et prudemment absente au Mans) : 110 km/h.

LE COMMENCEMENT DE LA FIN

La brillante démonstration au Mans ne suffit pas à effacer l'ignominieuse défaite d'Indianapolis. Ce fut un des facteurs qui amena le départ de Frederic Moskovics au début de 1929. La même année, Stutz présenta le modèle M avec un huit-cylindres agrandi à 5,3 litres. La boîte de vitesses offrait désormais quatre rapports au lieu de trois. En même temps la marque présentait un nouveau modèle économique : la Blackhawk (en un seul mot), avec une version six-cylindres de 4 litres du huit-cylindres à arbre à cames en tête. Un modèle encore meilleur marché était équipé d'un moteur Continental.

Le déclenchement de la crise économique marqua pour Stutz le commencement de la fin. Une nouvelle six-cylindres vit le jour, mais elle fut éclipsée par une version à deux arbres à cames en tête du fidèle huit-cylindres. Prenant modèle sur la Duesenberg J, Stutz créa une culasse à quatre soupapes par cylindre et la proposa dans un modèle baptisé DV 32 (*Dual Valves* : doubles soupapes). Une des versions était appelée Bearcat, comme au bon vieux temps. En 1932 il y eut même une Super Bearcat avec un empattement raccourci à 2,95 m (au lieu de 3,4 m), un moteur à compresseur, au prix de $ 5 895 (au lieu de $ 3 495). Avec l'arrivée de la DV 32, les modèles à simple arbre furent rebaptisés SV 16.

Les Stutz 1932 bénéficiaient d'une boîte de vitesses Muncie à trois rapports et roue libre, mais cela ne suffit pas à empêcher la firme d'enregistrer un déficit de $ 315 000 la même année. En 1933 les modèles six-cylindres furent supprimés. Les SV 16 et DV 32 restaient au catalogue, mais la firme avait décidé de se reconvertir dans la fabrication d'une originale fourgonnette de livraison à moteur arrière : la Pak-Age-Car. Stutz reçut 340 commandes, mais cette fois c'était la fin : la firme fut mise en liquidation en avril 1937. Les temps avaient changé, depuis l'époque où Stutz avait présenté « la voiture qui s'est révélée en une seule journée ».

Index

Les chiffres en gras renvoient aux légendes ces illustrations

Ahern, Patrick 113
Ahrens, Don *58*
Ainsley, Charles 114
Alden, Herbert 217
Allard 59
Allison 196
Altman, Nathan 209
American Automobile Association 115, 215
 Championnat des voitures de série : 217
American Motor Co 214
American Motors 39, 67
Ames, Harold T. 18, 20, 26, 27
Anderson, Gil 214
Anibal, Ben 194
Auburn 11, 15-16, *16*, 18, 23-26, 29
AUBURN (automobiles)
 1-cyl. 15
 2-cyl. 15
 4-cyl. : 15, *16*
 4-44 16, 23
 6-cyl. :
  Beauty Six 15
  ('12) 16
  ('16) 16
  6-43 16, 23
  6-51 sports 16
  6-66 16
  652, 653, 654 26
 8-cyl. :
  Modèle 88 Speedster *27*
  Modèle 115 23 ; Cabin Speedster 23 ; Speedster 23
  Modèles 120, 125 23
  Supreme 16
  8-88 16
  8-98 23
  8-105 *24*
  850, 851, 852 26
  851 Speedster 26, *27*
 V12
 Custom Speedster 26
 Speedster 23, 26
Audi 167
Automobile Club of America 170

Bard, Ralph 15, 16
Bassett, Harry 34
Bastien, Paul 217
Bendix (servomécanisme) 27
Bennet, Billy *103*
Bennett, Frederick S. 47
Bennett, Harry 121, 122
Bentley 4½-litre 221
Birge, George K. 187
Bliss 66
BMW 63
Bonbright, Howard 148
Bonneville 191
Bowen, Lemuel 42, 43
Bower, 'Dutch' 35, *35*
Boyd, Virgil 109
Boyer, Joseph 171
Bradley, James J. 155
Breech, Ernest R. 122
Breer, Carl 91, 92, 99, 102, 204
Brewster 217
Briggs 97, 106, 140, 142, 180

Briggs, Walter O. 140, 141
Briscoe, Benjamin 32, 67
Briscoe 155
Brooklands 47, *47*
Brown & Sharpe 41, 42
Brunn 20, 35, 138, 140
Brush, A.P. 193
Buehrig, Gordon M. 11, 20, *20*, *23*, 26, 27, *27*, 29, *29*, 148
Bugatti, Ettore 217
Bugatti 16-cyl. 18
Buick 9, 11, 30-39, 47, 49, 54, 63, 65, 66, *66*, 67, 68, 69, 70, 76, 90, 92, 94, 109, 126, 158, 160, 161, 163, 166, 193, 195, *195*, 201, 204
BUICK (automobiles)
 B-55 32
 Century (Série 60) 35
 Century 39
 Century Riviera *13*
 Electra 225 *36*, 39
 Estate Wagon 35
 Le Sabre *36*
 Le Sabre 39
 Limited (Série 90) 35
 Master 6-cyl. 1934 34
 Modèle 28-54
 Sport Roadster *34*
 Modèles B, C, D, F, G 32
 Modèle 10, 32
 Regal 39
 Riviera 38, 39, *39*, 166
 Roadmaster 39
 Roadster (Série 80) 35
 Sedanet 35
 Skylark ('53) *31*, 38, *38*, 39 ; ('85) 39
 Somerset Regal 39, *39*
 Special 39, *39*
 Special (Série 40) 35, *35*
 Straight-Eight 35
 Standard 34 ; (126) 34
 Y-Job 38
 4 cyl. 32, 34
 6 cyl. 32
Buick, David Dunbar 31, 66
Buick, Thomas *32*
Burlingame, Byers 209
Burrell, Gilbert 162

Cadillac 9, 10, 11, *11*, 20, 27, 34, 35, 41-63, 65, 69, 71, 76, 94, 97, 114, 120, 137, 138, 140, 146, 148, 149, 160, 162, 180, 188, 190, 193, 194, 217
CADILLAC (automobiles)
 Cimarron 63
 Deville 63
 Eldorado 60, *60*, 61, 63, 150, 166, 180
 Fleetwood 63
 Fleetwood Special *58*
 La Salle = voir La Salle (automobiles)
 Le Mans *58*
 Modèle A 43, *43*, 46
 Modèle B *43*, 46
 Modèle D, E 46
 Modèle F 46, *47*
 Modèle G 46, 47
 Modèle H 46
 Modèle K 46, 47, *47*
 Modèles *44*, 47
 Modèle 51 9, 68, 137, 173, 188
 Osceola 9
 Série 40 370D V12 11, *11*, 52-53, *53*, 140, 190
 Série 60 54, 60
 Série 62 12, *56*, 57, 59
  voir aussi Eldorado
 Série 70, 75, 90, 54
 Série 314 49, *51*
 Série 314 A *51*
 Série 341 51
 Série 353 54, *55*
 Seville 62, 150, *150*
 Type 51, 48, *48*
 Types 53, 55, 57, 48
 Type 61 49
 V16 11, *11*, *41*, 51-53, 140
 V-63 49, 173
 Cadillac (moteurs)
 V8 48, *48*, 120, 172
  voir aussi : Modèle 51
Cafiero, Eugene A. 109
Caldwell, Philip 134
Caleal, Richard 123
Californie (épreuves de –) 215
Campbell, Henry 214
Cartercar 48
Carter, Byron T. 48
Carter (Président Jimmy) 110
Chalmers 92, 94, 189
Champion, Albert 35
Chanter, Art 191
Chapin, Roy *154*, 158
Chayne, Charles A. 35
Chevrolet 9, 10, *11*, 12, 39, 48, 49, 57, 64-87, 99, 111, 118, 119, 120, 121, 123, 124, 125, 126, 131, 134, 158, 159, 195, 196, 197, *197*, 200, 209
Chevrolet, Arthur 66, *66*
CHEVROLET (automobiles)
 Astro 87
 Bel Air *65*, 72 ; Impala 72 ; Nomad 72, 76
 Biscayne 76
 Camaro 12, 80, *80*, 81, 87, *87*
 Caprice 85, 87
 Cavalier 63, 85
 Celebrity 87
 Chevelle 80 ; Malibu *85*
 Chevette 83, 84, *85*
 Chevy II 77
 Citation 85, *85*
 Citation II 87
 Classic Six 66, *66*, 67
 Corvair *76*, 77, 126, *127* : Monza 77, 128, 166 : Monza Spyder 77, *77*
 Corvette 73, *73*, 75, 76, 80, *83*, *83*, 124, 128, 209 : ('84) 87, *87* ; Sting Ray *73*, *77*, *78*, 80 ; Stingray 83, *83*, 209
 H (série) 67, 68
 H-2 Royal Mail 67
 H-4 Baby Grand 67, 68
 Impala 76, 85
 Malibu *85*
 Monte Carlo 80, 82, *83*
 Nova 166
 Série AB 70
 Série AC International *11*, 71, *71*
 Série AE Independance 71
 Séries AG, AH 71
 Série CA 71
 Série D 68
 Série DA, DC 71
 Série F 68
 Série GA Master 71, *71*, 72
 Séries JA, JB 72
 Série K Superior 70, *70*
 Série V 70
 Six ('31) 10

Styleline Deluxe 72
Vega 80, 83, *83*, 131, 166, 200 ; Monza 80
490 68, *68*, 69
Chevrolet (moteurs) 71, *71*, 72
 V8 ('55) *73*, 76, 124
Chevrolet, Louis J. 9, 65-67, 66
Chicago (Salon de –) 15, 90
Chicago (Exposition « Un siècle de progrès ») 27, 142, 143, 191
Christie, Walter 66
Christopher, George 179
Chrysler, Della 89-90
CHRYSLER
 Airflow 99, 100, *103*, *105*, 106
 Airstream 102
 B (série) 89, *91*, 92, 204
 B70 92, *93*
 CA 102
 CD 99
 Cordoba 109, 110, 111
 Crown Imperial 105
 C25, C26, C27 105
 De Luxe 106
 De Soto – voir De Soto
 Dodge – voir Dodge
 Executive 111
 Imperial 94, *94*, 99, *104*, 105, 108, *108* ; ('80) 110-111, 149, *149*
 Custom 99 ; Roadster *97*
 K (Série) 110, 111
 Laser 111
 Le Baron 109, 111, *111* ; ('78) Town and Country *111*
 Minivan 111
 Newport 106, 108-9
 New Yorker *104*, 106, 111 ;
  Fifth Avenue *108*, 111
 Plymouth – voir Plymouth
 Royal 105, 106 ; Standard *103*
 Saratoga *104*, 106, 107
 Town and Country 89, *105*, 106, 109
 Trifon Special 102
 Windsor 105, 106
 50 94
 52 97
 58 94
 60 94
 70, 80 94
 300 106, *107* ; 300B, 300C 107 ; 300H 109
Chrysler Corporation 10, 12, 13, 32, 59, 76, 88-111, 121, 134, 140, 170, 180, 183, 189, 197, 221
Chrysler
 'Hemi' V8 12, 59, 106, 107, *107*, 162
Chrysler, Walter P. 10, 11, 12, 32, 34, 35, 89, 90, *91*, 92, 94, 97, 99, 102, 105, 204
Churchill, Harold 207
Citroën 99
Clifton, Col. Charles 185, 186, 189
Colbert, Lester 'Tex' 106, 107, 108
Cole, Edward 76, 77, 80
Cole, L.T.C. 47
Collier, Sam et Miles *58*, 59
Collins, Richard H. 49
Continental – voir Lincoln
Cooper, Earl 215
Copp, Harley 149
CORD (automobiles)

L29 11, *15*, 23, 26, 29, 99, 173 ; *23*
810/812 11, *20*, 26-29, *27*, *28*, 29, 148, 153, *165* ; Beverly, Westchester 29
Cord Corporation 11, 15, 16, 23, 29
Cord, Errett Lobban 11, 15, 16, *16*, 18, 20, 23, 29
Couzens, James 117
Coyle, Marvin E. 71
Crane, Henry M. 70, 194
Crawford, Charles S. 216
Crawford, James M. 16, 70
Critchfield, Robert 196
Crusoe, Lewis D. 24
Cunningham, Briggs *58*, 59
Cunningham 48, 59
Curtice, Harlow H. 35, *35*, 39
Curtiss-Wright (moteurs d'avion) 183, 207

Daimler *19*, 48
Darracq 66
Darrin, Howard A. 179
Datsun 80
Dawley, Herbert M. 188
De Dion-Bouton 66, 186
Deeds, Edward A. 48
Delaney, George A. 197
Delco 48
DeLorean, John Z. 80, 197, *197*, 200
Dempsey, Jack *98*
De Paolo, Peter 17
De Palma, Ralph 215
Derham *19*, 20, 99
De Soto 11, 98, 108, *108*
De Soto (automobiles)
 Airflow 102
 Custom *104*
 Royal 105
Detroit Automobile Co. 7, 42, 114
Dewar, Sir Thomas 47
Dewar (trophée) 47
Dietrich 138, 173
Dietrich, Raymond 49, 105, 138, 204
Dillon, Clarence 97, 98
Dodge (Frères) 42, 96, 97, 155
Dodge (automobiles) 98, 103, 106, 109, 126
 Aries 110, 111
 Aspen 109
 Charger 109
 Diplomat 109
 Omni 109
Dodge, John et Horace 97, *97*, 118
Dubonnet (suspension) 35, 71, *71*, 72, 160, 195
Duesenberg, August 17, *17*, 18, *19*, 26
DUESENBERG (automobiles)
 dessinées par Buehrig 27, 29
 carrossée par La Grande 26
 Modèle A 18, 19, *19*
 Modèle J 11, 19, 20, *21*, 23, *23*, 26, 221 ; JN 23 ; SJ 23, *23*, 26, 27
 Modèle X 19
Duesenberg (moteurs)
 8-cyl. 18
 12-cyl. 17
 4-cyl. « à bascules », 6-cyl., 8-cyl. 17
Duesenberg, Fred 17, *17*, 18, 19, 23, 26

222

Duesenberg Inc. 11, 15, 16, *16,* 17, 23, 26, 29, 90, 140, 173, 213, 216
Du Pont, Pierre S. 10, 69, 70, 159
Durant, William C. 9, 10, 23, 31, 32, *33,* 34, 35, 47, 49, 65, 66, *66,* 67, 68, *68,* 69, 90, 92, 97, 137, 153, 158, 172, 193
Durant-Dort Carriage Co. 9, 32, 193
Duray, Leon *173*

Earl, Harley 10, 12, 26-27, 35, 38, *49,* 51, 54, 57, 60, 71, 73, *76,* 80, 138
Earnshaw, William 102
Eckhart, Frank et Morris 15
Edison, Thomas 120
Edsel – voir Ford
Edwards, D.F. 158
Egbert, Sherwood 207, *208,* 209
Elgin (trophée) 215
E-M-F 204
Engel, Elwood 108, 149
Erskine, Albert 11, 189, 190, 191, 204, 205
Estes, Elliott M. 'Pete' 80, 196, 197, 200
Exner, Virgil 106, *107,* 108, 195
Eyston, George 221

Fergusson, David 186, 187, 188, 189
Ferrari 58, 76
  GTO 200
Ferry, Hugh 179, 180
Fields, Joseph E. 94, 98
Fisher 49
Fisher, Lawrence P. 34, 51, 54
Fleetwood 52, *53,* 138
Flint 92
Forbes, Myon 189, 190
FORD (automobiles)
  Arrow 115
  Custom ('50) *122*
  Continental – voir Lincoln
  Edsel 12, 126, *127,* 149
  Escort 134, *134*
  EXP 135
  Fairlane 80, 124, 126
    Crown Victoria 123
    Skyliner *123,* 125, 149
  Falcon 77, 126, *127,* 131
    Futura *127*
  Galaxie 126, *128*
    Skyliner *128*
  Granada 134, 135, 150
  GT40, 131, *132*
  LHT 135
  Lincoln – voir Lincoln
  Maverick 131, 134
  Mercury 121, 124, 126, 149, 150
  Modèle A ('03) 115, *115;* ('27) 7, 10, 70, 71, 98, 113, *118,* 119, 120, 121
  Modèle B ('04) 7, 116; ('32) 120
  Modèles K, N, R, S 116
  Modèle T *8,* 9, 10, 13, 16, 32, 47, 68, *68,* 69, 70, 89, 97, 113, 116-18, *116, 117, 118,* 119, 120, 121, 122, 134, *134,* 135, 138, 141, 204
  Modèle 18 120
  Modèle 40 (40A, 48) 71, 121
  Monarch 150
  Mustang 12, 13, 77, *128, 130,* 131, 200; ('64) 80, *80,* 127; ('71) 134; ('84) *134;* GT-350 *128*
  Mustang 1 et 2 (prototypes) 128, *128*
  Mustang II *130,* 134
    Boss 429 131
  Pinto 131, 134
  Six 122, 123
  Skyliner 124
  Standard 123
  Tempo 135
  Thunderbird ('55) 76, 106, 124, 125; ('57) *113, 125,* 135; ('58) 125; ('60) 126; ('70s) 80; ('80) 134; ('83) 135
  Torina 131
  Victoria 123
  3/4 hp 1896 114
  26 hp 114
  999 115
Ford, Clara 114, 122, 138
Ford (moteurs)
  V8 ('32) 10, 71, 113, 120, *121,* 195
Ford, Edsel *8,* 97, 114, *115,* 119, 121, 122, 126, *127,* 138, 140, 141, 146
Ford, Henry 7, *8,* 10, *11,* 12, 31, 32, 42, *42,* 69, 90, 97, *97,* 113-116, *115,* 117, 118, 119, 120, 121, *121,* 122, 123, 131, 137, 138, *138,* 140, 141, 154
Ford II, Henry 12, 13, 113, 122, *122,* 126, *127,* 138, 148, 150
Ford Motor Company 7, 9, 10, 11, 32, 39, 49, 68, 76, 80, 89, *91,* 94, 98, 99, 05, 106, 108, 110, 111, 112-135, 137, 138-151, 158, 170, 183, 189, 196, 204
Frontenac 65, 67

Galamb, Joseph 116
General Motors département « Art and Colour » 10, 20, 26, 34, *49,* 60, 71, 106, 138, 140, 191, 194
General Motors « X » 12, 39, 85, 135, 201 – voir aussi sous chacune des marques de la GM
George N. Pierce Co. 185
Ghia 106, 109, 149
Glancy, Alfred R. *95*
Glidden Tour 11, 187
Goossen, Leo 23
Gordon, John F. 57, *58*
Gorrell, Edgar S. 216
Goss, Arnold 47
Gotfredson 20
Gregorie, Eugene 146, *147*
Greuter, Charles R. 216
Gulotta, Anthony *173*

Hall, Elbert J. 172
Hall, Jay 158
Harbeck, J.R. 17, 18
Hardy, Alexander B.C. 66, 67, 159
Hatcher, William A. 170
Haynes, Frederick J. 97
H.C.S. 216
Heaslet, James G. 204
Henry, Guy P. 204
Hepburn, Ralph *173*
Hispano-Suiza *11,* 20, 51, 52, 54, 71, 217, 220, 221
Hoffman, Paul G. 205, 206
Holbrook 19
Holley, George 117
Holls, David 83
Hudson 97, *154,* 171
Huff, Ed 116
Huff, Russell 171
Hufstader *35*
Hull, Ellen 41
Hunt, Osmond E. 70, 172, 194
Hupmobile 29, 106
Hutchinson, B.E. 'Hutch' 94, 98
Hydra-Matic (transmission) 54, 146, 161, 196
  les débuts 160

Iacocca, Lee 13, 89, 110, 111, 127, 128, *128,* 131, 134
Ideal Motor Co. 215
Illinois (Trophée d' –) 115
Indianapolis 17, 67, 217
  500 miles 17, 131, 214, 215
Isotta-Fraschini 18
Isuzu (Chevette) 85

Jeep 12, 39, 146
Jeffery, Thomas B. 17
Jenkins, Ab 191
Johnson, Franck 138, 140, 142
Joy, Henry 169, 170, 171, 172
Judkins 138

Kahn, Albert 170
Kaiser 12
Kanzler, Ernest 138
Keller, Kaufman T. 94, 98, 102, 105, 106, 108
Kettering, Charles F. *9,* 48, 69, 220
King, Charles B. 18
Klemin, Dr Alexander 102
Klingler, Henry 195, 196
Knudsen, Semon E. ('Bunkie') 80, 131, 134, 196, 197, 200, 201
Knudsen, William ('Big Bill') 10, 35, 69, 70, 71, 80, 111, 131, 194, 196, 197

La Salle 10, 27, 49, 51, 53, 63, 160, *161,* 193, *195*
Leamy, Al 23, 26
Le Baron 138, 141, 204
  voir aussi Chrysler
Leland & Faulconer 42, 43, 46, 97, 155
Leland, Gertrude 41
Leland, Henry M. 9, *9,* 41-42, *42,* 43, 46, 47, 48, 63, 114, 137, 138
Leland, Wilfred 9, 41, 42, *42,* 46, 47, 49, 137
Le Mans 12, *58,* 59, 131, 213, 220, 221, *221*
Lenz, Arnold 196
Liberty V12 (moteur d'avion) : 18, 49, 118, *138,* 159, 172, 173, 216
Lincoln 9, 11, 20, 60, 94, 125, 126, 136-151, 185
Lincoln, Abraham 41, 49, 137
LINCOLN
  Capri 146, 149
  Continental 137, 146, 147, 149, 150, *150;* IV ('58) 149; Mk III 150; Mk IV 150; Mk V & VI 150, *150;* Mk VIII 150
  Continental (marque) 12, 148; MkII 148, *148,* 149; Mk III *148,* 149
  Cosmopolitan 146, *147, 148*
  Merkur XR Ti 150
  Modèle K 138, 143, 144, 146
  Modèle KA 140
  Modèle KB *137,* 140, *141*
  Modèle L *42,* 49, 119, 120, 137, *138,* 140, *141*
  Premier 149
  « Spéciale police » 138
  Versailles 150, *150,* 151
  Zephyr 121, 137, 142-143, *142, 144,* 146, *147*
    Custom 146
Lincoln (moteurs)
  V8 12, 146
Litle 66, 67
Litle, Thomas 140
Little, William 66
Locke 99, 138, 141
Locomobile 7, 90, 189
Lockhart, Franck 220
Loewy, Raymond 106, *203,* 205, 206, *207, 208,* 209
Lomax, Charles Morton *103*
Loomis, Horace 154
Lycoming (moteurs) 16, 19, 23, *24,* 27

Macauley, Alvan 169, 171, 172, 173, 179
Macauley, Edward 179
Malcomson, Alexander 115, 117
Marion 214
Marks, Jim 179
Marmon 140, 216, 217
  Modèle 34 216
Marmon, Howard 215
Marquette 34, 193
Marr, Walter 31, 32, *32*
Mason, Arthur C. 67
Mason 17
Mason, Edward 17
Mason, George 180
Mason Motor Co 66, 67
Maxwell 32, 92, 94
Maxwell-Briscoe 67
Maxwell, Jonathan 154
May, George S. 155
May, Henry 185
Maytag, F.L. 17
McLellan, Dave 87
McNamara, Robert S. 122, 125, 127
McRae, Duncan 207
Mead, W.J. 158
Mercedes-Benz 53, 63, 71, 183, 215
Mercer 214
  Raceabout *214,* 215
Métallurgique *66,* 114, 217
Metzel, Harold N. 166
Miller, Arjay 122
Miller 23, *173*
Miller, William 110
Milton, Tommy 18
Minneapolis 215
Mitchell, William 54, 60, 63, *76, 78,* 80, 209
Mixter, George 189
Morgan, J.P. 69
Mors 66, 170
Morton, Wade 23
Moskovics, Frederic E. 216, 217, 220, 221
Mott, Charles 69
Murphy 20, 21, 99
Murphy, Edward M. 193
Murphy, William H. 42, 114

Nacker, Owen 51
Nader, Ralph 77
Nance, James 180, 183, 206
Napier 48, 187
NASCAR 131, 162, 197
Nash, Charles 32, 90, 158, 172
Nash Motors 60, 180
Newberg, William C. 107, 108
Newman, Leo 209
New York (Salon de –) 26, 29, 42, 48, 92, 170, 194, 209
Nickles, Ned 39

Oakland 9, 10, 69, 97, 160, 193, 194; 1924 six 194; 1930 V8 194
O'Gorman, Mervyn 47
Oldsmobile 7, 9, 35, 47, 54, 59, 65, 76, 146, 152-167, 180, 193, 194, 195, *195,* 196, 197
OLDSMOBILE
  Autocrat 158
  Custom Cruiser 162
  Cutlass 167; Ciera 167
  Delta 167
  Dynamic Cruiser *161,* 162
  électrique 154
  F (série) 160
  F-28, F-29 160; F-32 *161;* F-35 197; F-85 163, 166; F-85 Cutlass 163, *163*
  Fiesta 162
  Firenza 167
  Futuramic 76, 88, 98, 162; 98 Deluxe *153;* 98 Holiday 162
  G (Série) 160
  Golden Rocket 162
  Jetstar 88 163
  L (Série) 160; L-37 160
  Limited 158
  Modèle S 158
  Modèle 20 158
  Modèle 30 *159* : 30b 159
  Modèles 42, 43, 44 158
  Modèle 43a 159
  Modèle 46, 47 159
  Ninety 162
  Ninety-Eight 167
  Omega 166
  Regency *166*
  Reo *154,* 158
  Runabout 7, 42, 97, 153, 154-158, *154, 157, 159* 60, 70 162
  Special 158, 162
  Starfire 162, 163; ('80) 166
  Super 88 162, 163
  Super 89 163
  Supreme Colonnade 167
  Toronado 63, 153, 165, *165,* 166, 167
  Viking 153, 160, 193
  Voiture à vapeur 154
  Z-KR 158
  88 162
  98 162, *162*
Oldsmobile (moteurs)
  Rocket 162, 163, 196
Olds Motor Vehicle Co. 154, 158
Olds Motor Works 42, 154
Olds, Ransom E. 7, 42, 97, *97,* 153-154, *154,* 155, 158
Oros, Joe 128
Otto, Nicholas 114

PACKARD (automobiles)
  Caribbean 180, *180*
  Clipper 179, *180*

223

Custom 180, *179*
Light Eight 49, 168, 173, 175, *176* ; De Luxe 173
Modèle A 169, 170
Modèle B S 170
Modèle 38, 171, 172
Modèle 160, *179*
Modèle 110, 179, *179*
Modèle 120 (1935) 77
Patrician 180, *180*, 183, *183*
Single Eight 173, 172
Single Six (116) 49, 173
Six 171, 177
Super Eight *173*, 175, 176
Thirty (30) 170
Twelve (V12) 176, *176*, 177
Twin Six 9, 48, 49, 171-172, *171*
2ᵉ Série 172 ;
3ᵉ Série 172-173 ; (1932) 173, 176,
200, 250, 300 180
400 180, 183
Packard, James W. 169-170, 171
Packard (moteurs marins) 179
Packard Motor Co. 9, 10, 11, 12, 20, 35, 41, 48, 49, 51, 54, 56, 94, 97, 138, 170-183, 185, 188, 197, *197*, 206, 216
Packard, Samuel 169
Packard, Warren 169
Packard, William 169
Packard, William Doud 169
Palmer, Jerry 87
Peerless 48, 171
Pennington, Edward J. 186
Peugeot 110, 215
Pfennig, Dr E. 115
Pickford, Mary 119
Pierce, George N. 185
Pierce, Percy 187
Pierce-Arrow 10, 11, 48, 140, 171, 184-91, 204, 205
PIERCE-ARROW (automobiles)
Arrow 187
Fifth Série 189
Great Arrow 187
Modèle 43 *185*
Motorette 2 3/4 hp 186, *186*, 5hp 186
Série 33 *188*, 189
Série 80, 189, 191
Série 81 189
Silver Arrow 191, *191*
Stanhope 186, 187
8-cyl. 190, *190*
28-32 hp 187
38 hp 188, 189
40 hp 187
48 hp 188, 189
66 hp 186, *186*, 187, 188, 189
Planche, Étienne 66
Plymouth 10, 11, 35, 39, 88, 98, 99, 102, 103, 106, 107, 109, 120, 121, 197, 201
Plymouth
Colt *111*
Horizon 12, 109
Reliant 110, 111
Valiant 108, *127*
Volare 109
1928 4-cyl. 97, *97*
Point Loma 215
Pontiac 10, 35, 48, 71, 76, 80, 85, 97, 106, 109, 126, 160, 162, 163, 166, 192-201
PONTIAC (automobiles)
Astre 201

Bonneville 197, 201
Catalina 196, *196*
Chieftain 196
Eight, Six *196*
Fiero 201
Firebird 200, *200*, 201
Esprit *200*
Trans Am 200
Firebird II *197*
Grand Prix 80, 197, *200*, 201
GTO 12
Parisienne 201
Phoenix 201
Série 6-27 194, *194*
Série 6-29 194
Star Chief 196
Starliner 196
Station Wagon 195
Sunbird *200*, 201
Tempest 197, *198*
Le Mans 197
Tempest (1964) 198, 200
GTO 198, *198*, 200
1927 195
Pratt and Whitney (moteurs d'avion) 38

Ragsdale, Edward 29
Rambler 17
Raskob, John H. 69
Rathbone, Albert 98
Reinhart, John 148, 180
Reuter, Irving J. 35, 159
Revere 18
Riccardo, John 109, 110, 134
Richard, Eugène 31
Roamer 18
Roche, James M. *58*
Rockne – voir Studebaker
Rockne, Knute 204
Rollert, Edward 39
Rolls-Royce 20, 47, 52, 187
Rollston 19, 27
Roos, 'Barney' 189, 204
Roosevelt, Franklin D. 12, 29, *48*, 179
Rootes, William 217
Rover SDI 39
Rutenber (moteur) 15
Ryan, Allen A. 216

Sakhoffsky, Alexis 23
Schmidlap, Carl 219
Schmidt, Charles 170
Schwab, Charles M. 216
Schwitzer, Louis 26
Seaholm, Ernest 49, 51
Sharpe, Lucien 42
Sheephead 215
Sheppy, Charles 189
Simplex 214
Skelton, Owen 91, 92, 204
Skinner, Sherrod E. 162
Sloan, Alfred P. 10, *10*, 12, 49, 69, 70, 71, 90, 118, 122, 159, 194, 195
Smith, Frederic et Samuel 154, 158
Stearns, E.C. 186
Sterkenburg 141
Stevens, Brooks 207, 209
Stevens, Samuel B. 217
Storrow, James J. 90, 172
Strong, Edward T. 34, 35
Studebaker 11, 12, 15, 32, 35, 90, 102, 106, 123, 169, 180, 183, 185, 189, *190*, 193, 195
STUDEBAKER (automobiles)
Avanti 203, *208*, 209, 210, *210* ; II 209
Big Six 204

Champion *205*, 206
Starlight 206
Commander *203*, 204, *205*, 206, 209 ; Six 206 ; V8 206 ; V8 Starliner 206
Daytona 209
Dictator 204, 206
Erskine 204
Flight Hawk 207
Golden Hawk 207
Hawk *183*, 206, 207 ; Gran Turismo 206
Lark 12, 207, 209, *209* ; Cruiser 207, 209, *209*
4 cyl. 204
6 cyl. 204, *204*
Modèle E 204
Modèle 30 204
Power Hawk 206
President 204, 205, 206, *207*
Rockne 204-205 ; Modèle 65, 75, 205
Silver Hawk *206*, 207
Sky Hawk *207*
Skyway Champion 206
Special Six 204
State Commander 206
Studebaker-Garford 2-cyl. 203-204 ; 4-cyl. 204
Wagonaire 209
Studebaker, Clem 203, *204*
Studebaker, Henry 203
Studebaker, John 203, 204, *204*
Sturt, A.C. 67, 68
Stutz 12, 20, 212-221
STUTZ (automobiles)
A, B, E (Séries) 215
Bearcat 12, 213, *214*, 215, 216 ; Speedster 215
Black Hawk 217, *220*
Blackhawk *217*, 221
Bulldog 215
Modèle DV32 *213*, 221, *221*
Modèle M 219, *219*
Modèle SV16 221, *221*
Pak-Age-Car van 221
R (Série) 215
Série 694 *216*
Special Six 216
Speedway Six 216
Super Bearcat 221
Underslung 214
Stutz (moteurs)
Challenger 217
Vertical Eight 217
Stutz, Harry C. 213-214, 215, 216, 221
Sweet, Ernest 138
Synchroniseur (de boîte de vitesses)
origines du – 51

Thayer, Eugène 216
Thompson, Earl A. 51
Thompson, W. H. 216
Thornton, Charles 122
Tinker, R. Edward 92
Tjaarda, John 140, 141, 142
Townsend, Lynn A. 108, 109
Toyota 12, 80
Trans-Am (épreuves de la –) 80

Van Alen, William 98
Vance, Harold S. 205, 206
Vanderbilt Cup 66, 187
Van Ranst, Cornelius 23, 173
Van Vechten Ralph 90
Vauxhall 83, 194

Ver Linden, Edward 158
Vincent, Jesse G. 171, 172, 173
Volkswagen :
Coccinelle 9, 12, 77, 80
Moteur 12, 109

Walker, George 123
Wall, W. Guy 217
Wallace, David 105
Walters, Phil 59
Wangers, Jim 200
Wankel (moteur) 87
Warner, Fred W. 193
Watney, Dick *221*
Way, James R. 188
Weidley (moteur) 16
Weiss, George 170
Weymann 217
Weymann, Charles 217, 218

White, D. McCall 48
Wiles, Ivan L. 39
Willoughby 140
Wills, C. Harold 115, 116
Willys Corp. 90, 91, 92
Willys, John N. 18, 90
Willys-Overland 32, 68
Wilson, William R. 91
Winton 169, 170
Wise, Karl M. 189
Wolfram, Jack 162, 166
Wright (moteurs d'avion) 105
Wright, Orville 99
Wright, Philip 191

Zeder, Fred M. 91, 92, 204
Zimmerschied, Karl W. 69
Zis (automobiles) 179

Remerciements

Les éditeurs remercient les personnes ou les organismes, dont les noms suivent, qui les ont autorisés à reproduire les photographies illustrant cet ouvrage.

Denis Adler 58-59 en bas ; Auburn-Cord-Duesenberg Museum, Indiana 16-18, 20 en haut, (N. Wright) 22 en haut ; British Leyland Plc 138 ; Neill Bruce Photographic 33 au milieu et en bas ; Camera Press Ltd 122 en haut ; Ian Dawson 142-143 ; Detroit Public Library 66 en bas, 96-97 ; Ford Motor Company USA 8 en bas, 114-117, 119-120, 122 en bas, 123 en haut, 124-125, 126-127, 129-130, 134-135, 146, 148-149, 151 en haut ; General Motors Corporation 9 à droite, (Buick Motor Division) 39 en haut, 42, 49 à droite, 58-59 en haut, (Cadillac Motor Division) 66-67, 68-72, 76 en bas (Chevrolet Motor Division) 76-77, 82-85, (Oldsmobile Division) 154-155, 158-159, 160, 161 en bas, 166-167, (Pontiac Motor Division) 200 en bas ; Chrysler Corporation 110-111 ; Geoffroy Goddard Photographic 10 en bas, Henry Ford Museum, The Edison Institute 11 en haut, 99 ; Louis Klemantaski 58 en haut à gauche, John Lamm 1-4, 13, 20-21, 24-25, 28-31, 38 en haut, 40-41, 44-45, 50-55, 60 en haut, 61 au milieu et en bas, 62-63, 74-75, 78-79, 80-81, 88-89, 94-95, 100-101, 105 en haut à gauche et à droite, 112-113, 125, 131 en haut, 132-133, 136-137, 141, 144-145, 164-165, 168-169, 173-176, 198-199, 202-203, 205 en bas, 208 au milieu, 209 à gauche, 210-211 ; Ludvigson Associates 34 en haut ; Andrew Morland 176-177 en haut ; Pete Myers 159, 204 à droite ; The National Motor Museum, Beaulieu 126-127 en haut, 140-141, 161 en haut, 162-163, 172 en haut, 176-177 en bas, 186 à gauche, 188 en bas, 189-190, 212-215, 217 en haut, 218-219 ; Quadrant Picture Library 11 en bas, 39 en bas, (Autocar) 47, (Motor) 86-87, (Autocar) 102, 191, 220 en haut ; Road & Track 23, 26-27, 32, 77, 106-107, 128, 147 en haut, 151 en bas, 163, 166, 178 encadré, 182-183, 197 en haut, 207, 208-209 en haut, 208 en bas, 209 en bas à droite, 216, 217 en haut, 220 en bas, 221 ; Peter Roberts 6-7, 19, 33 en haut, 34 en bas, 35, 43, 48-49, 90-93, 96 en haut, 98, 104-105, 108-109, 139, 156-157, 170-171, 172 en bas, 186-188 en haut, 194-195 en bas, 196, 197 en bas, 200-201 ; Andrew Whyte 205 en haut ; Nicky Wright 12-13, 21 en haut, 22 en bas, 36-37, 38 en bas, 46, 56-57, 60-61 en haut, 64-65, 72-73, 78 encadré, 87, 98-99, 102-103, 118, 121, 123 en bas, 128 en haut, 131 en bas, 147 en bas, 150, 152-153, 178-179, 180-181, 184-185, 192-193, 206-207.

Les éditeurs remercient aussi les propriétaires qui ont accepté de laisser photographier leurs véhicules :
Ray C. Brickland 4, 30/31, 38 ; Bob Caser 4, 78/79 ; Owen Crain 41 ; Ted Davidson 1, 61 bas ; Lyle Finley 2, 136/137, 141, 144/145 ; Jack Frank 53 ; R. Fulcher 88, 105 ; Ray Hunter 3, 29 ; Sonja Keith 74/75 ; Emmet Lawrence 62/63 ; John Librenjack 2, 100/101 ; Bob Nash 202/203, 205 en bas ; Earl Orm 4, 164/165 ; Mike Radke 4, 198/199 ; Alan J. Ravitch 3, 62 haut, 112/113, 125 ; Carl Riggins 4, 60 ; W.E. Schutz 2, 21 bas, 24/25 ; Lawrence Seidell 50 ; Walter Shearer 3, 174/175 ; Tracy Sheffield 58/59 bas ; Bill Smirl 4, 80/81 ; Leonard Urlik 2, 55, 168/169, 173 ; Tom Ventris Jr 4.